Bescherelle

l'Orthographe
pour tous

L'orthographe d'usage
L'orthographe grammaticale
Le vocabulaire
Les tolérances orthographiques
Lexique

Édition entièrement revue sous
la responsabilité scientifique de Michel Arrivé

HATIER

Avant-propos

Un *Bescherelle* pour maîtriser l'orthographe

Le *Bescherelle Orthographe* s'est donné pour mission de répondre en termes simples à toutes les difficultés orthographiques que pose la langue française.

Grâce à de très nombreuses listes pratiques et à des règles simples, l'ouvrage permet de maîtriser l'orthographe des mots tels qu'ils apparaissent dans le dictionnaire (*L'orthographe d'usage*), mais aussi les règles régissant le pluriel des noms et des adjectifs, l'orthographe des verbes et les accords des mots dans la phrase (*L'orthographe grammaticale*).

Des listes d'homonymes, illustrées par des exemples, associent orthographe et sens et facilitent la mémorisation de ces mots (*Le vocabulaire*).

Quelle est la structure du *Bescherelle Orthographe* ?

Le *Bescherelle Orthographe* compte cinq grandes parties.

■ L'orthographe d'usage

En français, un son peut s'écrire de différentes façons ; inversement, une lettre peut se prononcer de plusieurs manières : c'est pourquoi le *Bescherelle Orthographe* part de la prononciation des sons pour amener l'utilisateur aux différentes façons de les écrire.

L'orthographe d'usage (bandeau bleu lavande) consacre à chaque son du français un chapitre divisé en deux parties : les graphies et les régularités.

– Les graphies

Chaque paragraphe propose l'analyse détaillée des orthographes possibles du son étudié. Celles-ci sont classées en fonction de leur fréquence et de leur complexité (des plus simples ou des plus fréquentes aux plus complexes ou aux plus rares).

Les listes de mots données en exemple sont classées selon la place de la graphie dans le mot (au début, au milieu, à la fin).

– Les régularités

On trouvera dans cette partie toutes les règles qui peuvent guider l'apprentissage de l'orthographe des mots.

■ L'orthographe grammaticale

Divisée elle aussi en chapitres et en paragraphes, cette partie (bandeau orange) développe, sous forme de tableaux clairs et pratiques, les règles à connaître sur la formation des féminins et des pluriels, sur l'orthographe de la conjugaison, sur l'accord des noms, des adjectifs, des verbes...

■ Le vocabulaire

De nombreux mots de la langue française se prononcent de la même façon mais diffèrent par l'orthographe : ce sont les homonymes. La partie *Le vocabulaire* (bandeau bleu turquoise) comprend une importante liste d'homonymes utilisés dans des phrases, pour que leur sens apparaisse clairement.

D'autre part, de nombreux mots sont formés à partir des racines grecques ou latines. Les racines les plus fréquentes sont présentées dans des tableaux récapitulatifs, qui donnent également leur sens et un ou deux exemples.

■ Les tolérances orthographiques

Cette partie (bandeau rose) résume clairement les rectifications orthographiques recommandées par l'Académie (*Journal officiel, 6 décembre 1990*).

■ Lexique

Le lexique (bandeau vert) répertorie l'orthographe de 23 000 mots (noms, adjectifs, verbes) et renvoie, pour chacun, aux règles développées dans le corps de l'ouvrage ; c'est un outil précieux pour celui qui souhaite systématiser l'apprentissage de l'orthographe.

Les numéros qui figurent dans ce lexique vous indiquent à quel paragraphe vous devez vous reporter. Ils sont de la couleur de la partie à laquelle ils renvoient.

Vous hésitez par exemple sur l'orthographe du mot *coq* ?

Dans le lexique, vous trouverez le mot suivi d'un nombre en bleu qui vous renvoie à la liste des homonymes.

Exemple : coq 359 *le coq du poulailler* *un œuf à la coque*
un maître-coq *le coke de la chaufferie*
la coque du navire

Sommaire

◼ L'ORTHOGRAPHE D'USAGE

Écrire les sons	1-219
Le *e* muet	220-228
Les consonnes muettes	229-235
Le tréma	236-237
Les signes de ponctuation	238-247
Abréviations	248-251
Mots invariables	252

◼ L'ORTHOGRAPHE GRAMMATICALE

Le genre des noms	253-256
Le genre des adjectifs	257-273
Le pluriel des noms	274-285
Le pluriel des adjectifs	286-294
La majuscule	295-297
Le trait d'union	298
L'accord du verbe	299-307
Les homophones grammaticaux	308-325
La conjugaison des verbes	326-352
Les homophonies verbales	353-356

◼ LE VOCABULAIRE

Les homonymes	357-377
L'homonymie entre noms et formes verbales	378-379
Les difficultés liées au découpage des mots	380-381
L'étymologie	382-384

◼ LES TOLÉRANCES ORTHOGRAPHIQUES

385-393

◼ LEXIQUE

Les numéros renvoient aux numéros des paragraphes.

SYMBOLES UTILISÉS

REMARQUE
attire l'attention sur une exception
fréquemment rencontrée, une
nuance importante, un point sur
lequel les erreurs sont nombreuses.

→ **40 à 50** (renvois)
invite à se reporter à un ou plusieurs
autres paragraphes pour des
informations complémentaires.

⊖

signale que la phrase donnée
en exemple n'est pas
grammaticalement correcte.

❶

signale une exception.

→

signale le passage d'une forme à une
autre dans les exemples :
masculin → *féminin*.

L'orthographe d'usage

Écrire les sons   1-235

Écrire [a] ou [ɑ]	1-9	Écrire [f]	124-130
Écrire [ɛ]	10-21	Écrire [g]	131-138
Écrire [e]	22-29	Écrire [ɲ]	139-141
Écrire [i]	30-40	Écrire [ʒ]	142-146
Écrire [ɔ] et [o]	41-52	Écrire [k]	147-158
Écrire [ø]	53-57	Écrire [l]	159-162
Écrire [œ]	58-61	Écrire [m] et [n]	163-169
Écrire [œ̃] et [ɛ̃]	62-71	Écrire [ʀ]	170-176
Écrire [ɑ̃]	72-79	Écrire [s]	177-185
Écrire [ɔ̃]	80-84	Écrire [z]	186-191
Écrire [wa]	85-92	Écrire [sjɛʀ]	192-198
Écrire [wɛ̃]	93-96	Écrire [sjɛl]	199-203
Écrire [j]	97-103	Écrire [sjɛ̃]	204-208
Écrire [ʃ]	104-106	Écrire [sjø]	209-213
Écrire [p] et [b]	107-114	Écrire [sjɔ̃]	214-219
Écrire [t] et [d]	115-123		

Le _e_ muet   220-228

Les consonnes muettes   229-235

Le tréma (¨)   236-237

Les signes de ponctuation   238-247

Abréviations   248-251

Mots invariables   252

*Les numéros renvoient
aux numéros des paragraphes.*

GLOSSAIRE DES TERMES GRAMMATICAUX

Sont expliqués ici les termes signalés par un astérisque (*) dans la partie L'orthographe d'usage, *ainsi que d'autres termes moins fréquents employés en raison
de leur utilité pratique.*

Dérivé

Un mot dérivé est un mot issu d'un autre mot ayant la même racine.
Exemple : Le nom *cyclisme* est dérivé du nom *cycle*.
Les mots dérivés interviennent dans la formation des familles de mots ;
les connaître permet souvent de deviner l'orthographe d'un mot apparenté
(lait, laitier). On peut, de plus, établir des régularités dans les alternances
orthographiques à l'intérieur d'une même famille de mots *(bête, bétail)*.

E muet

On appelle *e muet* le *e* qui ne s'entend pas à l'oral. Il est souvent placé à la
fin d'un mot, mais on le trouve aussi au milieu d'un mot. Néanmoins, ce *e*
peut se trouver prononcé, notamment dans le Sud de la France.
Exemples : *la chance – il joue – dévouement*

Étymologie

L'étymologie étudie l'origine des mots. Les mots français sont souvent
d'origine latine ou grecque, mais ils peuvent aussi venir d'autres langues.
En fonction de leur origine, les mots auront tendance à comprendre certaines lettres ou à se prononcer différemment.
Exemple : *un jean* (mot anglais, le son [i] s'écrit *ea*, le son [d] s'écrit *j*)

Finale → Position

Graphie

La graphie d'un mot ou d'un son est sa représentation écrite, son orthographe. La première partie de chaque chapitre de *L'orthographe d'usage* donne
les graphies possibles d'un son, c'est-à-dire toutes les façons de l'écrire.
Exemple : Le son [a] peut s'écrire *a, à, â, e* :
a, à, â, e sont les graphies possibles du son [a].

Homonyme, homophone, homographe

Des mots homonymes se prononcent de la même façon (ils sont
homophones) mais ont un sens différent, qu'ils aient la même orthographe (ils sont alors homographes) ou non. La deuxième partie de
chaque chapitre de *L'orthographe d'usage (Les régularités)* propose des
séries d'homonymes pour habituer l'utilisateur à bien les distinguer.
Exemple : Les homonymes en [o] : *saut, sceau, seau, sot.*

Initiale → Position

Médiane → Position

Position

Les exemples sont classés en fonction de la position de la graphie étudiée dans le mot. Un son et sa représentation écrite peuvent se trouver à l'initiale (en début de mot), en position médiane (à l'intérieur d'un mot, ou devant un e muet final), en position finale (complètement à la fin d'un mot). Il arrive en effet qu'un son et sa graphie n'apparaissent qu'au début, à l'intérieur ou à la fin d'un mot. Grâce à ce classement, vous mémoriserez plus facilement leur orthographe.

Exemple : Dans le mot *acteur*, le *a* est en position initiale. Dans le mot *guitare*, le *a* est en position médiane. Dans le mot *cinéma*, le *a* est en position finale.

Régularités

La deuxième partie des chapitres de *L'orthographe d'usage* propose des règles ou des tendances générales d'écriture des mots : c'est ce que l'on appelle des régularités.

Exemple : Les mots en -iatre → 7

Dans le vocabulaire de la médecine, les mots composés du suffixe grec *-iatre (= médecin)* ne prennent pas d'accent.

ALPHABET PHONÉTIQUE (A.P.I.)

Il s'agit de la notation adoptée par l'Association phonétique internationale pour désigner les sons. L'alphabet phonétique est placé entre crochets.

VOYELLES			SEMI-VOYELLES	CONSONNES			
[a]	*cinéma*	[œ]	*fleur*	[j]	*lieu*	[b]	*baba*	[ʀ]	*roi*
[ɑ]	*château*	[u]	*chou*	[w]	*oui*	[d]	*déjeuner*	[s]	*sel*
[e]	*dé*	[y]	*illusion*			[f]	*faim*	[t]	*table*
[ɛ]	*mets*	[ɑ̃]	*chanter*			[g]	*gâteau*	[v]	*valise*
[ə]	*petit*	[ɛ̃]	*jardin*			[k]	*cadeau*	[z]	*maison*
[i]	*souris*	[ɔ̃]	*ronfler*			[l]	*lait*	[ʃ]	*chocolat*
[o]	*rose*	[œ̃]	*brun*			[m]	*miel*	[ʒ]	*ange*
[ɔ]	*océan*					[n]	*nappe*	[ɲ]	*ignorer*
[ø]	*jeudi*					[p]	*pain*	[ŋ]	*parking*

Écrire [a] ou [ɑ] *p̲a̲no̲r̲a̲m̲a̲, âne, voila̲*

LES DIFFÉRENTES GRAPHIES

1 *a* comme dans *panorama*

INITIALE*		MÉDIANE*		FINALE*		
abri	agile	baccara	gare	acacia	cinéma	opéra
absent	ami	bar	guitare	agenda	cobra	panorama
accès	analyse	car	mare	alinéa	colza	tapioca
acteur	argent	cigare	phare	boa	delta	tombola
affaire	assez			camélia	extra	véranda
				caméra	gala	
				choléra	mimosa	

REMARQUE Le son [a] s'écrit *ao* dans un seul mot : *paonne*.

2 *â* ou *à* comme dans *âne* ou *voilà*

On rencontre *â* au début et à l'intérieur d'un mot.
On ne rencontre *à* qu'à la fin des mots.

■ *â*

INITIALE		MÉDIANE				FINALE
âcre		acariâtre	câble	gâche	râle	.
âme		albâtre	câpre	grâce	râteau	
âne		bâbord	châssis	hâte	relâche	
âpre		bâillement	châtain	infâme	saumâtre	
âtre		bâtiment	château	mâchefer	tâche	
		bâton	crâne	mâle	théâtre	
		blâme	débâcle	pâture		.

■ *à*

INITIALE	MÉDIANE	FINALE			
.	.	à	celui-là	holà	voilà
.	.	au-delà	ceux-là	là	
.	.	celle-là	déjà	par-delà	

3   e comme dans *femme* ou *ardemment*

• Le son [a] s'écrit *e* dans trois mots isolés :

femme   couenne   solennel

• Le son [a] s'écrit également *e* dans les adverbes en *-emment* dérivés d'un adjectif terminé par *-ent*.

ardent	→	ardemment
conscient	→	consciemment
décent	→	décemment
différent	→	différemment
éminent	→	éminemment
fréquent	→	fréquemment
imprudent	→	imprudemment
indifférent	→	indifféremment
prudent	→	prudemment
récent	→	récemment
violent	→	violemment

REMARQUE Les adverbes en *-ment* dérivés d'un adjectif terminé par *-ant* s'écrivent *-amment*.

brillant	→	brillamment
bruyant	→	bruyamment
complaisant	→	complaisamment
constant	→	constamment
courant	→	couramment
galant	→	galamment
incessant	→	incessamment
indépendant	→	indépendamment
savant	→	savamment
suffisant	→	suffisamment
vaillant	→	vaillamment

4   Tableau des graphies du son [a]

Le [a] de *papa*	INITIALE	MÉDIANE	FINALE
a	anis	mare	tombola
â	âcre	bâton	.
à	.	.	déjà
e (nn)	.	solennel	.
e (mm)	.	prudemment	.

LES RÉGULARITÉS*

5 Les homophones en *a*

L'accent circonflexe permet de distinguer les homophones.

acre – âcre	mal – mâle
age – âge	patte – pâte
chasse – châsse	tache – tâche

6 *a* ou *â* dans les mots de la même famille

Dans les mots d'une même famille, le *a* peut s'écrire *a* ou *â*.
On écrit *â* quand le *a* est suivi d'une consonne + *e* muet.

■ *a*	■ *â*
acrimonie	âcre
encablure	câble
gracieux	grâce
infamie	infâme

7 Étymologie : les mots en *-iatre*

Dans le vocabulaire de la médecine, les mots composés du suffixe grec
-iatre (= médecin) ne prennent pas d'accent.

pédiatre   psychiatre

8 Les noms en *-as*

On trouve la graphie *as* (comme dans **bras**) dans de très nombreux noms
masculins terminés par le son [a].

bras	choucas	fracas	matelas
cabas	coutelas	frimas	repas
canevas	débarras	galetas	taffetas
chas	fatras	lilas	trépas

9 Les noms en *-at*

On trouve la graphie *at* (comme dans **format**) dans de très nombreux
noms masculins terminés par le son [a].

achat	lauréat	plat
candidat	magistrat	reliquat
carat	magnat	résultat
climat	odorat	syndicat
format	plagiat	thermostat

Écrire [ɛ]

flèche, pêche, aigle

LES DIFFÉRENTES GRAPHIES

10 **è ou ê comme dans** *flèche* **ou** *pêche*

C'est le cas le plus simple. Pour un son entendu, on n'écrit qu'une lettre et un accent.

En dehors du mot *être*, les graphies *ê* et *è* n'apparaissent jamais ni à l'initiale ni en finale.

■ *è*

INITIALE*	MÉDIANE*				FINALE*
.	algèbre	crème	hygiène	poème	.
.	anathème	dièse	liège	remède	.
.	arène	ébène	mèche	siège	.
.	artère	emblème	mélèze	solfège	.
.	ascète	éphèbe	modèle	stèle	.
.	bibliothèque	espèce	nièce	stratagème	.
.	blasphème	fève	obscène	système	.
.	brèche	fidèle	oxygène	théorème	.
.	cèdre	flèche	pièce	tiède	.
.	chèque	gangrène	piège	zèle	.
.	clientèle	glèbe	pinède		.
.	crèche	homogène	plèbe		.

❶ La graphie *è* peut se trouver dans la dernière syllabe d'un mot :
  – devant un -s final prononcé : *aloès, cacatoès* ;
  – devant un -s muet final : *abcès, accès, décès, excès, procès, succès.*

■ *ê*

INITIALE	MÉDIANE				FINALE
.	alêne	champêtre	fenêtre	honnête	.
.	arête	chêne	fête	pêche	.
.	baptême	conquête	frêle	rêve	.
.	bêche	enquête	grêle	revêche	.
.	bête	extrême	guêpe	salpêtre	.
.	carême	fêlure	hêtre	trêve	.

11   *ai* ou *aî* comme dans *aigle* ou *chaîne*

■ *ai*

INITIALE	MÉDIANE			FINALE
aide	araignée	fraise	migraine	bai
aigle	aubaine	gaine	mortaise	balai
aigre	braise	glaise	raide	délai
aile	cimaise	glaive	rengaine	essai
aine	falaise	maigre	vingtaine	gai
aise	fontaine	malaise		geai

■ *aî*

INITIALE	MÉDIANE			FINALE
aîné	chaîne	chaînette	chaînon	.

12   *ei* comme dans *peigne*

Cette graphie n'apparaît ni à l'initiale ni en finale.

INITIALE	MÉDIANE				FINALE
.	baleine	haleine	peine	seize	.
.	beige	neige	reine	treize	.
.	enseigne	peigne	seigle	veine	.

❶ *ei*der (initiale).

13   *et* ou *êt* comme dans *bouquet* ou *forêt*

On ne rencontre ces graphies qu'en fin de mot.

■ *et*

INITIALE	MÉDIANE	FINALE			
.	.	alphabet	complet	guichet	secret
.	.	bouquet	couplet	jet	sujet
.	.	budget	effet	juillet	volet
.	.	cabinet	filet	muguet	
.	.	chevet	guet	projet	

❶ Dans le mot *mets*, *et* est suivi d'un *s* muet.

■ *êt*

INITIALE	MÉDIANE	FINALE
.	.	*apprêt*
.	.	*arrêt*
.	.	*benêt*
.	.	*forêt*
.	.	*genêt*
.	.	*intérêt*

14 e(lle), e(mme), e(nne), e(sse), e(tte) comme dans *raquette*

Non moins fréquente, mais plus complexe, la graphie *e* + double consonne peut aussi transcrire le son [ɛ] en fin de mot.

■ *e(lle)*	■ *e(mme)*	■ *e(nne)*	■ *e(sse)*	■ *e(tte)*
aisselle	dilemme	antenne	faiblesse	baguette
chapelle	flemme	benne	forteresse	brouette
dentelle	gemme	méditerra-	princesse	raquette
vaisselle		néenne	sécheresse	squelette
		parisienne		

❶ *elle*, *ennemi* (initiale).

15 e(c), e(s), e(t), e(x) comme dans *escargot, examen*

Devant une consonne, à l'initiale et en position médiane, le son [ɛ] est souvent obtenu par la seule présence du *e*.

INITIALE		MÉDIANE	FINALE		
eczéma	ethnie	dessert	abdomen	ciel	requiem
escabeau	examen	zeste	actuel	concert	sec
escalier	excellent	sexe	auquel	est	sept
escargot	excessif	texte	bief	hôtel	spécimen
esclave	excursion		cancer	mer	teck
escrime	exemple		cep	nef	test
espace	exercice		chef	ouest	totem

REMARQUE Certains noms propres se terminent par *-ez* : *Rodez, Suez*.

16 *ey* ou *ay* comme dans *poney* ou *Paraguay*

La graphie *ey* (souvent empruntée à l'anglais) apparaît à la fin de quelques mots.

■ *ey*

INITIALE	MÉDIANE	FINALE	
		hockey	poney
		jockey	volley

■ *ay*

La graphie *ay* est employée dans de nombreux noms propres.

Bombay   Épernay   Tokay   Du Bellay   Paraguay   Uruguay

17 Tableau des graphies du son [ɛ]

Le [ɛ] de mère	INITIALE	MÉDIANE	FINALE
è		mèche	
ès			abcès
ê		extrême	
ai	aide	araignée	balai
aî	aîné	chaîne	
ei		reine	
et			juillet
êt			arrêt
e(ll, mm, nn, ss, tt)e			belle
e(c, f, l, m, n, p, r, s, t, x)		espace	mer
ey			poney

LES RÉGULARITÉS*

18 Les noms et adjectifs en *-enne*

On utilise la finale *-enne* pour obtenir le féminin des noms et adjectifs désignant les habitants d'un pays ou d'une ville.

algérienne   parisienne   ukrainienne

19 ê ou é dans les mots d'une même famille

Dans les mots d'une même famille, on a parfois l'alternance des graphies *ê* et *é*.
On écrit *ê* quand la voyelle *e* est suivie d'une consonne + *e* muet.

■ *ê*	■ *é*
bête	bétail
conquête	conquérant
crêpe	crépu
extrême	extrémité
mêlée	mélange
tempête	tempétueux

20 Les mots en *-ais*

On trouve la graphie *ais* (comme dans ***anglais***) dans la grande majorité des mots masculins terminés par le son [ɛ].

anglais	jais
biais	laquais
bordelais	marais
charentais	niais
engrais	rabais
irlandais	relais

21 Les graphies *ait, aie, aix, aid*

Outre les conjugaisons, où ces graphies apparaissent très souvent, on rencontre la graphie *ai* + lettre muette dans quelques mots.

■ *ait*	■ *aie*	■ *aix*	■ *aid*
bienfait	baie	faix	laid
lait	futaie	paix	
parfait	haie	Roubaix	
souhait	pagaie		

REMARQUE On se reportera au *Bescherelle Conjugaison* pour les terminaisons verbales en *-ai, -ais, -ait, -aient, -aie, -ets, -et* :
je chanterai, tu chantais, il chantait, elles allaient, que j'aie, je mets, il met...

Écrire [e]

émission, effacer, chanter

LES DIFFÉRENTES GRAPHIES

22 é comme dans *émission*

La graphie simple *é* se trouve en toute position.

INITIALE*		MÉDIANE*		FINALE*	
écho	épreuve	célébrité	récépissé	acidité	pâté
éclat	équipe	déréglé	téléspectateur	beauté	pavé
éclipse	été	désespéré	témérité	comité	pré
électrique	éveil	déshérité	véracité	côté	quantité
émission				faculté	thé
				gaieté	traité

23 ecc, eff, ell, ess comme dans *effacer*

Au début des mots, le son [e] peut s'écrire *e* + double consonne (*cc, ff, ll, ss*).

INITIALE				MÉDIANE	FINALE
ecchymose	effet	effusion	essaim	.	.
ecclésiastique	efficace	ellébore	essence	.	.
effacer	effort	ellipse	essentiel	.	.
effarant	effroi	essai	essor	.	.

24 er comme dans *chanter* ou *voilier*

En position finale, le son [e] est très souvent rendu par *-er,* aussi bien pour l'infinitif des verbes (***chanter, aller***), pour le masculin de certains adjectifs (***dernier, premier***), que pour un grand nombre de noms (notamment de métiers).

INITIALE	MÉDIANE	FINALE			
.	.	acier	charcutier	escalier	plâtrier
.	.	atelier	charpentier	février	premier
.	.	banquier	chevalier	infirmier	singulier
.	.	boulanger	coucher	luthier	sommier
.	.	cahier	déjeuner	mobilier	souper
.	.	calendrier	dîner	ouvrier	voilier
.	.	cendrier	droitier	palier	
.	.	chantier	entier	passager	

25 *ed, ef, ez* ou *œ* comme dans *pied* ou *phœnix*

Ce sont quelques graphies rares et plus complexes.

■ *ed*	■ *ef*	■ *ez*	■ *œ*
pied	*clef* (ou *clé*)	*assez*	*Œdipe*
		chez	*œnologue*
		nez	*œsophage*
			phœnix

26 Tableau des graphies du son [e]

Le [e] de *bébé*	INITIALE	MÉDIANE	FINALE
é	*écho*	*généreux*	*beauté*
e (cc, ff, ll, ss)	*essence*		
er			*chantier*
ed, ef, ez			*pied*
œ	*œnologie*	*phœnix*	

LES RÉGULARITÉS*

27 Les noms en *-ée*

• Un certain nombre de noms (le plus souvent féminins) se terminent par *-ée*.

FÉMININ

bouchée	*chaussée*	*fée*	*marée*	*plongée*
bouée	*durée*	*fusée*	*orchidée*	*risée*
buée	*épée*	*idée*	*pâtée*	*traversée*

• Les onze noms suivants sont masculins :
apogée, athénée, caducée, coryphée, lycée, mausolée, musée, périgée, périnée, pygmée, scarabée.

28 Les noms en *-té* ou *-tié*

On trouve *é* en finale dans les noms féminins terminés par *-té* ou *-tié* qui indiquent une qualité.

absurdité	*antiquité*	*loyauté*
activité	*autorité*	*moitié*
adversité	*bonté*	*pitié*
agilité	*difficulté*	*sûreté*
amabilité	*fidélité*	*vanité*
amitié	*inimitié*	

29 é ou è dans les mots d'une même famille

Dans les mots d'une même famille, on a parfois l'alternance des graphies *é* et *è*. On écrit *è* quand la voyelle *e* est suivie d'une consonne + *e* muet.

■ è	■ é	■ è	■ é
algèbre	algébrique	mèche	éméché
allègre	allégrement	modèle	modélisation
artère	artériel	mystère	mystérieux
ascète	ascétique	obèse	obésité
athlète	athlétique	obscène	obscénité
bibliothèque	bibliothécaire	oxygène	oxygéné
brèche	ébréché	phénomène	phénoménal
célèbre	célébrité	pièce	rapiécé
chèque	chéquier	plèbe	plébéien
chimère	chimérique	poème	poésie
crème	écrémé	poète	poétesse
diabète	diabétique	prophète	prophétique
fidèle	fidélité	règle	réglage
fièvre	fiévreux	scène	scénique
gène	génétique	sèche	sécheresse
grève	gréviste	siècle	séculier
homogène	homogénéité	sincère	sincérité
hygiène	hygiénique	synthèse	synthétique
intègre	intégrité	système	systématique
lèpre	lépreux	zèbre	zébré
lièvre	lévrier	zèle	zélé

REMARQUE *Lièvre* et *lévrier* sont bien de la même famille : le *lévrier* est un chien employé pour chasser le *lièvre*. De même, *siècle* et *séculier* sont de la même famille : le mot *séculier* caractérise le clergé vivant dans le *siècle* (dans le monde).

Écrire [i]

fourmi, dîner, style

LES DIFFÉRENTES GRAPHIES

30 *i* comme dans *fourmi*

Le son [i] s'écrit *i* en toute position.

INITIALE*	MÉDIANE*			FINALE*	
ici	actrice	biche	fils	abri	jeudi
icône	alpiniste	cantine	girafe	ainsi	oui
idéal	arithmétique	cime	humide	apprenti	parmi
idée	auditif	comestible	liste	canari	qui
illettré	banquise	épique		épi	tri
ironique				étui	voici

31 *i(lle)* comme dans *ville*

Dans quelques mots comportant la graphie *ille*, le *i* se prononce [i].

bacille	Lille	pupille (de la nation)	ville (et ses composés)
codicille	mille	tranquille	

32 *î* comme dans *dîner*

On rencontre la graphie *î* le plus souvent à l'intérieur du mot.

INITIALE	MÉDIANE				FINALE
.	abîme	dîner	gîte	presqu'île	.
.	dîme	épître	huître	puîné	.

❶ *île*, *îlien*, *îlot* (initiale).

33 *ï* comme dans *maïs*

On rencontre la graphie *ï* le plus souvent à l'intérieur du mot.

INITIALE	MÉDIANE				FINALE
.	alcaloïde	exiguïté	maïs	ouïe	.
.	cycloïde	héroïque	naïf	stoïque	.

❶ *inouï* (finale).

34 **y comme dans *style***

La graphie *y* se trouve le plus souvent dans des mots d'origine grecque, en position médiane. On rencontre *y* aussi en position finale, dans des mots le plus souvent d'origine anglaise.

INITIALE	MÉDIANE				FINALE
	ankylose	ecchymose	lycée	polygone	abbaye
	apocalypse	gypse	martyr	pseudonyme	derby
	apocryphe	hydravion	myrrhe	psychose	hobby
	bombyx	hydrogène	mythe	style	pays
	cataclysme	hyperbole	onyx	xylophone	penalty
	collyre	hypoténuse	oxyde		puy
	cycle	hypothèque	paroxysme		rugby

35 ***ie, is, it, il* comme dans *loterie, permis, lit, outil***

On rencontre la graphie *i* + lettre muette à la fin des mots.

■ *ie*

INITIALE	MÉDIANE	FINALE			
		accalmie	biopsie	inertie	phobie
		aciérie	bougie	jalousie	plaidoirie
		agonie	bureaucratie	librairie	poulie
		allergie	calvitie	loterie	prairie
		amnésie	catalepsie	lubie	superficie
		apoplexie	chiromancie	minutie	tautologie
		aporie	éclaircie	modestie	théorie
		argutie	écurie	névralgie	toupie
		asepsie	effigie	nostalgie	tuerie
		autarcie	euphorie	ortie	vigie
		autocratie	facétie	panoplie	zizanie
		autopsie	galaxie	pénurie	
		avanie	ineptie	pharmacie	

■ *is*

INITIALE	MÉDIANE	FINALE			
		appentis	coulis	logis	roulis
		avis	devis	mépris	rubis
		buis	éboulis	paradis	semis
		cambouis	frottis	parvis	sursis
		colis	hachis	permis	
		coloris	huis	pilotis	
		compromis	lavis	radis	

■ *it*

INITIALE	MÉDIANE	FINALE			
.	.	acabit	crédit	fortuit	produit
.	.	appétit	débit	fruit	profit
.	.	circuit	délit	gabarit	
.	.	conflit	édit	lit	

REMARQUE On trouve la graphie *il* dans quelques noms masculins seulement : *coutil, fusil, outil.*

36 *ea* ou *ee* comme dans *jean* ou *yankee*

Les graphies *ea* ou *ee*, beaucoup plus rares, indiquent une origine anglaise, parfois même allemande, des mots les comportant.

■ *ea*	■ *ee*
jean	green
leader	sweepstake
sweater	tweed
	yankee

REMARQUE Dans le mot d'origine allemande *lieder*, le son [i] s'écrit *ie*.

37 Tableau des graphies du son [i]

Le [i] de *nid*	INITIALE	MÉDIANE	FINALE
i	idée	aliment	abri
î	île	gîte	.
ï	.	héroïque	.
y	.	polygone	penalty
ie	.	.	inertie
is	.	.	coulis
it	.	.	produit
ea, ee	.	jean	yankee

LES RÉGULARITÉS*

38 Les noms en -ie

On trouve la graphie *ie* dans la plupart des noms féminins terminés par le son [i].

accalmie   *bougie*   *galaxie*   *librairie*   *toupie*

❶ Voici quelques exceptions : ***fourmi, brebis, souris, nuit, perdrix.***

39 Les mots en -is

On trouve la graphie *is* dans beaucoup de noms masculins terminés par le son [i].

devis   *hachis*   *paradis*   *radis*

❶ – *un nid, un puits ;*
– ***brebis, souris*** sont du féminin.

REMARQUE La graphie *is* apparaît aussi très souvent dans la conjugaison des verbes des 2ᵉ et 3ᵉ groupes : *je finis, tu compris, ils se sont assis.*

40 Les mots en -it

On trouve la graphie *it* dans beaucoup de noms masculins terminés par le son [i], et dans quelques adjectifs au masculin.

confit   *fortuit*   *fruit*   *profit*

❶ Le mot ***nuit*** est féminin.

Écrire
[ɔ] et [o]

océan, chose, jaune

LES DIFFÉRENTES GRAPHIES

41   *o* (o ouvert) dans comme *océan*

Le son [ɔ] s'écrit toujours *o*.

INITIALE*		MÉDIANE*			FINALE*
oasis	opéra	abord	coca	mort	
obéissance	ordre	accord	drogue	politique	
objet	oxygène	amorce	forêt	poterie	
océan		azote	gorge	tort	
odeur		bord	loterie	tortue	
officiel		cloche	moderne	vaporisation	

❶ Le son [ɔ] peut s'écrire :
 – *au* : *Paul*, *saur* ;
 – *u(m)*, dans quelques mots d'origine latine (***album, aquarium, maximum, opium***) ou anglaise (***rhum***) ;
 – *oo*, dans un mot d'origine arabe : ***alcool***.

42   *o* (o fermé) comme dans *chose*

Le son [o] s'écrit *o* à l'intérieur des mots terminés par *-ose* et des mots composés. Il marque alors la fin du préfixe (***mono-, pseudo-***) ou du premier mot d'une composition (***socio-, psycho-, thermo-***).

INITIALE*	MÉDIANE*		FINALE*	
	agro-alimentaire	monologue	cargo	lavabo
	audiovisuel	neurochirurgie	casino	loto
	cellulose	oxydo-réduction	domino	piano
	chose	pose	duo	scénario
	dose	psychothérapie	écho	
	ecchymose	rose		
	glose	sociolinguistique		
	glucose	vidéocassette		

43 *au* comme dans *jaune*

Le son [o] s'écrit souvent *au*.

INITIALE		MÉDIANE		FINALE	
aubade	auprès	astronaute	gaufre	boyau	landau
aube	autocollant	chaude	jaune	étau	sarrau
audace	autonome	émeraude	pause	joyau	tuyau
audiovisuel	autoroute	épaule	taupe		
		faute			

44 *eau* comme dans *bateau*

La graphie *eau* apparaît surtout en finale.

INITIALE	MÉDIANE	FINALE			
.	.	anneau	ciseau	lionceau	trousseau
.	.	bateau	eau	pinceau	vaisseau
.	.	caniveau	escabeau	rideau	
.	.	cerceau	hameau	traîneau	

45 *ô* ou *ôt* comme dans *arôme* ou *bientôt*

On trouve *ô* essentiellement en position médiane ; *ôt* apparaît à la fin de quelques mots.

■ *ô*

INITIALE	MÉDIANE				FINALE
.	apôtre	côte	môle	rôti	.
.	arôme	enjôleur	monôme	symptôme	.
.	chômage	fantôme	pôle	tôle	.
.	clôture	geôle	pylône		.
.	cône	hôte	rôdeur		.
.	contrôle	icône	rôle		.

❶ Un exemple rare de *ô* en position finale : *allô* !

■ *ôt*

INITIALE	MÉDIANE	FINALE			
.	.	aussitôt	entrepôt	sitôt	tôt
.	.	bientôt	impôt	suppôt	
.	.	dépôt	plutôt	tantôt	

46 *ot* comme dans *escargot*

Le son [o] peut se transcrire *ot* en position finale.

INITIALE	MÉDIANE	FINALE			
.	.	argot	escargot	lingot	tricot
.	.	chariot	goulot	matelot	trot
.	.	complot	haricot	pavot	
		coquelicot	hublot	rabot	
		ergot	javelot	sabot	

47 *oc, op* ou *os* comme dans *croc, galop* ou *dos*

À la fin de certains mots, le son [o] peut s'écrire *o* + consonne muette (*c, p, s*).

■ *oc*	■ *op*	■ *os*	
accroc	galop	dos	propos
croc	sirop	enclos	repos
	trop	héros	tournedos
		os (pluriel)	

REMARQUE Dans le mot *os*, on entend le son [s] au singulier mais pas au pluriel.

48 *aut, aud* ou *aux* comme dans *artichaut, réchaud* ou *faux*

Les graphies *aut, aud, aux* se trouvent uniquement en position finale.

■ *aut*		■ *aud*	■ *aux*
artichaut	saut	badaud	chaux
assaut	soubresaut	crapaud	faux
défaut	sursaut	réchaud	taux
héraut			

49 *aw, a(ll)* ou *oa* comme dans *crawl, football,* ou *goal*

Les graphies *aw, a(ll)* et *oa* (qui transcrivent le son [o]) sont très rares et apparaissent dans des mots d'origine étrangère.

50 Tableau des graphies du son [ɔ]

Le [ɔ] de *sol*	INITIALE	MÉDIANE	FINALE
o	objet	cloche	.
au	.	saur	.
um	.	.	album

51 Tableau des graphies du son [o]

Le [o] de *saule*	INITIALE	MÉDIANE	FINALE
o		diplomatie	piano
au	audace	jaune	tuyau
eau			râteau
ô		fantôme	
ôt			bientôt
oc, op, os			croc
aut, aud, aux			artichaut

LES RÉGULARITÉS*

52 *o* ou *ô* dans les mots d'une même famille

Dans les mots d'une même famille, le son [o] peut s'écrire parfois *o* et parfois *ô*. On écrit *ô* quand la voyelle *o* est suivie d'une consonne + *e* muet.

■ *ô*	■ *o*
arôme	aromatique
cône	conique
côte	coteau
diplôme	diplomatique
drôle	drolatique
fantôme	fantomatique
pôle	polaire
symptôme	symptomatique
trône	intronisation

Écrire [ø]

européen, nœud

Nous ne traiterons pas ici le cas du *e* muet du français, qui se prononce [ə] et s'écrit *e*. On le trouve dans des mots aussi fréquents que : *je, me, te, le, ce, se* et dans de nombreux noms (*cheval, regard*). À l'oral, il peut être supprimé sans gêner la compréhension : *boul(e)vard, lot(e)rie, bib(e)ron*. Il est prononcé plus «ouvert» que le son [ø], ce qui permet d'opposer : *je* et *jeu* → 220 à 228.

LES DIFFÉRENTES GRAPHIES

53 *eu* comme dans *européen*

On écrit *eu* en toute position.

INITIALE*		MÉDIANE*		FINALE*	
eucalyptus	eurasien	baladeuse	morveuse	adieu	épieu
eucharistie	euristique	berceuse	nerveuse	aveu	feu
euclidien	européen	chanteuse	placeuse	bleu	hébreu
eunuque	euthanasie	chauffeuse	pulpeuse	cheveu	jeu
euphémisme	eux	danseuse	religieuse	désaveu	milieu
euphonie		lessiveuse		dieu	neveu
euphorique		monstrueuse		enjeu	peu

54 *eux* comme dans *cheveux*

Le son [ø] peut se transcrire *eux* en finale. Cette graphie sert à former de nombreux adjectifs masculins qui se terminent par *-eux* au singulier et au pluriel.

INITIALE	MÉDIANE	FINALE			
.	.	ambitieux	fougueux	majestueux	rigoureux
.	.	belliqueux	glorieux	merveilleux	rugueux
.	.	boiteux	grincheux	moelleux	sinueux
.	.	chanceux	hasardeux	nerveux	veineux
.	.	courageux	herbeux	nuageux	vieux
.	.	douloureux	honteux	paresseux	

REMARQUE Quelques noms ont un pluriel particulier en *-eux*.

ciel → cieux   œil → yeux

55 **eue, œu ou ö comme dans *lieue*, *nœuds* ou *maelström***

• Le son [ø] s'écrit *eue* à la fin de quelques mots.

banlieue   lieue   queue

• Le son [ø] s'écrit *œu* ; cette graphie est souvent suivie d'une ou plusieurs consonnes muettes.

bœufs   nœuds   œufs   vœux

REMARQUE Au singulier, on prononce la consonne finale de *bœuf*, d'*œuf*. La graphie œ transcrit alors un son plus ouvert [œ] → 59.

❶ Le son [ø] s'écrit *ö* dans des mots (rares) d'origine étrangère : ***angström, maelström.***

56 **Tableau des graphies du son [ø]**

Le [ø] de *feu*	INITIALE	MÉDIANE	FINALE
eu	euphorie	chanteuse	feu
eux			délicieux
eue			banlieue
œu		nœud	
ö		maelström	

LES RÉGULARITÉS*

57 **eu ou eû dans les mots d'une même famille**

Dans les mots d'une même famille, le son [ø] peut parfois s'écrire *eu*, parfois *eû*. On écrit *eû* quand *eu* est suivi d'une consonne et d'un *e* muet.

■ *eû*   ■ *eu*
jeûne   déjeuner

Écrire [œ]

meuble, bœuf

LES DIFFÉRENTES GRAPHIES

58 **eu comme dans *meuble***

Le son [œ] (ouvert) s'écrit le plus souvent *eu*. Il n'apparaît jamais à l'initiale ni en finale. On le rencontre surtout devant *r*, mais aussi devant *l, f, v*, ainsi que devant les groupes *bl, gl, pl* et *vr*.

■ *eu(ble)*	■ *eu(gle)*	■ *eu(ple)*	■ *eu(r)*	
immeuble	aveugle	peuple	admirateur	compositeur
meuble			auditeur	éditeur
			chanteur	imitateur

■ *eu(ve)*	■ *eu(vre)*	■ *eu(f)*	■ *eu(l)*	
épreuve	couleuvre	neuf	aïeul	linceul
fleuve	pieuvre	veuf	filleul	seul
preuve			glaïeul	tilleul

59 **œ, œu ou ue comme dans *œillet, bœuf* ou *accueil***

• On rencontre la graphie *œ* dans *œil* et dans les mots de la même famille (*œillet, œillère, œillade*).

• On trouve la graphie *œu* dans quelques mots :

bœuf	œufrier
chœur	œuvre (et ses composés : chef-d'œuvre,
cœur (et ses composés : écœurer...)	hors-d'œuvre, main-d'œuvre, œuvrer...)
mœurs	rancœur
œuf	

• Un certain nombre de mots ont une graphie très particulière (*ue*) en raison de la consonne qui précède et qui impose la présence d'un *u*.
accueil (et les mots de la même famille : *cueillir...*)
cercueil
écueil
orgueil
recueil

60   e, u ou i comme dans *flipper, trust* ou *flirt*

Le son [œ] s'écrit *e, u* ou *i* dans quelques mots empruntés à l'anglais.

■ *e(r)*	■ *u*	■ *i*
bookmaker	bluff	flirt
clipper	trust	tee-shirt
flipper		
manager		
quaker		
speaker		

61   Tableau des graphies du son [œ]

Le [œ] de *beurre*	INITIALE	MÉDIANE	FINALE
eu	.	fleuve	.
œ	œillet	.	.
œu	.	cœur	.
ue	.	orgueil	.
e(r)	.	manager	.
u	.	bluff	.
i	.	tee-shirt	.

Écrire [œ̃] et [ɛ̃]

raisin, bain, lundi

LES DIFFÉRENTES GRAPHIES

62 *in* ou *im* comme dans *butin* ou *timbale*

• La graphie *in* est la graphie la plus fréquente du son [ɛ̃].

INITIALE*		MÉDIANE*	FINALE*		
incorrect	insecte	cinq	brin	engin	vilebrequin
indigne	intérêt	dinde	butin	jardin	
individuel	intervalle	linge	colin	matin	
infinitif	inventeur	pintade	déclin	raisin	
influence		singe	enfin	ravin	

• Devant les consonnes *b* et *p*, *in* devient *im*.
• Pour le cas de *imm* → **164**.

INITIALE			MÉDIANE		FINALE
imbattable	imparfait	impôt	limpide	timbale	.
imbécile	impatient	imprudent	pimpant	timbre	.
impact	impérial		simple		.
impair	important		simplicité		.

63 *en* comme dans *musicien*

Le son [ɛ̃] s'écrit *en* uniquement en finale.

INITIALE	MÉDIANE	FINALE			
.	.	académicien	chrétien	européen	musicien
.	.	aérien	citoyen	lien	norvégien
.	.	ancien	collégien	luthérien	parisien
.	.	aryen	combien	lycéen	physicien
.	.	bien	doyen	magicien	pyrénéen
.	.	chien	égyptien	mitoyen	rien
.	.	chirurgien	électricien	moyen	vendéen

❶ *benjamin* (médiane).

64 *ain* **ou** *aint* **comme dans** *bain* **ou** *saint*

Le son [ɛ̃] peut s'écrire *ain* en position médiane et finale ; la graphie *aint* ne se trouve qu'en finale.

■ *ain*

INITIALE	MÉDIANE	FINALE		
.	contrainte	airain	levain	pain	souterrain
.	maintenant	bain	main	quatrain	terrain
.	plainte	gain	nain	sain	train

❶ *ainsi* (initiale).

■ *aint*

INITIALE	MÉDIANE	FINALE		
.	.	contraint	maint	saint

65 *ein* **ou** *eint* **comme dans** *frein* **ou** *peint*

Le son [ɛ̃] peut s'écrire *ein* en position médiane ou finale ; la graphie *eint* n'apparaît qu'en fin de mot.

■ *ein*

INITIALE	MÉDIANE		FINALE			
.	peinture	teinture	frein	plein	rein	sein

■ *eint*

INITIALE	MÉDIANE	FINALE		
.	.	éteint	peint	teint

66 *ym, yn, inct, aim* **comme dans** *symphonie, lynx, instinct, faim*

Ce sont les graphies les plus rares du son [ɛ̃].

■ *ym*	■ *yn*	■ *inct*	■ *aim*
cymbale	larynx	distinct	daim
lymphe	lynchage	indistinct	essaim
symphonie	lynx	instinct	faim
thym	pharynx		

67 Le son [œ̃] s'écrit *un* comme dans *embrun*

• Les sons [ɛ̃] (de *brin*) et [œ̃] (de *brun*) sont de moins en moins différenciés. On peut cependant opposer encore quelques mots :

■ [ɛ̃]
brin
empreinte

■ [œ̃]
brun
emprunte

• Le son [œ̃] s'écrit le plus souvent *un*.

INITIALE	MÉDIANE	FINALE
.	emprunter	aucun	jeun (à)
.	junte	brun	opportun
.	lundi	chacun	quelqu'un
.	munster	commun	tribun
.		embrun	un

68 *unt* ou *um* comme dans *défunt* ou *parfum*

Le son [œ̃] peut s'écrire aussi *unt* ou *um* en fin de mot. Ce cas est rare.

■ *unt*
défunt
emprunt

■ *um*
parfum

69 Tableau des graphies du son [ɛ̃]

Le [ɛ̃] de *fin*	INITIALE	MÉDIANE	FINALE
in	infinitif	linge	matin
im	impatient	simple	.
en	.	.	magicien
ain	.	maintenant	train
aint	.	.	contraint
ein	.	teinture	plein
eint	.	.	éteint
yn	.	lynx	.
ym	.	.	thym
inct	.	.	distinct
aim	.	.	faim

70 Tableau des graphies du son [œ̃]

Le [œ̃] de *un*	INITIALE	MÉDIANE	FINALE
un		*emprunter*	*brun*
um			*parfum*
unt			*défunt*

LES RÉGULARITÉS*

71 **Emploi de *en***

• La graphie *en* est très utilisée pour produire des noms de métiers et d'habitants (ville, région ou pays).

musicien   *alsacien*

• Par ailleurs, *en* se trouve toujours après les voyelles *i* et *é*.

ancien   *lycéen*

❶ La graphie *en* est à noter aussi dans ***examen*, *minoen***.

Écrire [ã]

amande, menthe, temps

LES DIFFÉRENTES GRAPHIES

72 **an** ou **en** comme dans *amande* ou *menthe*

• Les deux graphies les plus simples du son [ã] sont **an** et **en**. La graphie *en* prononcée [ã] n'apparaît jamais en position finale.

■ *an*

INITIALE*	MÉDIANE*	FINALE*
ancien	avalanche	artisan
ancre	banque	cadran
anglais	langage	cardan
angle	manche	divan
angoisse	manque	écran
antenne	rançon	océan
antérieur	scaphandre	ruban
antique	tranquille	slogan
		volcan

■ *en*

INITIALE	MÉDIANE	FINALE
enchanteur	attention	.
encre	calendrier	.
endroit	cendre	.
enfant	centre	.
enfin	commentaire	.
enjeu	menthe	.
ennui	tendre	.
enquête	tension	.

• Devant les consonnes *b*, *p* et *m*, les graphies *an* et *en* deviennent *am* et *em*.

■ *amb*	■ *amp*	■ *emb*	■ *emm*	■ *emp*
ambre	ample	embarquer	emmuré	tempe
alambic	camp	ensemble		temps

• Il n'existe pas de règle permettant de prévoir la graphie du son [ɑ̃] devant une consonne prononcée. Les graphies *an* et *en* apparaissent souvent dans les finales *-ance* et *-ence*, *-ande* et *-ende*, *-anse* et *-ense*, *-ante* et *-ente*. Voici la liste de quelques-uns de ces mots.

■ *ance*	■ *ence*	■ *ande*	■ *ende*
abondance	*absence*	*commande*	*commende*
alliance	*adhérence*	*contrebande*	*dividende*
ambiance	*affluence*	*demande*	*légende*
assistance	*concurrence*	*guirlande*	*prébende*
circonstance	*contingence*	*offrande*	*provende*
croissance	*décence*		
distance	*différence*		
finance	*évidence*		
nuance	*influence*		
tolérance	*urgence*		

■ *anse*	■ *ense*	■ *ante*	■ *ente*
danse	*dense*	*amiante*	*attente*
ganse	*dépense*	*brocante*	*charpente*
panse	*immense*	*dilettante*	*descente*
transe	*intense*	*épouvante*	*entente*
		soixante	*trente*

73 *ant* ou *ent* comme dans *croissant* ou *dent*

On trouve en position finale d'autres graphies fréquentes du son [ɑ̃].

■ *ant*

INITIALE	MÉDIANE	FINALE		
.	.	*aimant*	*croissant*	*piquant*
.	.	*auparavant*	*fabricant*	*stimulant*
.	.	*carburant*	*flamant*	*volant*

■ *ent*

INITIALE	MÉDIANE	FINALE			
.	.	*absent*	*dent*	*licenciement*	*vêtement*
.	.	*aliment*	*divergent*	*régiment*	*violent*
.	.	*argent*	*équivalent*	*sentiment*	
.	.	*arpent*	*expédient*	*supplément*	
.	.	*bâtiment*	*insolent*	*urgent*	

74 **and, ang, anc** ou **aon** comme dans *marchand*

Ces graphies sont rares.

▪ *and*	▪ *ang*	▪ *anc*	▪ *aon*
chaland	étang	banc	faon
flamand	rang	blanc	paon
goéland	sang	flanc	taon
marchand			

❶ Certains homonymes de la même famille mais de nature différente n'ont pas la même orthographe → **357 à 381.**

différend (nom) – *différent* (adjectif) – *différant* (participe présent)

résident (nom) – *résidant* (participe présent)

75 Tableau des graphies du son [ã]

Le [ã] de *enfant*	INITIALE	MÉDIANE	FINALE
an	ancien	avalanche	artisan
am	ambre	camp	
en	encre	attention	
em	embarquer	temps	
ant	.	.	carburant
ent	.	.	absent
and, ang, anc	.	.	flamand
aon	.	.	paon

LES RÉGULARITÉS*

76 Les adverbes en **-ment**

Dans les adverbes en **-ment**, le son [ã] s'écrit toujours **ent**.

gentiment   modérément   précisément   spontanément

77 Les participes présents

Les participes présents (ainsi que les gérondifs) se terminent toujours par **-ant**.

aimant – en aimant

comprenant – en comprenant

dormant – en dormant

finissant – en finissant

78 Les adjectifs verbaux en *-ent*

Les adjectifs verbaux sont des participes présents employés comme adjectifs, mais leur orthographe peut différer de celle des participes présents.

PARTICIPE PRÉSENT	ADJECTIF VERBAL
adhérant	*adhérent*
affluant	*affluent*
convergeant	*convergent*
différant	*différent*
divergeant	*divergent*
émergeant	*émergent*
équivalant	*équivalent*
excellant	*excellent*
influant	*influent*
négligeant	*négligent*
précédant	*précédent*
résidant	*résident*
somnolant	*somnolent*

79 Les mots en *-and* et en *-ang*

Pour déterminer s'il y a une consonne muette à la fin d'un mot, et laquelle, on peut souvent avoir recours à un mot de la même famille dans lequel la consonne s'entend.

marchand	→	*marchander, marchandise*
rang	→	*ranger, rangement*
sang	→	*sanglant, sanguin*

Écrire [ɔ̃]

confiserie, compagnie

LES DIFFÉRENTES GRAPHIES

80 ***on* comme dans *confiserie***

En règle générale, le son [ɔ̃] s'écrit ***on***.

INITIALE*	MÉDIANE*	FINALE*
oncle	bonjour	accordéon
onde	bonsoir	balcon
ondée	bonté	béton
ondulatoire	concert	carton
ongle	concurrent	faucon
ontogenèse	condition	jambon
onze	confiserie	nourrisson
	congrès	saucisson
	conseil	torchon
	contraire	

81 ***om* comme dans *compagnie***

• Le son [ɔ̃] s'écrit ***om*** devant les consonnes *b* ou *p*. En position finale, ***om*** se trouve devant une consonne muette (***plomb***).

INITIALE	MÉDIANE		FINALE
ombre	bombe	complet	aplomb
	combat	complice	coulomb
	combien	comptabilité	plomb
	comble	comptable	prompt
	compact	comptant	surplomb
	compagnie	compte	
	compagnon	compteur	
	compétition	comptine	

❶ *bonbon, bonbonne, bonbonnière* et *embonpoint*.

• On écrit également ***om*** dans les noms suivants :
– devant *t* : ***comte, comté, comtesse*** ;
– en fin de mot : ***nom, prénom, pronom, renom, surnom***.

82 *ond, ont, onc* ou *ons* comme dans *gond, pont, jonc*

• On trouve enfin la graphie *on* devant certaines consonnes muettes : *d, t, c*.

■ *ond*

INITIALE	MÉDIANE	FINALE			
.	.	bas-fond	gond	plafond	vagabond
.	.	bond	haut-fond	profond	
.	.	fécond	moribond	pudibond	
.	.	fond	nauséabond	second	

■ *ont*

INITIALE	MÉDIANE	FINALE
.	.	dont
.	.	entrepont
.	.	pont

■ *onc*

INITIALE	MÉDIANE	FINALE
.	.	ajonc
.	.	jonc

• Le son [ɔ̃] s'écrit souvent *ons* dans la conjugaison à la 1re personne du pluriel.

nous aimons   nous finirons   nous étions

❶ Certains mots présentent une orthographe particulière :

fonts   long   punch   tréfonds

83 Tableau des graphies du son [ɔ̃]

Le [ɔ̃] de *bonbon*	INITIALE	MÉDIANE	FINALE
on	oncle	bonjour	accordéon
om	ombre	combat	aplomb
ond	.	.	bond
ont	.	.	pont
onc	.	.	ajonc

LES RÉGULARITÉS*

84 **Les mots en *-ond***

Pour savoir s'il faut écrire une consonne muette à la fin d'un mot et laquelle, on peut parfois s'aider d'un autre mot de la même famille dans lequel la consonne se prononce.

bond	→	*bondir*
fécond	→	*fécondation*
fond	→	*fondation*
profond	→	*profondeur*
second	→	*secondaire*
vagabond	→	*vagabonder*

Écrire [wa]   *boisson, boîte, aquarium*

LES DIFFÉRENTES GRAPHIES

85 *oi* ou *oî* comme dans *boisson* ou *boîte*

Le son [wa] s'écrit le plus souvent *oi*.

INITIALE*		MÉDIANE*		FINALE*	
oiseau	oisif	boisson	soirée	loi	quoi
oiseleur	oisillon	poignée	toit	moi	toi

REMARQUE On rencontre la graphie *oî* dans quelques mots : *boîte, cloître, croître*. Mais depuis 1993, on tolère : *boite, boitier...* → **385.**

❶ À l'initiale, on ne trouve la graphie *oi* que dans *oiseau, oisiveté* et les mots de ces familles (*oisillon, oisif...*).

86 *ois, oit, oix, oie, oid* comme dans *pois, étroit, noix, foie, froid*

En finale, le son [wa] est souvent écrit *oi* + *e* ou *oi* + consonne muette (*d, s, t, x*).

■ ois	■ oit	■ oix	■ oie	■ oid	■ oids
autrefois	adroit	croix	foie	froid	contrepoids
bois	détroit	noix	joie		poids
chamois	endroit	poix	oie		
fois	étroit	voix	voie		
mois	exploit				
quelquefois	toit				

87 *oy* comme dans *noyau*

À l'intérieur d'un mot, le son [wa] peut s'écrire *oy* (toujours suivi d'une voyelle).

INITIALE	MÉDIANE				FINALE
.	dénoyauter	moyen	royal	voyage	.
.	mitoyen	noyade	royauté	voyageur	.

REMARQUE La graphie *oy* transcrit en réalité un double son : [wa] + [j].

* Voir glossaire

88 *ua, oua* comme dans *aquarium*

Les graphies *ua* et *oua* sont des graphies particulières du son [wa]; elles n'apparaissent que dans quelques mots.

■ *ua*	■ *oua*
aquarium	douane
équateur	ouaille
square	ouate
	pouah
	zouave

REMARQUE Il existe deux autres graphies exceptionnelles : *moelle, poêle*.

89 *wa* comme dans *wapiti*

Le son [wa] s'écrit *wa* au début de quelques mots d'origine étrangère. En voici les principaux.

walé (africain)	warning (anglais)
wali (arabe)	water-polo (anglais)
wallaby (australien)	waterproof (anglais)
wallon (francique)	waters (anglais)
wapiti (américain)	watt (anglais)

REMARQUE *walkman* (baladeur) se prononce [wokman].

90 Tableau des graphies du son [wa]

Le [wa] de *loi*	INITIALE	MÉDIANE	FINALE
oi	oiseau	soirée	quoi
oid	.	.	froid
oie	.	.	joie
ois	.	.	mois
oit	.	.	toit
oix	.	.	poix
oy	.	voyage	.
oua	.	douane	.
ua	.	square	.
wa	wallon		

LES RÉGULARITÉS*

91 Les noms et les adjectifs en *-ois*

Le son [wa] est souvent écrit *oi* + *s* à la fin des mots. Cette finale *-ois* est très «productive» dans les noms et les adjectifs dérivés d'une localité ou d'une région.

gallois
lillois
luxembourgeois

92 Les mots en *-oit*

Pour s'assurer de la présence du *t* muet dans les mots en *-oit*, on peut s'aider de mots de la même famille où le *t* s'entend.

adroit	→	*adroite*
étroit	→	*étroite*
exploit	→	*exploiter*
toit	→	*toiture*

Écrire [wɛ̃]

groin, marsouin

LES DIFFÉRENTES GRAPHIES

93 oin comme dans *groin*

Il existe plusieurs façons d'écrire le son complexe [wɛ̃]. La graphie *oin* est la graphie la plus simple pour transcrire le son [wɛ̃].

INITIALE*	MÉDIANE*		FINALE*	
oindre	amoindrir	moindre	besoin	groin
	joindre	pointer	coin	loin
			foin	témoin

94 oing, oins ou oint comme dans *coing* ou *embonpoint*

En finale, le son [wɛ̃] est souvent écrit *oin* + consonne muette *(oing, oins, oint)*.

■ oing	■ oins	■ oint			
coing	moins	adjoint	conjoint	disjoint	joint
poing	néanmoins	appoint	contrepoint	embonpoint	point

REMARQUE À ces listes, il faut ajouter les trois premières personnes des verbes en *-oindre* : *je joins, tu joins, il joint*, ainsi que le participe passé : *disjoint*.

❶ La graphie *ouen* est très rare : *Saint-Ouen*.

95 ouin comme dans *marsouin*

On rencontre *ouin* à la fin de quelques mots seulement.

baragouin	bédouin	marsouin	pingouin

96 Tableau des graphies du son [wɛ̃]

Le [wɛ̃] de *foin*	INITIALE	MÉDIANE	FINALE
oin	oindre	pointer	loin
oing	.	.	coing
oint	.	...	point
ouin	.	.	pingouin

Écrire [j]

yaourt, papier, bille

LES DIFFÉRENTES GRAPHIES

97 **y** ou **i** comme dans **yaourt** ou **papier**

Les deux graphies les plus simples du son [j] sont **y** et **i**. Elles sont rares en début de mot et elles n'apparaissent jamais en finale pour traduire le son [j].

■ **y**

INITIALE*	MÉDIANE*		FINALE*
yacht	attrayant	mareyeur	
yack	balayeur	maya	
yankee	bruyant	moyen	
yaourt	clairvoyant	moyeu	
yéti	crayon	nettoyage	
yeux	débrayage	nettoyeur	
yiddish	doyen	non-voyant	
yoga	effrayant	payant	
yog(h)ourt	employeur	payeur	
yougoslave	ennuyeux	rayon	
	essayage	seyant	
	frayeur	soyeux	
	joyeux	voyage	

■ **i**

INITIALE	MÉDIANE		FINALE
iode	alliance	inférieur	
ion	antérieur	ingénieur	
ionien	bijoutier	insouciance	
ionique	cahier	luthier	
iota	cellier	méfiance	
	commercial	papier	
	confiance	social	
	extérieur	spécial	
	glacial	supérieur	

98 *il* ou *ill* comme dans *fauteuil* ou *millefeuille*

Complexes, mais fréquentes, les graphies *il* et *ill* transcrivent elles aussi le son [j].

■ *ill*

INITIALE	MÉDIANE		DEVANT E FINAL*		FINALE
.	aiguillage	feuillage	abeille	faucille	.
.	bataillon	grillage	aiguille	feuille	.
.	brouillon	oreillons	bataille	fille	.
.	carillon	outillage	bille	groseille	.
.	conseiller	pillage	brindille	millefeuille	.
.	coquillage	quincaillier	chenille	oreille	.
.	échantillon	réveillon	chèvrefeuille	pupille (de	.
.			corneille	l'œil)	.
.			faille	taille	.
.			famille	volaille	.

■ *il*

INITIALE	MÉDIANE	FINALE			
.	.	accueil	cercueil	fauteuil	recueil
.	.	ail	cerfeuil	œil	seuil
.	.	appareil	chevreuil	orgueil	soupirail
.	.	bail	écueil	orteil	treuil
.	.	bétail	éveil	pareil	

❶ Quelques mots comportant la même graphie *ille* se prononcent [il].

bacille
codicille
Lille
mille

pupille (de la nation)
tranquille
ville (et ses composés)

99 Tableau des graphies du son [j]

Le [j] de *feuille*	INITIALE	MÉDIANE	DEVANT E FINAL	FINALE
y	yoga	rayon	.	.
i	iode	confiance	.	.
ill	.	réveillon	fille	.
il	.	.	.	ail

LES RÉGULARITÉS*

100 Les mots en *-iller* et *-illier*

• On écrit *ill* dans les verbes en *-ailler, -eiller, -iller.*

écailler	conseiller	fourmiller
travailler	réveiller	sautiller

• La graphie *ill* apparaît aussi dans les noms en *-ailler, -aillier, -eiller* ou *-eillier.*

■ ailler	■ aillier	■ eiller	■ eillier
poulailler	joaillier	conseiller (nom)	groseillier
	quincaillier		

101 Les mots en *-ail* ou *-aille*

Le son [aj] s'écrit *-ail* à la fin des noms masculins et *-aille* à la fin des noms féminins.

MASCULIN	FÉMININ
ail	maille
gouvernail	paille

102 Les noms en *-eil* ou *-eille*

Le son [ɛj] s'écrit *-eil* à la fin des noms masculins et *-eille* à la fin des noms féminins.

MASCULIN	FÉMININ
conseil	abeille
soleil	groseille

103 Les noms en *-euil, -euille* et *-ueil*

• Le son [œj] s'écrit toujours *-euille* à la fin des noms féminins, et *-ueil* après les consonnes *c* et *g.*

feuille	accueil	orgueil

• Le son [œj] s'écrit en général *-euil* à la fin des noms masculins.

fauteuil	seuil

❶ – Les noms masculins formés sur *-feuille* : *chèvrefeuille, millefeuille, portefeuille*;
– *œil* (et les mots composés avec *œil*).

Écrire [ʃ]

quiche, schéma, shérif

LES DIFFÉRENTES GRAPHIES

104 ch comme dans *quiche*

Le son [ʃ] est le plus souvent écrit *ch*.

INITIALE*	MÉDIANE*	DEVANT E FINAL*		FINALE*
chacun	achat	bâche	hache	lunch
chagrin	acheteur	biche	louche	match
chaîne	achèvement	bouche	mèche	ranch
chaise	bachelier	branche	miche	sandwich
chambre	bouchon	broche	moche	
champion	colchique	bûche	moustache	
chaud	couchette	crèche	panache	
chef	déchet	embûche	pêche	
cher	fâcheux	flèche	quiche	
chez	jachère	fraîche	reproche	
chiffon	machine	friche	sèche	
chirurgie	mâchoire	gouache	tâche	
chocolat	méchant			
chuintement	sécheresse			

REMARQUE Devant les lettres *l* et *r*, on prononce le plus souvent [k] : *chlore, chrome.*
→ **151** pour les mots d'origine grecque, où le *ch* se prononce [k] : *chœur, chorale, orchestre*;
On rencontre également la graphie *ch* dans des noms propres : *Foch, Marrakech, Charles...*

105 sch ou sh comme dans *kirsch* ou *shilling*

Le son [ʃ] peut être écrit au moyen de deux autres graphies complexes :
– *sch* indique une origine grecque (*schéma*) ou allemande (*schnaps*);
– *sh* indique une origine anglaise (*shérif*).

■ *sch*

INITIALE				MÉDIANE	FINALE
schéma	schilling	schiste	schlitte		haschisch
schème	schisme	schisteux	schuss		kirsch

■ *sh*

INITIALE	MÉDIANE	FINALE
shampooing	.	flash
shérif	.	flush
sherpa	.	rush
shetland	.	smash
shilling	.	
shoot	.	
shop (sex-)	.	

106 Tableau des graphies du son [ʃ]

Le [ʃ] de *chemin*	INITIALE	MÉDIANE	DEVANT E FINAL	FINALE
ch	cher	achat	miche	match
sch	schéma	.	.	putsch
sh	shampooing	.	.	flash

Écrire [p] et [b]

pain, baguette

LES DIFFÉRENTES GRAPHIES

107 *p* comme dans *pain*

La graphie *p* apparaît en toute position. Le son [p] s'écrit toujours *p* au début d'un mot, après les voyelles *é* et *i*, et après *am* et *im*.

INITIALE*	MÉDIANE*		DEVANT E FINAL*	FINALE*
page	amplificateur	impact	antilope	cap
pain	ampoule	impair	cape	cep
pape	apanage	imparfait	coupe	clip
parachute	apéritif	imperméable	dupe	croup
pipe	apiculture	lapin	écope	handicap
poule	apothéose	lapon	étape	ketchup
précis	épargne	opaque	principe	scalp
preuve	épée	opéra	soupe	vamp
province	épi	opinion	syncope	
publicité	épineux	superbe	type	

REMARQUE Devant des mots commençant par une voyelle ou un *h*, le *p* final de *trop* et *beaucoup* s'entend dans la liaison : *trop_heureux, beaucoup_appris*. Dans les autres cas, ce *p* ne se prononce pas.

108 *pp* comme dans *grappe*

La graphie *pp* n'apparaît ni à l'initiale ni en finale. Le choix entre *p* et *pp* est souvent facilité par la connaissance de l'étymologie → 382 à 384.

INITIALE	MÉDIANE		DEVANT E FINAL		FINALE
	appareil	hippique	échoppe	lippe	
	appartement	hippodrome	enveloppe	nappe	
	appât	hippopotame	frappe	nippe	
	appétit	mappemonde	grappe	steppe	
	apport	opposition	grippe	trappe	
	apprenti	oppression	houppe		
	approbation	supplice			
	approche	uppercut			
	appui				

109 **b** comme dans **ob**ser**v**er

Parfois, le son [p] s'écrit **b** : en effet, dans certains cas, on écrit **b**, mais la consonne qui suit nous conduit à prononcer [p] (au lieu de [b]).

absent	absoudre	observer	obtenir
abside	abstrait	obsession	obtention
absolu	absurde	obsidienne	obtus
absorber	obscur	obstiner	s'abstenir

110 **b** ou **bb** comme dans **b**aguette ou a**bb**é

• La graphie du son [b] pose moins de problèmes : on écrit en général **b** ; **bb** est en effet très rare. Cette graphie n'apparaît ni à l'initiale ni en finale et elle concerne essentiellement quelques termes religieux.

■ *bb*
abbaye
abbé
rabbin
sabbat
sabbatique

• Le **b** est très rare en finale : il dénote le plus souvent des mots d'origine étrangère.

■ *b*
club
job
nabab
snob
toubib
tub

111 Tableau des graphies du son [p]

Le [p] de *papa*	INITIALE	MÉDIANE	DEVANT E FINAL	FINALE
p	page	épée	antilope	vamp
pp	.	appétit	nappe	.
b	.	absurde	.	.

112 Tableau des graphies du son [b]

Le [b] de *bébé*	INITIALE	MÉDIANE	FINALE
b	bon	table	club
bb	.	rabbin	.

LES RÉGULARITÉS*

113 ## Les mots en -*p*

Souvent, le *p* ne se prononce pas quand il se trouve à la fin d'un mot.
Il est possible de recourir à des mots de la même famille où le *p* s'entend
pour déterminer l'orthographe correcte d'un mot.

champ	→	champagne, champêtre
coup	→	couper, coupure
drap	→	draperie, drapier

114 ## *app* au début des verbes

Tous les verbes qui commencent par le son [ap] s'écrivent ***app***.
appeler
apprécier
appréhender
apprendre

❶ Voici sept exceptions : *apaiser, apercevoir, apeurer, apitoyer, aplanir, aplatir, apostropher.*

Écrire [t] et [d]

pâté, thon, dorer

LES DIFFÉRENTES GRAPHIES

115 *t* comme dans *pâté*

• Le son [t] est le plus souvent transcrit par la graphie simple *t*.
Elle est employée en toute position.

INITIALE*	MÉDIANE*	DEVANT E FINAL*	FINALE*
tabac	atavisme	acolyte	accessit
table	atelier	aromate	août
technique	atonal	culbute	azimut
téléphone	butoir	dispute	bit
terrain	étanche	faillite	but
tissu	étymologie	gargote	coït
trésor	italique	note	déficit
type	itinéraire	otite	granit
tzigane	otage	pelote	mat
	utopie	savate	mazout
		strate	scorbut

• Pour les autres prononciations possibles de la lettre *t* dans des mots comme ***nation, partiel*** → 181.

• Le *t* en position finale est souvent associé à une autre consonne (*c*, *p* ou *s*).

abject	contact	impact	test
abrupt	correct	intact	toast
ballast	direct	intellect	transept
compact	distinct	ouest	trust
compost	est	rapt	
concept	exact	strict	

REMARQUE Le *t* final est très fréquemment muet.

agent	écart	il mangeait	prompt
aspect	exempt	irrespect	respect
debout	filet	odorat	succinct

Autres exemples de *t* final muet → 76 à 78.

116 *tt* comme dans *omelette*

La graphie complexe *tt* transcrit aussi le son [t]. Elle se trouve généralement entre deux voyelles.

INITIALE	MÉDIANE		DEVANT E FINAL		FINALE
	acquittement	flatterie	assiette	crotte	
	attachant	flottaison	baguette	cueillette	
	attaque	guetteur	banquette	culotte	
	atteinte	guttural	biscotte	flotte	
	attente	lettre	butte	galette	
	attitude	littéral	carotte	natte	
	attraction	lutteur	chatte	omelette	
	attribut	netteté	clarinette	toilette	
	ballottage	nettoyage			
	buttoir	pittoresque			
	confetti	quittance			
	égouttoir	sottise			

❶ *watt* (finale).

117 *th* comme dans *thon*

La graphie *th* est souvent l'indice d'un mot d'origine grecque où apparais-
sait la lettre ϴ (thêta). Elle peut se trouver à l'initiale, en position médiane,
plus rarement en finale.

INITIALE	MÉDIANE	FINALE
thalamus	antipathie	bismuth
thalassothérapie	arithmétique	luth
théâtre	arthrite	math(s)
thème	athée	zénith
théologie	authentique	
théorème	esthétique	
théorie	kinésithérapie	
thérapeute	mathématique	
thermal	méthode	
thermique	mythique	
thermomètre	mythologie	
thèse	orthographe	
thorax	synthétique	
thym		
thymus		
thyroïde		

118 *d* **comme dans** *dorer*

En ce qui concerne le son [d], la graphie *d* est de très loin la plus fréquente.
Elle apparaît en toute position mais elle est relativement rare en finale
absolue (*stand*). Le plus souvent, dans ce cas, elle est suivie d'un *e* muet
(*aide*...).

INITIALE		MÉDIANE	DEVANT E FINAL	FINALE
danse	distraction	attendre	acide	barmaid
dater	doigt	gladiateur	aide	caïd
débit	don	moderne	ambassade	celluloïd
débuter	dormir	ordonnance	bipède	fjord
découper	dresser	producteur	cascade	lad
demander	droite	radio	cupide	raid
dictée	dupliquer	ridicule	glande	rhodoïd
		studieux	humide	stand
		troubadour	raide	tweed
		verdoyant	valide	
		vidéo		
		vider		

REMARQUE On rencontre aussi la graphie *d* à la fin de certains noms propres d'origine étrangère : *Bagdad, Conrad, Mohamed, Carlsbad*...

119 *dd* **ou** *ddh* **comme dans** *pudding* **ou** *Bouddha*

• La graphie *dd* est rare en français.

addition	additif	paddock
addenda	adduction	pudding
additionner	haddock	reddition

• Le son [d] s'écrit *ddh* uniquement dans quelques mots d'origine étrangère.

Bouddha   *bouddhisme*

120 **Tableau des graphies du son [t]**

Le [t] de *santé*	INITIALE	MÉDIANE	DEVANT E FINAL	FINALE
t	tabac	otage	hâte	granit
tt		attente	chatte	
th	thème	athée		zénith

121 Tableau des graphies du son [d]

Le [d] de *dodu*	INITIALE	MÉDIANE	DEVANT E FINAL	FINALE
d	*dans*	*radeau*	*soude*	*polaroïd*
dd	.	*addition*	.	.
ddh	.	*Bouddha*	.	.

LES RÉGULARITÉS*

122 Les mots en -*t*

• On trouve un grand nombre de noms masculins ayant un *t* muet en finale, ainsi que des adjectifs et des adverbes. Les mots de la même famille peuvent être utiles pour détecter la présence d'un *t* muet.

achat	→	*acheter*	*emprunt*	→	*emprunter*
adroit	→	*adroite*	*exploit*	→	*exploiter*
affront	→	*affronter*	*format*	→	*formation*
amont	→	*monter*	*front*	→	*frontal*
argot	→	*argotique*	*institut*	→	*institution*
candidat	→	*candidature*	*lauréat*	→	*lauréate*
chahut	→	*chahuter*	*lit*	→	*literie*
circuit	→	*court-circuiter*	*magistrat*	→	*magistrature*
climat	→	*climatisation*	*nuit*	→	*nocturne*
complot	→	*comploter*	*plat*	→	*plate*
conflit	→	*conflictuel*	*profit*	→	*profiter*
crédit	→	*créditer, créditeur*	*rabot*	→	*raboter*
débit	→	*débiter, débiteur*	*saut*	→	*sauter*
début	→	*débuter*	*toit*	→	*toiture*
défaut	→	*défectueux*	*tout*	→	*toute*
égout	→	*égoutter*	*tricot*	→	*tricoter*

• Lorsque les mots de la même famille ou la forme du féminin ne donnent pas d'indication, il faut se reporter au dictionnaire.

REMARQUE Tous les adverbes en -*ment*, les participes présents et les gérondifs se terminent par t : *assurément, carrément, couramment, mangeant, plaçant, en riant, en réfléchissant...*

❶ *La nuit, la mort* sont des noms féminins terminés par *t*.

123 **Les mots en -d**

• Bien que ce soit moins fréquent, on peut trouver cependant un *d* muet en finale, aussi bien après une voyelle qu'après les consonnes *n* et *r*.

■ *voyelle + d*	■ *nd*	■ *rd*	
crapaud	bond	accord	hasard
nid	différend	bord	lézard
nœud	friand	brouillard	lourd
pied	gond	canard	record
réchaud		dossard	sourd
		épinard	standard

• Il est également possible, dans ce cas, d'avoir recours à un mot de la même famille pour s'assurer de la présence du *d* muet final.

accord	→	accorder
bond	→	bondir
hasard	→	hasarder
nid	→	nidation

Écrire [f]

gaufre, amphore

LES DIFFÉRENTES GRAPHIES

124 *f* **comme dans** *gaufre*

La graphie simple *f* peut se trouver en toute position.

INITIALE*	MÉDIANE*	DEVANT E FINAL*	FINALE*
fantassin	africain	agrafe	apéritif
fantastique	balafre	carafe	bœuf
fantôme	défaite	esbroufe	chef
farine	défunt	girafe	massif
félin	gaufre	parafe	neuf
femme	gifle		œuf
fifre	infâme		relief
filtre	plafond		soif
fin	profond		tarif
fou	rafle		veuf

REMARQUE La graphie *f* apparaît à la fin des adjectifs en *-tif* :
auditif, définitif, fugitif, positif...

125 *ff* **comme dans** *truffe*

La graphie double *ff* n'apparaît jamais à l'initiale, et très rarement en finale
(dans quelques mots d'origine anglaise ou allemande).

INITIALE	MÉDIANE		DEVANT E FINAL	FINALE
.	affaire	diffus	bouffe	bluff
.	affection	effacement	chauffe	skiff
.	affluent	effet	coiffe	staff
.	affreux	effort	étoffe	
.	affût	gouffre	gaffe	
.	buffle	offense	griffe	
.	chauffage	office	touffe	
.	chiffon	souffle	truffe	
.	chiffre	souffrance		
.	coffre	suffisant		

REMARQUE On peut écrire *skif* ou *skiff*.

126 ***ph*** **comme dans** *amphore*

La graphie ***ph*** provient de l'alphabet grec, et apparaît dans de nombreux mots d'origine savante. **Racines grecques et latines → 382.**

INITIALE	MÉDIANE	DEVANT E FINAL	FINALE
phalange	amphibie	amorphe	
pharmacie	amphore	apocryphe	
phase	aphone	catastrophe	
phénomène	bibliographie	géographe	
philanthrope	doryphore	orthographe	
philatélie	emphase	paragraphe	
philosophie	morphologie	paraphe	
phonétique	ophtalmie	strophe	
phrase	siphon	triomphe	
physique	typhon		

REMARQUE On admet deux orthographes : *fantasme* ou *phantasme*, *parafe* ou *paraphe*.

127 **Tableau des graphies du son [f]**

Le [f] de *faim*	INITIALE	MÉDIANE	DEVANT E FINAL	FINALE
f	fantassin	profond	agrafe	œuf
ff		affaire	étoffe	bluff
ph	pharmacie	aphone	triomphe	

LES RÉGULARITÉS*

128 ***aff*** **au début des mots**

Tous les mots qui commencent par le son [af] s'écrivent ***aff***.

affamer
affectation
afficher
affluer
affront
affût

❶ *afghan*
afin
aflatoxine (vocabulaire spécialisé)
afocal (vocabulaire spécialisé)
Afrique (et les mots de la même famille)

129 ***eff* au début des mots**

Tous les mots qui commencent par le son [ef] s'écrivent *eff*.

effacer
effet
effilé
efflanqué
effleurer
effrayer

❶ *éfaufiler* (rare), *éfrit*.

130 ***off* au début des mots**

Tous les mots qui commencent par le son [of] s'écrivent *off*.

offense
officiel
offrir
offset

Écrire [g]

glace, figue

LES DIFFÉRENTES GRAPHIES

131 **g** comme dans **g**lace

- Le son [g] peut s'écrire avec la seule lettre **g** devant *a, o, u, l, r*.

INITIALE*	MÉDIANE*	FINALE*
gadget	agrandir	camping
gai	agrégat	caravaning
galop	agrégé	gag
ganglion	agression	gang
garage	agrume	gong
glace	bagage	grog
glaive	bagarre	iceberg
glu	cargo	legs
goal	congrès	parking
gond	dégoûter	ping-pong
goût	lagon	smog
gouverner	légume	zigzag
gras	magot	
grave	onglet	
grotte	ragoût	
guttural	régal	
	règlement	
	régulier	

REMARQUE On rencontre aussi *g* devant *m* ou *n* dans quelques mots.

augmenter
diagnostic
magma
segment
stagner

- Le son [g] ne s'écrit jamais *g* devant *e* ou *i*. Il s'écrit alors **gue, gui** : **g**u**érir**, **g**u**ignol**.

132   *gu* **comme dans** *figue*

La graphie complexe *gu* apparaît devant *e, ê, é, è, i, y*. Alors que *g* seul est rare en finale, on trouve fréquemment *gue* dans cette position. Le *e* est alors rarement prononcé : ***bague*** [bag], ***algue*** [alg].

INITIALE		MÉDIANE	DEVANT E FINAL	FINALE
gué	gui	aiguiser	analogue	
guenille	guichet	baguette	bègue	
guépard	guide	figuier	dingue	
guêpe	guidon		drague	
guère	guignol		drogue	
guérilla	guimbarde		fatigue	
guérison	guingois		figue	
guerre	guirlande		langue	
gueule	guise		ligue	
gueux	guitare		seringue	
			sociologue	
			vague	

133   *gg* **comme dans** *jogging*

La graphie double *gg* est fort rare.
agglomération (et les mots de la même famille)
agglutiné (et les mots de la même famille)
aggravation (et les mots de la même famille)
buggy (origine anglaise, prononcé [bygi] ou [bœgi])

134   *gh* **comme dans** *spaghetti*

Dans quelques mots d'origine étrangère, on rencontre la graphie *gh*.
ghesha ou geisha (japonais)
ghetto (italien)
spaghetti (italien)

135   *c* **comme dans** *second*

Dans certains mots, il arrive que le *c* se prononce [g].
eczéma
second
secondaire

136 Tableau des graphies du son [g]

Le [g] de *gant*	INITIALE	MÉDIANE	DEVANT E FINAL	FINALE
g	*gai*	*agrandir*	.	*gag*
gu	*gué*	*aiguiser*	*vague*	.
gg	.	*aggraver*	.	.
gh	*ghetto*	*spaghetti*	.	.
c	.	*second*	.	.

LES RÉGULARITÉS*

137 Le féminin des adjectifs terminés par *gu*

Les adjectifs terminés par **gu** au masculin s'écrivent **guë** au féminin.
La présence du tréma (¨) empêche la fusion de **gu** et *e* en **gue**.

aigu	→	*aiguë*
ambigu	→	*ambiguë*
contigu	→	*contiguë*
exigu	→	*exiguë*

REMARQUE Nouvelle orthographe → 393.

138 Les participes présents en *-guant* et les adjectifs verbaux en *-gant*

Les adjectifs verbaux sont des participes présents employés comme adjectifs, mais leur orthographe peut différer. Ainsi, les verbes en **-guer** ont des participes présents en **-guant** et des adjectifs verbaux en **-gant**.

PARTICIPE PRÉSENT	ADJECTIF VERBAL
extravaguant	*extravagant*
fatiguant	*fatigant*
naviguant	*navigant*

Écrire [ɲ]

champignon, bananier

LES DIFFÉRENTES GRAPHIES

139 ***gn* comme dans *champignon***

Cette graphie n'apparaît que rarement à l'initiale et jamais en finale. C'est en position médiane qu'on la rencontre le plus souvent. Devant *e* muet final, seule cette graphie ***gn*** peut transcrire le son [ɲ].

INITIALE*	MÉDIANE*		DEVANT E FINAL*	FINALE*
gnangnan	agneau	égratignure	campagne	.
gnocchi	araignée	espagnol	champagne	.
gnon	assignable	gagnant	compagne	.
	baigneur	montagnard	montagne	.
	campagnard	poignée	pagne	.
	champignon	rognure		.
	cognac	seigneur		.
	compagnie	signal		.
	compagnon	vignoble		.
	dédaigneux			.

REMARQUE À cette liste, il faut ajouter la conjugaison :

– des verbes en -*gner* :
   j'accompagne, nous accompagnions, ils ont accompagné
– des verbes en -*eindre* :
   ils feignirent, feignant
– des verbes en -*aindre* :
   vous craignez, craignant
– des verbes en -*oindre* :
   nous joignions, vous joignez, joignant

On rencontre également la graphie *gn* dans certains noms propres : *Perpignan, Espagne.*

❶ Le son [ɲ] s'écrit ***gni*** dans ***châtaignier.***

140 *ni* **comme dans** *bananier*

Cette graphie n'apparaît que rarement à l'initiale et jamais en finale. C'est en position médiane qu'on la rencontre le plus souvent.

INITIALE	MÉDIANE				FINALE
niais	aluminium	colonial	harmonieux	opiniâtre	
nièce	ammoniac	communiant	inconvénient	opinion	
nielle	arménien	dernière	magasinier	panier	
	bananier	douanier	manioc	pécuniaire	
	bannière	grenier	millionième	réunion	

REMARQUE À cette liste, il faut ajouter la conjugaison des verbes en -nier (communier) :
ils communiaient, j'ai communié...

141 **Tableau des graphies du son [ɲ]**

Le [ɲ] de *signal*	INITIALE	MÉDIANE	DEVANT E FINAL	FINALE
gn	gnon	araignée	champagne	
ni	nièce	opinion		

Écrire [ʒ]

jus, frangipane, geai

LES DIFFÉRENTES GRAPHIES

142 *j* comme dans *jus*

Le son [ʒ] peut être écrit *j* devant toutes les voyelles. On trouve néanmoins rarement *j* devant *i*.

INITIALE*			MÉDIANE*			FINALE*
jade	japonais	jeune	abject	conjonction	injure	.
jadis	jaune	jockey	adjectif	conjuration	objet	.
jaloux	jésuite	joie	adjoint	enjeu	sujet	.
jambon	jeu	jurer	bijou	injection		.

REMARQUE
– Dans la plupart des mots d'origine anglaise, *j* se prononce souvent [dʒ].

jack	jean	jerk	jingle	jumping
jazz	jeep	jet	jogging	

– La consonne *g* se prononce [dʒ] dans *gin*.
– La double consonne *gg* se prononce [gʒ] : *suggestif, suggestion, suggestivité.*

143 *g* comme dans *frangipane*

Le son [ʒ] peut s'écrire *g* devant *e, i* et *y*. Cette graphie est aussi fréquemment employée pour transcrire le son [ʒ] que la graphie *j*.

INITIALE	MÉDIANE		DEVANT E FINAL		FINALE
géant	aborigène	indigène	arpège	manège	.
gendarme	angine	misogyne	badinage	personnage	.
gêne	aubergine	origine	beige	piège	.
gentil	engelure	oxygène	carnage	prestige	.
gibet	frangine	pathogène	chasse-neige	privilège	.
gibier	hétérogène	sans-gêne	collège	siège	.
gifle	homogène	surgeler	cortège	solfège	.
gigot	hydrogène		dépannage	stratège	.
gilet			espionnage	tige	.
gitan			lainage	vertige	.
gîte			litige	voisinage	.
givre					.

* Voir glossaire

144 *ge* comme dans *esturgeon*

Pour obtenir le son [ʒ] devant les voyelles *a, o, u*, la lettre *g* doit être suivie d'un *e*.

INITIALE	MÉDIANE				FINALE
geai	bougeoir	esturgeon	geôle	plongeon	.
geôlier	bourgeon	gageure	pigeon		.

145 Tableau des graphies du son [ʒ]

Le [ʒ] de *jeu*	INITIALE	MÉDIANE	DEVANT E FINAL	FINALE
j	jade	objet	.	.
g	géant	origine	âge	.
ge	geai	pigeon	.	.

LES RÉGULARITÉS*

146 Les participes présents en *-geant* et les adjectifs verbaux en *-gent*

Les participes présents des verbes en *-ger* se terminent par *-geant*; les adjectifs verbaux (participes présents employés comme adjectifs) se terminent par *-gent*.

PARTICIPE PRÉSENT	ADJECTIF VERBAL
convergeant	convergent
divergeant	divergent
négligeant	négligent

Écrire [k]

carotte, qualité, moka

son [ks] → 184.

LES DIFFÉRENTES GRAPHIES

147 *c* comme dans *carotte*

Le son [k] s'écrit *c* en toute position.

INITIALE*	MÉDIANE*	FINALE*
cabine	acabit	avec
cacao	acacia	chic
cadeau	acajou	choc
capitale	acoustique	fisc
coca	bicorne	foc
colère	écorce	lac
combat	oculaire	pic
cube	sacoche	plastic
culotte	vacarme	trafic

REMARQUE Le son [k] ne s'écrit jamais *c* devant *e* et *i*. Il peut s'écrire *qu* ou *cu* : *quelqu'un, cueillir*.

148 *qu* comme dans *qualité*

Très fréquemment, le son [k] s'écrit *qu*.

INITIALE	MÉDIANE	DEVANT E FINAL*	FINALE
quai	antiquaire	bibliothèque	.
qualité	attaquant	coque	.
quand	briquet	discothèque	.
quelque	délinquant	disque	.
question	mousquetaire	évêque	.
qui	paquet	laque	.
quoi	piquant	phoque	.
quotidien	remarquable	pique	.
quotient	trafiquant	plastique	.

REMARQUE La lettre *q* est toujours suivie de *u*, sauf en finale : *cinq, coq*.

149 **cc comme dans *succursale***

La double consonne *cc* n'apparaît qu'à l'intérieur des mots. Elle peut être
suivie de *a, o, u, l, r.*

accablement
accord
accrocher
baccalauréat
occasion
occlusive
saccade
succursale

REMARQUE Les graphies *cce* et *cci* se prononcent [ksə] et [ksi].

accent
accès
coccinelle
succédané
succès
succinct
succion
vaccin

150 **k comme dans *moka***

On trouve la lettre *k* dans un nombre restreint de mots d'origine étrangère.

INITIALE		MÉDIANE	FINALE
kaki	*kilo*	*ankylose*	*anorak*
kangourou	*kimono*	*moka*	*batik*
képi	*kiosque*		*look*
kermesse	*kyste*		*souk*

151 **ch comme dans *orchidée***

La graphie *ch* est souvent l'indice de l'origine étrangère d'un mot (grecque
le plus souvent).

INITIALE		MÉDIANE	FINALE
chaos	*chorale*	*archange*	*krach* (allemand)
chlore	*chrome*	*écho*	*loch* (écossais)
choléra	*chrysalide*	*orchestre*	*mach* (autrichien)
cholestérol	*chrysanthème*	*orchidée*	
		psychiatre	

152 **cqu** ou **cch** comme dans *acquitter* ou *bacchanale*

Ce sont des graphies très rares.

■ *cqu*

acquérir (et les mots de la même famille : *acquisition, acquis*)
acquêt
acquitter (et les mots de la même famille : *acquittement, acquit...*)
becqueter
grecque
jacquard
socquette

■ *cch*

bacchanale
bacchante

153 **ck** comme dans *bifteck*

Le groupe *ck* caractérise des mots d'origine étrangère, souvent anglaise mais aussi russe, allemande, suédoise, asiatique...

INITIALE	MÉDIANE	FINALE
.	*cocker*	*bifteck*
.	*cockpit*	*bock* (allemand)
.	*cocktail*	*brick* (arabe)
.	*jockey*	*kopeck* (russe)
.	*nickel* (suédois)	*stick*
.	*teckel* (allemand)	*stock*
.	*ticket*	*teck* (malabar)

154 Tableau des graphies du son [k]

Le [k] de *kaki*	INITIALE	MÉDIANE	DEVANT E FINAL	FINALE
c	*cabine*	*sacoche*	.	*lac*
cc	.	*occasion*	.	.
qu	*quand*	*briquet*	*coque*	.
k	*kilo*	*moka*	.	*anorak*
ch	*cholestérol*	*archange*	.	*krach*
cqu	.	*becqueter*	.	.
ck	.	*cocktail*	.	*brick*
cch	.	*bacchanale*		

LES RÉGULARITÉS*

155 *acc* ou *ac* au début des mots

Les mots qui commencent par les sons [ak] ou [aks] s'écrivent souvent *acc*.

accabler	accessible	accommoder	accoutumance
accalmie	accession	accompagner	accoutumer
accaparer	accessit	accompli	accroc
accastillage	accessoire	accord	accroire
accélérer	accident	accort	accroître
accent	acclamation	accostage	accroupi
accepter	acclimatation	accoster	accueil
acception	accointance	accouchement	accumuler
accès	accolade	accoudoir	accuser

❶ Il y a un certain nombre d'exceptions. En voici quelques-unes :

acabit	*acompte*
acacia	*acoustique*
académie	*acre*
acajou	*acrimonie*
acanthe	*acrobate*
acariâtre	*acuité*
acolyte	*acuponcture*

156 *occ* ou *oc* au début des mots

Le plus souvent, les mots qui commencent par les sons [ɔk] ou [ɔks] s'écrivent *occ*.

occasion (et les mots de la même famille)
Occident (et les mots de la même famille)
occipital
occiput
occitan
occlusion (et les mots de la même famille)
occulter (et les mots de la même famille)
occuper (et les mots de la même famille)
occurrence (et les mots de la même famille)

❶ *ocarina*
octave (et les mots de la famille de *huit* : *octobre, octet, octane, octogénaire*...)
octroi
oculaire (et les mots de la famille d'*œil* : *oculiste, oculus, oculariste*...)

157 **ec ou ecc au début des mots**

La plupart des mots qui commencent par le son [ek] s'écrivent *ec*.

écaille
écarlate
écarquiller
écarter

❶ Voici deux exceptions : *ecchymose, ecclésiastique*

158 **Les participes présents en -quant et les adjectifs verbaux en -cant**

Les adjectifs verbaux sont des participes présents employés comme adjectifs ; toutefois leur orthographe peut être différente. Ainsi, les verbes en *-quer* ont des participes présents en *-quant* et des adjectifs verbaux en *-cant*.

PARTICIPE PRÉSENT	ADJECTIF VERBAL
communiquant	*communicant*
provoquant	*provocant*
suffoquant	*suffocant*
vaquant	*vacant*

REMARQUE Il faut ajouter à cette liste le verbe *convaincre : convainquant, convaincant*.

Écrire [l]

olive, collation

LES DIFFÉRENTES GRAPHIES

159 *l* comme dans *olive*

On trouve la graphie simple *l* en toute position.

INITIALE*		MÉDIANE*		DEVANT E FINAL*		FINALE*	
là-bas	légal	balai	olive	alvéole	pétale	alcool	cumul
laine	léger	coloris	palier	cymbale	rafale	bol	égal
lait	lettre	couleur	palissade	domicile	stérile	calcul	journal
langage	liberté	douleur	pelure	fiole	timbale	cil	naturel
langue	lieu	hélas	relation	fossile	ustensile	civil	pluriel
lecture	ligne	molaire		gaule			

> **REMARQUE** La consonne *l* ne se prononce pas à la fin de quelques mots : *fusil, gentil, outil*.

160 *ll* comme dans *collation*

La graphie double *ll* n'apparaît qu'à l'intérieur des mots et en finale, dans de rares mots d'origine étrangère.

INITIALE	MÉDIANE		DEVANT E FINAL		FINALE
.	alliance	colloque	balle	malle	atoll
.	allitération	fallacieux	bulle	pupille (de	basket-ball
.	allô!	pellicule	colle	la nation)	football
.	belliqueux	pollution	corolle	stalle	hall
.	cellier	sollicitation	dalle	tranquille	music-hall
.	cellule	tellurique	halle	vaudeville	pull
.	collation		idylle	ville	troll
.			intervalle		volley-ball

> **REMARQUE**
> – La graphie *ll* est très rare à l'initiale : *lloyd* (origine galloise).
> – La plupart des mots en *-ille* se prononcent [ij] : *aiguille*.
> Seuls quelques mots se prononcent [il] : *bacille, mille, tranquille, ville* → **98**.

161 Tableau des graphies du son [l]

Le [l] de *loup*	INITIALE	MÉDIANE	DEVANT E FINAL	FINALE
l	*lune*	*hélas*	*pétale*	*nul*
ll	*lloyd*	*alliance*	*folle*	*pull*

LES RÉGULARITÉS*

162 Les mots en *-ule* ou *-ul*

Presque tous les noms terminés par le son [yl] s'écrivent avec la graphie *-ule*.
cellule
crépuscule
libellule
scrupule

❶ Voici quelques exceptions :
calcul, consul, recul
bulle, tulle
pull

Écrire
[m] et [n]

mystère, banane

LES DIFFÉRENTES GRAPHIES

163 _m_ comme dans _mystère_

Le son [m] s'écrit _m_ en toute position. Cependant, le _m_ en finale absolue est plus rare.

INITIALE*	MÉDIANE*	DEVANT E FINAL*	FINALE*
magasin	amertume	axiome	album
mai	ami	brume	idem
maillot	coma	centime	islam
main	comestible	costume	item
malheur	comité	crime	macadam
mélange	émanation	drame	pogrom
miracle	hématie	écume	requiem
modèle	hémisphère	escrime	tandem
musique	image	madame	ultimatum
mystère	imitation		
	séminaire		

164 _mm_ comme dans _pomme_

La consonne double _mm_ est fréquente à l'intérieur des mots et devant un _e_ muet final. Elle n'apparaît jamais à l'initiale, et rarement en finale.

INITIALE	MÉDIANE		DEVANT E FINAL	FINALE
.	commandement	hammam	bonhomme	.
.	commentaire	immanence	dilemme	.
.	commère	immédiat	gemme	.
.	commis	immergé	gentilhomme	.
.	commissaire	immeuble	gramme	.
.	commission	immigration	homme	.
.	commissure	immobile	pomme	.
.	commode	mammaire	prud'homme	.
.	dommage	mammifère	somme	.
.	emménagement			.

REMARQUE Dans le mot _automne_, le _m_ n'est pas prononcé, alors qu'on l'entend dans l'adjectif _automnal_.

* Voir glossaire

165 *n* comme dans *banane*

Le son [n] s'écrit *n* en toute position, mais il est rare de le rencontrer en finale absolue.

INITIALE	MÉDIANE	DEVANT E FINAL	FINALE
nage	anodin	angine	abdomen
naïf	anomalie	arcane	amen
naissance	banal	avoine	dolmen
nappe	canal	cabine	epsilon
natif	énergie	carbone	fœhn
néant	énormité	douane	hymen
négociant	finance	fortune	omicron
neuf	romanesque	prune	spécimen
nid	volcanique	trombone	upsilon
nouveau	zénith	zone	

166 *nn* comme dans *manne*

La consonne double *nn* est fréquente à l'intérieur des mots et devant un *e* muet final. Elle n'apparaît jamais à l'initiale ni en finale.

INITIALE	MÉDIANE		DEVANT E FINAL	FINALE
.	abonnement	connivence	antenne	.
.	anneau	ennemi	antienne	.
.	année	fennec	bonne	.
.	annexe	finnois	canne	.
.	anniversaire	honni	colonne	.
.	annonce	inné	donne	.
.	annulation	innocent	maldonne	.
.	bonnet	innombrable	panne	.
.	connaissance	mannequin	penne	.
.	connexion	tennis		.

REMARQUE On ajoutera à cette liste le féminin des adjectifs et des noms en -*enne* (parisie*nne*) et en -*onne* (patro*nne*).

167 Tableau des graphies du son [m]

Le [m] de *main*	INITIALE	MÉDIANE	DEVANT E FINAL	FINALE
m	mai	ami	rame	album
mm	.	commenter	gramme	.

Tableau des graphies du son [n]

Le [n] de *navarin*	INITIALE	MÉDIANE	DEVANT E FINAL	FINALE
n	*naïf*	*animal*	*fortune*	*dolmen*
nn		*mannequin*	*antenne*	

LES RÉGULARITÉS*

169 *m/mm, n/nn* **dans les mots de la même famille**

Dans certains mots de la même famille, on observe une alternance des deux graphies *m* ou *mm* et *n* ou *nn*.

■ *m/mm*
bonhomie – bonhomme
féminin – femme
homicide – homme
nomination – renommée

■ *n/nn*
cantonal – cantonnier
consonance – consonne
donation – donneur
honorable – honnête
honoraire – honneur
millionième – millionnaire
monétaire – monnaie
patronat – patronnesse
rationalité – rationnel
sonore – sonnerie

REMARQUE On admet *bonhommie* → **387**.

Écrire [R]

caviar, rhubarbe

LES DIFFÉRENTES GRAPHIES

170 **r comme dans *caviar***

• On trouve la graphie simple **r** en toute position.

INITIALE*	MÉDIANE*	DEVANT E FINAL*	FINALE*		
rabais	béret	anaphore	amer	enfer	obscur
racine	carotte	augure	autour	essor	pair
radio	direct	avare	avatar	éther	plaisir
rail	féroce	bordure	azur	fémur	porter
rang	hérédité	carnivore	bar	fier	pourtour
récit	intérêt	empire	bazar	flair	quatuor
récolte	ironie	heure	butor	four	revolver
risque	parole	sourire	cancer	futur	saur
rivage	zéro		car	hangar	séjour
roue			castor	hier	soupir
rue			cauchemar	hiver	stentor
rythme			caviar	impair	sur
			chair	labour	sûr
			cher	loisir	tambour
			clair	major	ténor
			contour	mer	tir
			corridor	millibar	toréador
			décor	mur	trésor
			désir	mûr	vair
			détour	nectar	vautour
			éclair	nénuphar	ver

• **Pour les mots en *-re, -aire, -oire*** → 221 et 222.

rr comme dans *beurre*

La graphie **rr** apparaît à l'intérieur des mots et devant un *-e* muet final.

INITIALE	MÉDIANE		DEVANT E FINAL	FINALE
.	amarrage	fourrure	amarre	.
.	arrangement	horrible	bagarre	.
.	arrière	irrespect	beurre	.
.	arrosoir	irritable	bizarre	.
.	carrière	lorrain	bourre	.
.	correct	narration	escarre	.
.	corrélatif	perruche	leurre	.
.	corrida	sierra	serre	.
.	débarras	surrénal	tintamarre	.
.	derrière	terrible		.
.	embarras	torrent		.
.	erreur	torride		.
.	ferraille	verrou		.
.	fourré			.

rh ou rrh comme dans *rhubarbe* ou *cirrhose*

Les graphies **rh** et **rrh**, fort rares, apparaissent dans des mots d'origine grecque.

INITIALE		MÉDIANE	DEVANT E FINAL	FINALE
rhapsodie	rhizome	cirrhose	catarrhe	.
rhénan	rhodanien			.
rhéostat	rhododendron			.
rhésus	rhubarbe	.		.
rhétorique	rhum			.
rhinite	rhumatisme			.
rhinocéros	rhume			.

Tableau des graphies du son [ʀ]

Le [ʀ] de *roue*	INITIALE	MÉDIANE	DEVANT E FINAL	FINALE
r	radis	truite	carnivore	four
rr	.	fourré	beurre	.
rh, rrh	rhum	cirrhose	catarrhe	.

LES RÉGULARITÉS*

174 ## Les mots en *-eur*

• La majorité des noms (masculins ou féminins) terminés par le son [øʀ] s'écrivent *-eur*.

MASCULIN		FÉMININ	
ajusteur	percepteur	fraîcheur	odeur
assureur	radiateur	frayeur	pesanteur
auteur	remorqueur	fureur	peur
bonheur	sauveur	grosseur	primeur
compteur	sculpteur	horreur	rigueur
échangeur	tailleur	lenteur	stupeur
écouteur	tourneur	lueur	vigueur
malheur	vecteur		

❶ Voici quelques exceptions :
– *chœur, cœur, rancœur, sœur* ;
– *beurre, leurre, heure, demeure* et *prieure*.

• Il existe également des adjectifs en *-eur* (*antérieur, majeur, mineur, postérieur, supérieur...*) ; leur féminin s'écrit en *-eure* (*antérieure, supérieure...*).
On consultera le *Bescherelle Conjugaison* à propos des verbes en *-eurer*, *-eurrer* (*je pleure, il demeure, ils se leurrent*).

le verbe mourir (*je meurs, qu'il meure*) → 338.

175 ## Les noms masculins en *-oir* et en *-oire*

• La plupart des noms masculins terminés par le son [waʀ] s'écrivent *-oir* en finale.

arrosoir	espoir
couloir	miroir
dépotoir	peignoir
entonnoir	trottoir

• Attention cependant à la finale *-(t)oire*, qu'on trouve aussi pour des noms masculins.

auditoire	purgatoire
conservatoire	réfectoire
laboratoire	répertoire
observatoire	territoire

REMARQUE Le *e* muet final → 221 et 222.

176 Les mots en -rd, -rt, -rs

Un certain nombre de mots se terminent par *r* + consonne muette (que l'on n'entend pas).

■ *rd*	■ *rt*	■ *rs*
accord	*art*	*alors*
brouillard	*concert*	*discours*
lourd	*confort*	*divers*

Des mots de la même famille peuvent être utiles pour détecter la présence d'une lettre muette.

accord	→	*accorder*
art	→	*artiste*
concert	→	*concertiste*
confort	→	*confortable*
divers	→	*diversifier*
lourd	→	*alourdir*

Écrire [s]

maïs, vorace, glaçon

LES DIFFÉRENTES GRAPHIES

177 **s comme dans** *maïs*

On rencontre *s* à l'initiale, en médiane, devant *e* muet final après une consonne (*n, l, r, b*), ou en finale.

INITIALE*	MÉDIANE*	DEVANT E FINAL*	FINALE*	
salade	absolu	bourse	bus	myosotis
sale	aseptique	course	cactus	oasis
soleil	boursier	dépense	campus	palmarès
soupçon	chanson	offense	contresens	processus
sourd	obstacle	panse	cosinus	pubis
	parasol	réponse	fœtus	sens
	vraisemblable		maïs	sinus
			métis	stimulus

REMARQUE
– *s* à la fin d'un mot se prononce toujours [s].
– *s* entre deux voyelles transcrit le son [z], sauf dans le cas de certains mots
  composés où *s* se prononce [s] (*parasol, polysémie*).

178 **ss comme dans** *écrevisse*

Le son [s] peut également s'écrire *ss*. On trouve cette graphie en position médiane, entre deux voyelles (*boisson*), mais rarement en finale.

INITIALE	MÉDIANE	DEVANT E FINAL		FINALE
.	boisson	adresse	impasse	gauss
.	esseulé	baisse	détresse	liasse	lœss (all.)
.	essor	bécasse	écrevisse	pelisse	schlass (all., ang.)
.	issue	bonasse	encaisse	pousse	schuss (all.)
.	osseux	brasse	esquisse	russe	stress
.	tissu	brosse	fausse	saucisse	
.		brousse	gentillesse	secousse	
.		colosse	graisse	trousse	

REMARQUE La graphie *sse* à la fin des mots alterne avec la graphie *ce* → 179.

179 **c ou ç comme dans** *vorace* **ou** *glaçon*

On rencontre la graphie *c* devant les voyelles *e*, *i* et *y* et la graphie *ç* devant les voyelles *a*, *o*, *u*, à l'intérieur des mots uniquement.
Deux exceptions : *ça*, *çà*.

■ *c*

INITIALE	MÉDIANE	DEVANT E FINAL			FINALE
ceci	concert	appendice	Grèce	pouce	.
cédille	farci	astuce	indice	précoce	.
cigare	merci	atroce	Lucrèce	préface	.
cycle	océan	audace	négoce	préjudice	.
cygne	social	bénéfice	nièce	puce	.
cymbale		caprice	notice	race	.
		douce	once	sagace	.
		efficace	pince	sauce	.
		féroce	ponce	vorace	.

■ *ç*

INITIALE	MÉDIANE			FINALE
ça	façade	leçon	tronçon	.
	façon	maçon		.

180 **sc comme dans** *piscine*

Le son [s] peut également s'écrire *sc* devant les voyelles *e*, *i* et *y*.

INITIALE		MÉDIANE		FINALE
scélérat	science	adolescent	faisceau	.
sceller	scier	conscient	fascicule	.
scène	scinder	convalescent	irascible	.
sceptique	scintiller	descendance	piscine	.
sceptre	sciure	discipline	plébiscite	.
sciatique	scythe			.

181 **t comme dans** *démocratie*

Le son [s] peut également s'écrire *t*, devant la voyelle *i* uniquement.

INITIALE	MÉDIANE			FINALE
.	action	confidentiel	inertie	.
.	argutie	démocratie	minutie	.
.	aristocratie	diplomatie	péripétie	.
.	attention	facétie	tertiaire	.
.	calvitie	idiotie	vénitien	.

182 *cc, xc* ou *x* comme dans *succès*, *excellent* ou *galaxie*

La combinaison [ks] peut s'écrire *cc, xc, x* et, rarement, *cs*.

■ *cc*   ■ *xc*
accès   excellent
buccin   excès
succès
succinct
vaccin

■ *x*   ■ *cs*
apoplexie   tocsin
axe
galaxie
orthodoxie
prophylaxie
saxon
vexant

REMARQUE Le *x* se prononce [s] dans *dix* et *six*, s'ils sont employés comme pronoms *(j'en ai six)*.
S'ils sont suivis d'un nom commençant par une voyelle, *x* se prononce [z].
dix_enfants (prononcé [z])
six_œufs (prononcé [z])
S'ils sont suivis d'un nom commençant par une consonne, le *x* ne se prononce pas.

183 Tableau des graphies du son [s]

Le [s] de *seau*	INITIALE	MÉDIANE	DEVANT E FINAL	FINALE
s	soleil	chanson	dépense	iris
ss	.	boisson	presse	schuss
c	cil	concert	délice	.
ç	ça	glaçon	.	.
sc	science	adolescent	.	.
t	.	portion	.	.

184 Tableau des graphies du son [ks]

Le [ks] de *saxon*	INITIALE	MÉDIANE	FINALE
cc	.	accès	.
xc	.	excellent	.
x	.	apoplexie	.
cs	.	tocsin	.

LES RÉGULARITÉS*

185 *â* ou *as*, *ê* ou *es*, *î* ou *is*, *ô* ou *os* dans les mots d'une même famille

Certains mots appartenant à la même famille peuvent présenter une alternance de voyelle + accent circonflexe et de voyelle + *s*.

On peut ainsi rencontrer, dans une même famille de mots, des mots avec *â* (*bâton*) et des mots avec *as* (*bastonner*), avec *ê* (*ancêtre*) et *es* (*ancestral*), avec *î* (*épître*) et *is* (*épistolaire*), avec *ô* (*hôtel*) et *os* (*hostellerie*).

En voici quelques exemples :

arrêt – arrestation
bête – bestial
fenêtre – défenestration
fête – festivité
forêt – forestier
hôpital – hospitalité
tête – détester
vêtement – vestimentaire

REMARQUE
– Cette alternance se traduit parfois par un changement de voyelle : *goût, gustatif.*
– L'accent circonflexe marque un *s* qui a disparu de la prononciation dans la plupart des cas. Le *s* est donc la trace de cet ancien état de la langue.

Écrire [z]

raisin, luzerne

LES DIFFÉRENTES GRAPHIES

186 z comme dans *luzerne*

Au son [z] correspond la graphie z en toute position.

INITIALE*	MÉDIANE*		DEVANT E FINAL*	FINALE*
zèbre	alizé	dizaine	bronze	Berlioz
zénith	amazone	gazelle	douze	Booz
zéro	azote	gazon	gaze	Fez
zone	azur	horizon	onze	gaz
zoo	bazar	lézard	quatorze	Suez
zoom	bizarre	luzerne	quinze	raz
	byzantin	ozone	seize	
	colza	rizière		

187 s comme dans *raisin*

Le son [z] s'écrit s entre deux voyelles, en médiane ou devant un e muet final.

INITIALE	MÉDIANE			DEVANT E FINAL	FINALE
.	blasé	disette	raisin	bise	.
.	busard	musée	risible	buse	.
.	cousette	paysage	saison	ruse	.
.	cousin	poison	visage		.

REMARQUE La graphie s est beaucoup plus employée pour transcrire le son [z] que la graphie z, mais on la rencontre essentiellement entre deux voyelles.

188 x comme dans *dixième*

Le son [z] peut parfois être rendu par x, à l'intérieur des mots ou devant des mots commençant par une voyelle.

deuxième	dix-huit	dix-neuf	dixième	sixième
deux_arbres	dix ans			

REMARQUE La graphie x se prononce [z] dans *deux, six, dix* s'ils sont suivis d'un mot commençant par une voyelle.

189 *zz* **comme dans** *pizza*

La consonne double *zz* est très rare.

INITIALE	MÉDIANE		FINALE
.	blizzard	pizza	jazz
.	grizzli	razzia	
.	lazzi		

190 **Tableau des graphies du son [z]**

Le [z] de zoo	INITIALE	MÉDIANE	DEVANT E FINAL	FINALE
z	zèbre	amazone	douze	gaz
s	.	raison	savoureuse	.
x	.	deuxième	.	.
zz	.	pizza	.	jazz

LES RÉGULARITÉS*

191 **Les mots en** *-euse*

Il faut noter la grande fréquence d'apparition de cette graphie dans les féminins des noms et des adjectifs terminés par *-eux* et *-eur*.

■ *-eux / -euse*

amoureuse
belliqueuse
courageuse
heureuse
juteuse
laiteuse
piteuse
pulpeuse

■ *-eur / -euse*

chanteuse
moqueuse
prometteuse
trieuse
trompeuse
vendeuse

Écrire [sjɛʀ]

épicière, tertiaire

LES DIFFÉRENTES GRAPHIES

192 *-ciaire* comme dans *bénéficiaire*

Le son complexe [sjɛʀ] peut s'écrire *ciaire*; on le rencontre en fin de mot.

bénéficiaire
fiduciaire
glaciaire
judiciaire

193 *-cière* comme dans *nourricière*

Le son complexe [sjɛʀ] peut également s'écrire *cière* en fin de mot.

épicière	*mercière*	*saucière*
financière	*nourricière*	*sorcière*
gibecière	*policière*	*souricière*
glacière	*romancière*	*tenancière*

❶ Dans le mot *cierge*, le son [sjɛʀ] s'écrit *cier* et se trouve au début du mot.

194 *-(s)sière* comme dans *pâtissière*

Le son [sjɛʀ] peut aussi s'écrire *(r)sière* ou *ssière* en fin de mot.

boursière	*glissière*
brassière	*pâtissière*
cache-poussière	*poussière*
caissière	*traversière*

195 *-tiaire* comme dans *tertiaire*

Le son [sjɛʀ] s'écrit *tiaire* à la fin de certains mots.

pénitentiaire
plénipotentiaire
rétiaire
tertiaire

REMARQUE La forme est identique au masculin et au féminin : *le système pénitentiaire, la condition pénitentiaire.*

* Voir glossaire

196 Tableau des graphies du son [sjɛʀ]

Le [sjɛʀ] de *gibecière*	INITIALE	MÉDIANE	FINALE
-ciaire	.	.	*judiciaire*
-cière	.	.	*saucière*
-sière	.	.	*boursière*
-ssière	.	.	*brassière*
-tiaire	.	.	*tertiaire*

LES RÉGULARITÉS*

197 Les noms et les adjectifs en -*ciaire*

• Le son [sjɛʀ] ne s'écrit jamais *ciaire* après les voyelles *é* et *e*.

• On rencontre la graphie *ciaire* après les voyelles *a, i, u*, mais on rencontre aussi la graphie *ssière* dans ce cas.

■ -*ciaire*
fiduciaire
glaciaire
judiciaire

■ -*ssière*
brassière
glissière

198 Les noms et adjectifs en -*tiaire*

• Le son [sjɛʀ] ne s'écrit jamais *tiaire* après les voyelles *a, i, o, u*.

• On rencontre la graphie *tiaire* seulement après *é, en, er*, mais on rencontre également la graphie *cière* dans ce cas.

■ -*tiaire*
rétiaire
pénitentiaire
tertiaire

■ -*cière*
mercière

Écrire [sjɛl]

essentiel, logiciel

LES DIFFÉRENTES GRAPHIES

199 -*tiel* comme dans *essentiel*

Le son complexe [sjɛl] peut s'écrire *tiel* en fin de mot.

INITIALE*	MÉDIANE*	FINALE*			
.	.	concurrentiel	essentiel	interstitiel	préférentiel
.	.	confidentiel	existentiel	partiel	présidentiel
.	.	démentiel	exponentiel	pestilentiel	providentiel
.	.	différentiel	fréquentiel	potentiel	séquentiel

200 -*ciel* comme dans *logiciel*

Le son complexe [sjɛl] peut aussi s'écrire *ciel* en fin de mot.

INITIALE	MÉDIANE	FINALE		
.	.	didacticiel	logiciel	progiciel
.	.	indiciel	ludiciel	superficiel

201 Tableau des graphies du son [sjɛl]

Le [sjɛl] de *ciel*	INITIALE	MÉDIANE	FINALE
-*tiel*	.	.	confidentiel
-*ciel*	.	.	logiciel

LES RÉGULARITÉS*

202 Les mots en -*tiel*

Le son [sjɛl] s'écrit toujours *tiel* après *en*.

essentiel   potentiel   présidentiel

203 Les mots en -*ciel*

Le son [sjɛl] s'écrit toujours *ciel* après *i* et *an*.

circonstanciel   logiciel   superficiel

❶ Voici quelques exceptions : *interstitiel, substantiel.*

* Voir glossaire

Écrire [sjɛ̃]

batracien, vénitien

LES DIFFÉRENTES GRAPHIES

204 *-cien* comme dans *batracien*

Le son [sjɛ̃] s'écrit le plus souvent *cien*.

INITIALE*	MÉDIANE*	FINALE*		
.	.	*académicien*	*mathématicien*	*platonicien*
.	.	*alsacien*	*mécanicien*	*politicien*
.	.	*ancien*	*métaphysicien*	*polytechnicien*
.	.	*batracien*	*milicien*	*praticien*
.	.	*cistercien*	*musicien*	*rhétoricien*
.	.	*dialecticien*	*opticien*	*statisticien*
.	.	*électricien*	*patricien*	*stoïcien*
.	.	*languedocien*	*pharmacien*	*technicien*
.	.	*logicien*	*phénicien*	*théoricien*
.	.	*magicien*	*physicien*	

205 *-tien* comme dans *vénitien*

Le son [sjɛ̃] s'écrit *tien* à la fin de certains adjectifs.

INITIALE*	MÉDIANE*	FINALE*	
.	.	*capétien*	*martien*
.	.	*égyptien*	*tahitien*
.	.	*haïtien*	*vénitien*
.	.	*lilliputien*	

206 *-(s)sien* comme dans *paroissien*

Le son [sjɛ̃] peut aussi s'écrire *(s)sien* dans quelques mots.

■ *-(s)sien*
parnassien
paroissien
prussien

■ *-sien*
sien
métatarsien
tarsien

207 Tableau des graphies du son [sjɛ̃]

Le [sjɛ̃] de *musicien*	INITIALE	MÉDIANE	FINALE
-cien	.	.	alsacien
-tien	.	.	égyptien
-ssien	.	.	prussien
-sien	.	.	tarsien

LES RÉGULARITÉS*

208 Les adjectifs de nationalité en *-tien*

Les adjectifs en **-tien** sont issus de noms dont la racine comporte un **t**.

Capet	→	capétien
Égypte	→	égyptien
Haïti	→	haïtien
Lilliput	→	lilliputien
Tahiti	→	tahitien
Vénétie	→	vénitien

Écrire [sjø]

astucieux, facétieux

LES DIFFÉRENTES GRAPHIES

209 *cieux* **comme dans** *astucieux*

Le son complexe [sjø] s'écrit souvent *-cieux*.

INITIALE*	MÉDIANE*	FINALE*			
.	.	astucieux	délicieux	officieux	silencieux
.	.	audacieux	disgracieux	pernicieux	soucieux
.	.	avaricieux	judicieux	précieux	spacieux
.	.	cieux	licencieux	révérencieux	vicieux
.	.	consciencieux	malicieux	sentencieux	

210 *tieux* **comme dans** *facétieux*

Le son [sjø] peut aussi s'écrire *tieux*, le plus souvent dans des adjectifs.

INITIALE*	MÉDIANE*	FINALE*		
.	.	ambitieux	factieux	prétentieux
.	.	contentieux	infectieux	séditieux
.	.	facétieux	minutieux	superstitieux

211 *ssieu, xieux...* **comme dans** *essieu, anxieux*

Les graphies *ssieu, ssieux, sieur, xieux* se rencontrent rarement.

■ *-ssieu*   ■ *-ssieux*   ■ *-sieur*   ■ *-xieux*

essieu   chassieux   monsieur   anxieux

212 **Tableau des graphies du son** [sjø]

Le [sjø] de *audacieux*	INITIALE	MÉDIANE	FINALE
-cieux	.	.	astucieux
-tieux	.	.	superstitieux
-ssieu	.	.	essieu
-ssieux	.	.	chassieux
-sieur	.	.	monsieur
-xieux	.	.	anxieux

LES RÉGULARITÉS*

213 ## Les adjectifs en *-cieux*

• La graphie *cieux* sert à former des adjectifs à partir de noms se terminant par *ce* ou *ci* (rare).

astuce	→	astucieux
audace	→	audacieux
avarice	→	avaricieux
conscience	→	consciencieux
délice	→	délicieux
disgrâce	→	disgracieux
espace	→	spacieux
licence	→	licencieux
malice	→	malicieux
office	→	officieux
révérence	→	révérencieux
sentence	→	sentencieux
silence	→	silencieux
souci	→	soucieux
vice	→	vicieux

• Les autres adjectifs terminés par le son [sjø] s'écrivent en général *-tieux*.

Écrire [sjɔ̃]

portion, passion

LES DIFFÉRENTES GRAPHIES

214   **tion** comme dans *portion*

Le son complexe [sjɔ̃] s'écrit **tion** en fin de mot. Cette graphie est dix fois plus fréquente que *(s)sion*.

■ *-(a)tion*	■ *-(é)tion*	■ *-(i)tion*
aération	*concrétion*	*addition*
alimentation	*discrétion*	*condition*
argumentation	*indiscrétion*	*position*
éducation	*sécrétion*	*punition*
explication		*supposition*
fondation		*tradition*
imagination		
libération		
ségrégation		

■ *-(u)tion*	■ *-(en)tion*	■ *-(r)tion*
destitution	*attention*	*assertion*
diminution	*convention*	*désertion*
exécution	*intention*	*insertion*
locution	*mention*	*portion*
solution	*prétention*	*proportion*

215   **ssion** ou **sion** comme dans *passion* ou *émulsion*

Le son [sjɔ̃] peut aussi s'écrire *sion*, après une consonne, ou *-ssion*, après une voyelle.

■ *-(a)ssion*	■ *-(e)ssion*	■ *-(i)ssion*	■ *-(u)ssion*
compassion	*agression*	*admission*	*concussion*
passion	*digression*	*commission*	*discussion*
	impression	*émission*	*percussion*
	obsession	*mission*	*répercussion*
	procession	*scission*	
	sécession	*soumission*	

■ *-(en)sion*　　　■ *-(r)sion*

ascension	aversion
dimension	contorsion
extension	conversion
pension	excursion
recension	inversion
tension	version

216　*xion* ou *cion* comme dans *flexion* ou *suspicion*

• Le son [sjɔ̃] peut enfin s'écrire *xion* ou *cion(s)*, mais cela arrive beaucoup plus rarement.

■ *-xion*　　　■ *-cion*

annexion	suspicion
connexion	
flexion	
fluxion	
inflexion	
réflexion	

• À ces listes, il convient d'ajouter la première personne du pluriel des verbes en *-cier* : *nous remercions, nous apprécions...*

217　Tableau des graphies du son [sjɔ̃]

Le [sjɔ̃] de *attention*	INITIALE*	MÉDIANE*	FINALE*
-tion	.	.	proportion
-ssion	.	.	impression
-sion	.	.	pulsion
-xion	.	.	réflexion
-cion	.	.	suspicion

LES RÉGULARITÉS*

218 ## Les noms en *-tion*

On écrit toujours *tion* pour transcrire le son [sjɔ̃] après *au, o* et après les consonnes *c* et *p*.

■ *-aution*	■ *-otion*	■ *-ction*	■ *-ption*
caution	émotion	action	absorption
précaution	lotion	inaction	inscription
	notion	perfection	option
		section	perception

219 ## Les noms en *-sion*

On écrit toujours *sion* pour transcrire le son [sjɔ̃] après la consonne *l*.

convulsion	émulsion	expulsion	pulsion

Le *e* muet

toupi<u>e</u>

LES RÉGULARITÉS*

220 **Le *e* muet à la fin des noms féminins**

■ *-ie*

C'est la finale *-ie* qui fournit la plus grande quantité de noms féminins terminés par *e* muet.

accalmie	autocratie	écurie	lubie	plaidoirie
aciérie	autopsie	effigie	minutie	poulie
agonie	avanie	euphorie	modestie	prairie
allergie	biopsie	facétie	névralgie	superficie
amnésie	bougie	galaxie	nostalgie	tautologie
apoplexie	bureaucratie	ineptie	ortie	théorie
aporie	calvitie	inertie	panoplie	toupie
argutie	catalepsie	jalousie	pénurie	vigie
asepsie	chiromancie	librairie	pharmacie	zizanie
autarcie	éclaircie	loterie	phobie	

REMARQUE Seuls quelques noms féminins terminés par le son [i] ne s'écrivent pas *ie* : *brebis, fourmi, nuit, perdrix, souris.*

■ *-ée*

Le son [e] (et non [te] ou [tje]) s'écrit *ée* à la fin des noms féminins.
année
matinée
pensée

❶ Voici une exception : *clé* (ou *clef*).

REMARQUE Quelques noms masculins se terminent également par *ée* : *lycée, pygmée, scarabée.*

■ *-té, -tée*

• Les noms féminins terminés par le son [te] s'écrivent le plus souvent *té*.
longévité
précocité
qualité
spécialité

• Mais les noms féminins terminés par le son **[te]** et désignant un contenu s'écrivent -*tée*.

brouettée
pelletée
portée

• De même, les noms *dictée, jetée, montée, pâtée* s'écrivent en -*tée*.

■ -*ue*
Tous les noms féminins terminés par le son **[y]** s'écrivent -*ue*.

avenue	*déconvenue*	*retenue*
berlue	*étendue*	*tenue*
bienvenue	*fondue*	*verrue*
cohue	*mue*	

■ -*aie, -eue, -oie, -oue*
Les autres noms féminins terminés par une voyelle ont souvent un *e* muet final.

■ -*aie*	■ -*eue*	■ -*oie*	■ -*oue*
baie	*banlieue*	*courroie*	*bajoue*
craie	*lieue*	*joie*	*gadoue*
futaie	*queue*	*oie*	*houe*
ivraie		*proie*	*joue*
monnaie		*soie*	*moue*
pagaie		*voie*	*proue*
plaie			
raie			
roseraie			
sagaie			
taie			

221 Le *e* muet à la fin de noms masculins et féminins

Les noms terminés en -*re* sont aussi bien féminins que masculins.

MASCULIN			FÉMININ	
anniversaire	*exutoire*	*lapidaire*	*baignoire*	*molaire*
auditoire	*faussaire*	*ovaire*	*balançoire*	*nageoire*
déboire	*grimoire*	*pourboire*	*échappatoire*	*préhistoire*
directoire	*interrogatoire*	*réfectoire*	*écritoire*	*victoire*
émissaire	*ivoire*	*salaire*		
estuaire	*laboratoire*	*territoire*		

222 ## Le *e* muet à la fin des adjectifs en *-oire* et en *-aire*

Les adjectifs terminés par *-oire* et *-aire* s'écrivent de la même façon au masculin et au féminin.

un combat illusoire   un essai nucléaire
une défense illusoire   une centrale nucléaire

■ *-oire*   ■ *-aire*

illusoire   alimentaire
libératoire   anniversaire
méritoire   dentaire
opératoire   nucléaire
ostentatoire   pénitentiaire
probatoire   polaire
provisoire   solaire
respiratoire   volontaire

223 ## Le *e* muet à la fin des noms en *-ure*

La plupart des noms en *-ure* (ou en *-ûre*) ont un *e* muet final, qu'ils soient masculins ou féminins.

■ *-(u)re*

augure   murmure
aventure   nervure
bordure   nourriture
brûlure   ordure
capture   parjure
carbure   pelure
chlorure   piqûre
coiffure   rognure
engelure   saumure
épure   sciure
éraflure   sculpture
gerçure   sinécure
levure   soudure
mercure   sulfure
mesure   tenture

❶ Voici quelques exceptions : *azur, fémur, futur, mur*.

REMARQUE Il existe naturellement d'autres mots en *-re* : *carnivore, guitare, navire, dino-saure*... Mais on ne peut pas dégager de règles générales quant à leur orthographe.

224 **Le _e_ muet à l'intérieur des mots**

• On rencontre un _e_ muet à l'intérieur de noms dérivés d'un verbe en -_ier_, en -_ouer_, en -_uer_ et en -_yer_.

■ -ier / ie	■ -ouer / oue	■ -uer / ue	■ -yer / ie
balbutiement	dénouement	dénuement	aboiement
licenciement	dévouement	éternuement	bégaiement
ralliement	engouement	remuement	déblaiement
remerciement	rouerie	tuerie	déploiement
scierie			paiement
			rudoiement

• De nombreuses formes verbales des verbes en -_ier_, -_ouer_, -_uer_ et -_yer_ présentent des _e_ muets : _j'envoie, nous nierons, tu ne tueras pas, ils jouent..._

225 **Les mots terminés obligatoirement par un _e_ muet**

Certains groupes de lettres ne peuvent apparaître en fin de mot qu'avec un _e_ muet final.

-_ble_ : aimable, possible, table.
-_bre_ : arbre, octobre, sobre.
-_che_ : affiche, fiche, moche, tache.
-_cle_ : boucle, socle, spectacle.
-_cre_ : âcre, ocre, nacre.
-_dre_ : ordre, cèdre, cidre.
-_gle_ : aigle, ongle, sigle.
-_gre_ : ogre, pègre.

-_gue_ : bague, figue, psychologue.
-_phe_ : apocryphe, autographe, strophe.
-_ple_ : ample, souple.
-_pre_ : câpre, lèpre.
-_que_ : brique, géométrique, phonothèque.
-_rre_ : amarre, bagarre, beurre, bizarre, serre.
-_tre_ : chapitre, huître, plâtre.

REMARQUE Précisons que, s'il semble raisonnable de parler de _e_ muet en finale, il n'en reste pas moins vrai que, dans des domaines comme la poésie, le théâtre ou la chanson, ils peuvent fort bien être prononcés.

226 **Le _e_ muet final et le sens des mots**

• Dans de nombreux cas, le _e_ muet final joue un rôle de «révélateur de consonne». On pourra ainsi opposer phonétiquement :

chant – chante   frais – fraise   rein – reine

• Le _e_ muet final est également la marque du féminin des adjectifs → 257.

japonais	→	japonaise
premier	→	première

227 Le *e* muet et la prononciation des mots

• La présence d'un *e* muet final peut entraîner une prononciation différente de la consonne.

fac – face   *lac – lace*
suc – suce   *trac – trace*

• On trouve le *e* muet en finale de certains mots qui se terminent en -*ge* : **barrage, garage, page, virage** → 143.

• En revanche, quand il est entre consonnes, on ne prononce pas toujours le *e* muet en position médiane.

boul(e)vard   *dur(e)té*   *sûr(e)té*

228 Le *e* muet à l'intérieur de noms

Il s'agit de noms dérivés d'un verbe terminé par :

-ier : licencier → *licenciement.*
-uer : tuer → *tuerie.*
-yer : aboyer → *aboiement.*
-ouer : dénouer → *dénouement.*

Les consonnes muettes

fruit

LES RÉGULARITÉS*

229 Le s muet à la fin des mots

La grande majorité des mots terminés par un s muet sont des noms ou des adjectifs masculins.

NOM			ADJECTIF
abus	dos	mois	anglais
anchois	éboulis	obus	niais
appentis	enclos	paradis	obtus
avis	engrais	parvis	
biais	fatras	permis	
bourgeois	fracas	pilotis	
bras	frimas	propos	
buis	frottis	rabais	
cabas	galetas	radis	
cambouis	hachis	refus	
canevas	héros	relais	
chamois	intrus	repas	
chas	jais	repos	
choucas	jus	roulis	
colis	laquais	rubis	
coloris	lavis	semis	
compromis	lilas	sursis	
coulis	logis	taffetas	
coutelas	marais	talus	
dais	matelas	tournedos	
débarras	mépris	trépas	
devis	minois		

❶ **Brebis, fois, souris** sont des noms féminins.

REMARQUE

– La conjonction de coordination *mais* se termine aussi par s.

– De nombreux adverbes se terminent par s : *autrefois, désormais, jamais, néanmoins, puis, quelquefois, toujours, toutefois...*

– Dans un petit nombre de mots, le s muet final peut apparaître après une autre consonne : *aurochs, corps, divers, fonds, legs, poids, temps, velours.*

*Voir glossaire

230   Le *t* muet à la fin des mots

• On trouve également un grand nombre de noms masculins ayant un *t* muet en finale ainsi que des adjectifs et des adverbes.

acabit	chahut	détroit	front	partout	statut
achat	circuit	édit	fruit	plagiat	sursaut
adroit	climat	égout	gabarit	plat	surtout
affront	complot	embout	institut	produit	syndicat
amont	conflit	emprunt	lauréat	profit	thermostat
appétit	crédit	endroit	lingot	rabot	toit
argot	débit	entrepont	lit	raffut	tout
artichaut	debout	escargot	magistrat	reliquat	tribut
assaut	début	exploit	magnat	résultat	tricot
bout	défaut	faitout	matelot	sabot	
candidat	défunt	format	nuit	saut	
carat	délit	fortuit	odorat	soubresaut	

❶ *La nuit, la mort* sont des noms féminins.

REMARQUE   Mettre un adjectif au féminin permet de savoir si le mot comporte un *t* muet final.
         étroit ⟶ *étroite*

• Le *t* muet apparaît à la fin de tous les adverbes en -*ment* et des participes présents.

ADVERBE	PARTICIPE PRÉSENT
assurément	comprenant
carrément	finissant
couramment	mangeant
gentiment	plaçant

• Le *t* peut également suivre une autre consonne muette *(c, p et s)*.

aspect	exempt
irrespect	prompt
respect	
suspect	

• Enfin, on peut le trouver après un *r*.

art	dessert	support
concert	écart	tort
confort	effort	transfert
départ	plupart	
désert	rempart	

231 Le *x* muet à la fin des mots

Généralement, le *x* en finale ne se prononce pas, sauf dans quelques mots : *index, latex*…

NOM			ADJECTIF
afflux	*influx*	*queux*	*deux*
choix	*noix*	*redoux*	*faux*
croix	*paix*	*saindoux*	
époux	*perdrix*	*taux*	
flux	*poix*	*toux*	
houx	*prix*	*voix*	

REMARQUE
– Tous ces mots terminés par *x* au singulier sont invariables → 275.

un époux	→	*les époux*
une noix	→	*les noix*

– On se reportera également aux pluriels en *-aux* → 276.

un animal	→	*des animaux*
un vitrail	→	*des vitraux*

232 Le *r* muet à la fin des mots

Tous les noms masculins terminés par le son [tje] s'écrivent **-tier**, avec un *r* muet final.

bijoutier
charcutier
quartier
sentier

REMARQUE Les noms féminins terminés par ce même son s'écrivent *-tié* : *amitié, moitié*…

233 Les autres consonnes muettes à la fin des mots

• Bien que moins fréquemment, on trouve aussi *d* en finale, aussi bien après une voyelle qu'après une consonne (*n* et *r*).

■ voyelle + *-d*	■ *-nd*	■ *-rd*	
crapaud	*bond*	*accord*	*lézard*
nid	*différend*	*bord*	*lourd*
nœud	*friand*	*brouillard*	*record*
pied	*gond*	*canard*	*sourd*
réchaud		*dossard*	*standard*
		épinard	
		hasard	

• Un *p* muet final apparaît dans les mots suivants :

beaucoup	loup
champ	sirop
coup	trop
drap	

REMARQUE On notera que *beaucoup* et *trop* suivis d'un mot commençant par une voyelle retrouvent un *p* sonore dans la liaison :
J'ai beaucoup_appris. – Nous avions trop_aimé son premier film.

• On trouve également quelques mots se terminant par un *c* muet.

banc
blanc
flanc
franc

• Enfin, *g*, *b* et *l* sont fort rares en finale.

coing	aplomb	fusil
poing	plomb	outil
	surplomb	

REMARQUE À l'écrit, les consonnes muettes *s, t, d, nt* jouent un rôle important dans la conjugaison des verbes : *tu chantes, il finit* → **326**.

234   Le *h* muet au début des mots

• On le rencontre à l'initiale.

habitude
haricot
héritage
homme

• Il oblige parfois à ne pas faire de liaison avec le mot précédent : ***des hangars***. On dit alors, dans la langue courante, qu'il est aspiré.

• On le rencontre aussi dans les mots d'origine grecque.

Racines grecques et latines → 382 et 383.

hématome	hydraulique
hétérogène	hypnose
hippodrome	hypothèse
homologue	hystérique

Le *h* muet à l'intérieur d'un mot

• Le *h* apparaît également en position médiane dans les mots d'origine grecque (*th*).

th → 117.

bibliothèque	sympathique
épithète	théâtre
hypothèse	thèse

• La présence d'un *h* intérieur est souvent l'indice d'une coupe dans le mot. On trouve en général un adjectif ou un préfixe en composition avec un nom (ou un adjectif) commençant par *h* : *dés-honneur, in-habituel, mal-habile*...

bonheur	inhabité	inhumain	posthume
exhalaison	inhabituel	malhabile	préhistoire
exhibition	inhérent	malheur	prohibition
exhortation	inhibition	malhonnête	réhabilitation
gentilhomme	inhospitalier	menhir	transhumance

REMARQUE *Silhouette* est à l'origine un nom propre (ministre de Louis XV). *Dahlia* est également à l'origine un nom propre (botaniste suédois).

• Pour éviter la rencontre de deux voyelles, le français dispose de deux procédés qui permettent d'empêcher cette «coagulation» : l'emploi d'un *h* ou l'emploi d'un tréma (¨) → 236 et 237.

– *Ahuri*, sans *h*, serait prononcé : [ɔʀi].

– *Trahison*, sans *h*, serait prononcé : [tʀɛzɔ̃].

• Dans les mots suivants, la présence du *h* entre deux voyelles oblige à prononcer ces deux voyelles séparément.

ahan	déhiscent
ahuri	ébahi
appréhension	envahi
bohème	méhari
cahot	préhensible
cahute	préhistoire
cohérent	répréhensible
cohorte	trahison
cohue	véhément
déhancher	véhicule

Le tréma

maïs

236 Définition du tréma

Le tréma est constitué de deux points placés horizontalement sur la dernière voyelle d'un groupe de deux voyelles.

On utilise le tréma pour indiquer que deux voyelles voisines se prononcent séparément :

– *maïs* (risque de confusion avec *mais*) ;

– *naïf* (risque d'être prononcé [nɛf] et d'être confondu avec *nef*).

237 Rôle du tréma

• La présence du tréma empêche la fusion :

■ de *a* et *i* en *ai*

aïeul	maïs
faïence	mosaïque
glaïeul	naïf
haïssable	païen
laïcité	

■ de *o* et *i* en *oi*

coïncidence
cycloïde
héroïque
stoïque

■ de *gu* et *e* en *gue* et de *gu* et *i* en *gui*

ambiguïté   ciguë   exiguïté

■ de *a* + *u*   ■ de *o* + *e*   ■ de *ou* + *i*

capharnaüm   Noël   inouï
                                  ouïe

• Le tréma permet de marquer le féminin de quelques adjectifs.

Le tréma et la nouvelle orthographe → 393.

aigu	→	aiguë
ambigu	→	ambiguë
contigu	→	contiguë
exigu	→	exiguë

REMARQUE Certaines associations de voyelles (*u+a, a+o, é+o*...) ne donnent pas lieu à des fusions. On n'emploie donc pas de tréma.

accordéon	cruel	immuable
cacao	fluide	truand

Les signes de ponctuation

238 **La virgule**

• La virgule indique une pause dans la phrase, moins marquée que celle indiquée par le point.

> *Émilie arriva au bord de l'eau, admira le paysage et s'allongea.*

• La virgule sépare des éléments semblables (même fonction, même registre) dans la phrase.

> *Olivier acheta des fruits, un canard et le journal.*

239 **Le point**

• Le point se place à la fin de la phrase.

> *Sophie prépara des crêpes.*

• On peut utiliser le point après un numéro de chapitre.

> *I. Étude météorologique*
> *II. Étude géologique*
> *III. Étude sociologique*

• Le point signale la fin d'une abréviation.

> *M.* (Monsieur) *id.* (idem)
>
> *S.M.* (Sa Majesté) *apr. J.-C.* (après Jésus-Christ)

REMARQUE On ne met pas de point lorsque des lettres sont supprimées à l'intérieur du mot.

> *Dr (Docteur)* *Mgr (Monseigneur)* *n° (numéro)*
> *St (Saint)* *bd (boulevard)*

• Une ligne de points peut servir à guider le regard pour établir un rapport entre deux éléments de la page.
Ces points alignés sont appelés « points de conduite ».

> *La glace.. 15 F*

240 Le point-virgule

Le point-virgule s'utilise à l'intérieur d'une phrase. La valeur de pause du point-virgule se situe entre celle du point et celle de la virgule. On ne met pas de majuscule après le point-virgule.

> *Les saules commençaient à bourgeonner ; on sentait le printemps.*

241 Le point d'exclamation

- Il s'utilise après une interjection ou une phrase exclamative.

> *Aah!... Tu m'as fait peur!*
> interjection   phrase exclamative

- Dans les locutions interjectives *eh bien!* et *oh là là!* le point d'exclamation se met après le dernier mot.

242 Le point d'interrogation

- Le point d'interrogation se place à la fin d'une question.

> *Que voulez-vous au juste ?*

- On peut marquer le doute par un point d'interrogation entre parenthèses *(?)*.

> *Rabelais naquit en 1494 (?) à Chinon.*

243 Les points de suspension

- On les appelle aussi « les petits points » ou « trois petits points ». On les utilise pour marquer l'inachèvement dans l'expression d'une idée, d'une énumération.

> *On apercevait des veaux, des vaches, des cochons...*

- On peut les utiliser avant ou après un point d'exclamation ou d'interrogation.

> *Hep!... vous là-bas!...*
> *Où allez-vous ?...*
> *Vous disiez...?*

- On les emploie aussi après l'initiale d'un nom qu'on veut dissimuler.

> *Monsieur de G.M... entra.*

• Les points de suspension placés entre crochets indiquent une coupure dans un texte :

> « *Pour moi donc, j'aime la vie [...] telle qu'il a plu à Dieu nous l'octroyer.* »
>
> Montaigne

• Les points de suspension, enfin, marquent une pause, une attente, une surprise dans un texte.

> *Et alors..., et alors..., Zorro est arrivé.*

244 Les deux-points

• Les deux-points annoncent une énumération, une citation, des propos.

> *Tout l'émerveillait : les foulards, les robes, les écharpes.*
>
> *Elle s'exclama : « Comme c'est joli ! »*

• Les deux-points annoncent parfois une explication, une justification :

> *Frédéric retourna chez Rosanette : il y avait oublié son portefeuille.*

245 Les parenthèses et les crochets

• Les parenthèses servent à mettre à part un mot, une remarque ou un passage.

> *Un loup survient à jeûn (c'est La Fontaine qui le dit)*
> *Qui cherchait aventure...*
>
> *Nous partîmes en bateau (nous l'avions loué le matin même)*
> *pour aller sur l'île.*

• Les crochets (et non les parenthèses) signalent une coupure dans un texte que l'on cite.

> *Les médecins et quelques-uns de ces dervis, qu'on appelle confesseurs,*
> *sont toujours ici ou trop estimés, ou trop méprisés : cependant on dit que*
> *les héritiers s'accommodent mieux des médecins [...].*
>
> Montesquieu, *Lettres persanes.*

246 Les guillemets

• Ils ont été imaginés par l'imprimeur Guillaume, dit Guillemet.
On les marque à la française : «...» ou à l'anglaise : "..."
Les guillemets encadrent une citation.

La Fontaine écrit : « Amants, heureux amants,
Voulez-vous voyager... »

• On utilise les guillemets pour mettre en évidence un titre d'article, une expression étrangère, un mot familier.

Il venait de mettre ses nouvelles « godasses » pour aller
dans un « fast-food ».

• On utilise les guillemets pour rapporter des paroles prononcées.

En arrivant devant la maison, il appela ses amis :
« Vous venez ? Nous partons bientôt.
– Oui, nous descendons. »

247 Le tiret

• Dans un dialogue, le tiret annonce un nouvel interlocuteur.

« Voulez-vous jouer avec moi ?
– Oui, bien sûr. »

• Les tirets peuvent remplacer des parenthèses. Dans le traitement de texte, le tiret est précédé d'une espace. Le second tiret n'est pas indispensable devant un point ou un point-virgule.

Quand un orage passe sur la région – ici, la Picardie – la terre est
détrempée.

La brume matinale s'était levée et l'on pouvait voir la terre – la Corse.

• Le tiret peut se mettre entre un numéro et un titre.

IV – Le corps humain

Abréviations

248 Procédés d'abréviation

• L'abréviation consiste à réduire un mot à une ou quelques lettres. Certaines abréviations sont formées des premières lettres du mot, la dernière lettre de l'abréviation étant le plus souvent une consonne suivie d'un point.

Adjectif → Adj.   *Paragraphe → Paragr.*
Philippe (prénoms commençant par plusieurs consonnes) *→ Ph.*

• Certaines abréviations ne sont formées que de la première lettre du mot suivie d'un point.

Daniel (prénoms commençant par une seule consonne) *→ D.*
Monsieur → M.   *Nord → N.*

• Certaines abréviations sont formées de la première et de la ou des dernières lettres du mot et ne sont pas suivies d'un point.

Madame → Mme

REMARQUE Dans certains cas, les lettres qui suivent la première peuvent
être mises en exposant.

Mademoiselle → Mlle Madame → Mme Numéro → n^{o}

• Dans une abréviation, le pluriel est marqué :
– soit par un *s* ;
– soit par une répétition de la lettre pour les abréviations formées d'une seule lettre.

Mesdames → Mmes   *Messieurs → MM.*

❶ Les abréviations des symboles scientifiques ne prennent pas la marque du pluriel → 250.

adj.	*adjectif*	fasc.	*fascicule*
adv.	*adverbe*	hab.	*habitant*
apr. J.-C.	*après Jésus-Christ*	H.T.	*hors taxes*
art.	*article*	*id.*	*idem* (le même)
av. J.-C.	*avant Jésus-Christ*	i. e.	*id est* (c'est-à-dire)
boul. bd	*boulevard*	ital.	*italique*
bur.	*bureau*	loc. cit.	*loco citato* (à l'endroit cité)
c.-à-d.	*c'est-à-dire*	M.	*Monsieur*
cap.	*capitale*	MM.	*Messieurs*
cf. *conf.*	*confer* (comparez avec)	math.	*mathématique*
chap.	*chapitre*	M^e	*Maître*
Cie	*compagnie*	M^es	*Maîtres*
dép.	*département*	Mgr	*Monseigneur*
D^r	*docteur*	M^grs	*Messeigneurs*
éd.	*édition(s)*	Mlle	*Mademoiselle*
édit.	*éditeur(s)*	Mlles	*Mesdemoiselles*
env.	*environ*	Mme	*Madame*
etc.	*et cœtera* (et cetera)	Mmes	*Mesdames*
étym.	*étymologie*	ms.	*manuscrit*
E.V.	*en ville*	N	*nord*
ex.	*exemple ou exercice*	N.B.	*nota bene* (notez bien)

N.-D.	*Notre-Dame*	**S.A.R.L.**	*société anonyme à responsabilité limitée*
N.D.A.	*note de l'auteur*	**subst.**	*substantif*
N.D.E.	*note de l'éditeur*	**suiv.**	*suivant*
N.D.L.R.	*note de la rédaction*	**sup.**	*supérieur*
n°	*numéro*	**suppl.**	*supplément*
O	*ouest*	**S.V.P.**	*s'il vous plaît*
P.C.C.	*pour copie conforme*	**t.**	*tome*
p. ex.	*par exemple*	**tél.**	*téléphone*
p.	*page*	**T.T.C.**	*toutes taxes comprises*
paragr.	*paragraphe*	**T.V.A.**	*taxe à la valeur ajoutée*
P.-S.	*post-scriptum*	**v.**	*verbe, vers* (en poésie), *vers* (devant une date = *environ*) ou *voir* (= se reporter à)
QG	*quartier général*		
r°	*recto*		
S	*sud*	**v°**	*verso* (envers)
S.A.	*société anonyme*	**vol.**	*volume*

250 ## Abréviations des symboles scientifiques

• Les abréviations des symboles scientifiques sont formées en général :
– soit par la première lettre du mot ;
– soit par les premières lettres du préfixe et du radical.

❶ Voici quelques exceptions : *min, dam, dal, dag.*

• Elles ne sont pas suivies d'un point. Elles ne prennent pas la marque du pluriel.

franc	→	*F*
millimètre	→	*mm*
cent francs	→	*100 F*

251 ## Abréviations scientifiques les plus courantes

■ Longueur

mm	millimètre	m	mètre	km	kilomètre
cm	centimètre	dam	décamètre		
dm	décimètre	hm	hectomètre		

■ Superficie

mm²	millimètre carré	hm²	hectomètre carré
cm²	centimètre carré	km²	kilomètre carré
dm²	décimètre carré	ca	centiare
m²	mètre carré	a	are
dam²	décamètre carré	ha	hectare

■ Volume

mm³	millimètre cube	hm³	hectomètre cube	l	litre
cm³	centimètre cube	km³	kilomètre cube	dal	décalitre
dm³	décimètre cube	ml	millilitre	hl	hectolitre
m³	mètre cube	cl	centilitre		
dam³	décamètre cube	dl	décilitre		

■ Temps

s	seconde	h	heure
min	minute	j	jour

■ Masse

mg	milligramme	g	gramme	kg	kilogramme
cg	centigramme	dag	décagramme	q	quintal
dg	décigramme	hg	hectogramme	t	tonne

Mots invariables

252 Liste des mots les plus courants

- *afin*
- *ailleurs*
- *ainsi*
- *alors, dès lors,* **lors**, *lorsque*
- *après, auprès, exprès,* **près**, *presque*
- *arrière, derrière*
- *assez*
- *au-dessous, dessous,* **sous**
- *au-dessus, dessus, par-dessus,* **sus**
- *aujourd'hui*
- *auparavant,* **avant**, *devant, davantage, dorénavant*
- *aussi*
- *aussitôt, bientôt, plutôt, sitôt, tantôt,* **tôt**
- *autant, pourtant,* **tant**, *tant pis*
- *autrefois,* **fois**, *parfois, quelquefois, toutefois*
- *avec*
- *beaucoup*
- *cependant, pendant*
- *certes*
- *chez*
- *comme, comment*
- *d'abord*
- **dans**, *dedans*
- *debout*
- *dehors,* **hors**
- *déjà*
- *demain*
- *depuis,* **puis**, *puisque*

- **dès**, *dès que*
- *désormais, jamais,* **mais**
- *donc*
- *durant*
- *entre*
- *envers, par devers, (à) travers,* **vers**
- *environ*
- **gré**, *malgré*
- **guère**, *naguère*
- *hier*
- *hormis*
- *ici*
- *jadis*
- *jusque*
- *loin*
- *longtemps*
- *mieux, tant mieux*
- **moins**, *néanmoins*
- *parmi*
- *partout*
- **plus**, *plusieurs*
- *quand*
- *sans*
- *selon*
- *surtout*
- *tandis que*
- *toujours*
- *trop*
- *volontiers*

L'orthographe grammaticale

*Les numéros renvoient
aux numéros des paragraphes.*

Le genre des noms

un homme, une femme

253 **Genre des noms animés : *un pêcheur, une truite***

Le genre des noms des êtres animés dépend du sexe de l'être désigné.
Le genre est marqué par :

■ **un changement de la fin du nom**

MASCULIN	FÉMININ
un chat	une chatte
un chien	une chienne
un cousin	une cousine
un chameau	une chamelle
un loup	une louve
un ours	une ourse

■ **un changement de forme**

MASCULIN	FÉMININ
un cerf	une biche
un frère	une sœur
un garçon	une fille
un gendre	une bru
un père	une mère

■ **aucun changement**

MASCULIN	FÉMININ
un collègue	une collègue
un concierge	une concierge
un élève	une élève
un enfant	une enfant
un professeur	une professeur

254 **Genre des noms de choses : *un gâteau, une tarte***

Pour les noms désignant des êtres inanimés (idées, objets, sentiments...),
il n'y a pas de règle qui puisse en déterminer le genre. Pour vous assurer
du genre d'un nom → Lexique.

un accident	un avion	un lit
une colère	une journée	une promenade

255 **Genre des noms et changement de sens :**
un moule, une moule

Le changement de genre peut parfois changer le sens d'un nom.

MASCULIN	FÉMININ
un livre	*une livre*
un poste	*une poste*
un tour	*une tour*

256 **Genre des noms de profession :** *un inspecteur,*
une inspectrice, un ingénieur **(homme ou femme)**

• La plupart des noms de profession changent au féminin.

un boulanger	→	*une boulangère*
un docteur	→	*une doctoresse*
un instituteur	→	*une institutrice*

• Certains noms de profession ou de fonction ne changent pas au féminin.

un ministre   *un professeur*   *un proviseur*

Le genre des adjectifs

grand, grande

257 **Féminin des adjectifs en général :** *salé, salée*

• On forme le plus souvent le féminin des adjectifs en ajoutant simplement à la forme du masculin un *e* :

> *une récolte abondante*

• Un adjectif qui se rapporte à un nom au féminin s'accorde avec ce nom.

■ **qui s'entend**   ■ **qui ne s'entend pas**

MASCULIN	FÉMININ	MASCULIN	FÉMININ
brun	brune	gai	gaie
français	française	joli	jolie
grand	grande	nu	nue
lourd	lourde	pointu	pointue
petit	petite	poli	polie
plein	pleine	vrai	vraie

258 **Féminin des adjectifs en** *-e* **:** *un climat rude, une pente rude*

Les adjectifs se terminant par *-e* au masculin ne changent pas au féminin.

MASCULIN	FÉMININ
aimable	aimable
calme	calme
élémentaire	élémentaire
nucléaire	nucléaire
pâle	pâle

259 **Féminin des adjectifs en** *-c* **:** *blanc, blanche, public, publique*

Les adjectifs se terminant par *-c* au masculin ont leur féminin :

■ **en** *-che*   ■ **ou en** *-que*

MASCULIN	FÉMININ	MASCULIN	FÉMININ
blanc	blanche	caduc	caduque
franc	franche	laïc	laïque
sec	sèche	turc	turque

260 Féminin des adjectifs en -el : *cruel, cruelle*

Les adjectifs se terminant par -*el* au masculin ont un féminin en -*elle* (doublement de la consonne finale).

MASCULIN	FÉMININ
annuel	annuelle
bel	belle
cruel	cruelle
tel	telle

261 Féminin des adjectifs en -eil : *pareil, pareille*

Les adjectifs se terminant par -*eil* au masculin ont un féminin en -*eille* (doublement de la consonne finale).

MASCULIN	FÉMININ
pareil	pareille
vermeil	vermeille
vieil	vieille

262 Féminin des adjectifs en -er : *fier, fière*

Les adjectifs se terminant par -*er* au masculin ont un féminin en -*ère*.

MASCULIN	FÉMININ
altier	altière
dernier	dernière
étranger	étrangère
léger	légère

263 Féminin des adjectifs en -et : *coquet, coquette, complet, complète*

Les adjectifs se terminant par -*et* au masculin ont un féminin :

■ en -*ette* (doublement de la consonne finale) ■ ou en -*ète*

MASCULIN	FÉMININ	MASCULIN	FÉMININ
blet	blette	complet	complète
coquet	coquette	désuet	désuète
fluet	fluette	discret	discrète
muet	muette	inquiet	inquiète
net	nette	replet	replète
simplet	simplette	secret	secrète

264 **Féminin des adjectifs en -*eur* :** *voleur, voleuse, élévateur, élévatrice, enchanteur, enchanteresse*

Les adjectifs se terminant par -*eur* au masculin ont un féminin :

■ **en -*euse***

MASCULIN	FÉMININ
menteur	menteuse
trompeur	trompeuse
voleur	voleuse

■ **en -*rice***

MASCULIN	FÉMININ
élévateur	élévatrice
novateur	novatrice
réducteur	réductrice
séducteur	séductrice

■ **en -*eresse***

MASCULIN	FÉMININ
enchanteur	enchanteresse
vengeur	vengeresse

265 **Féminin des adjectifs en -*f* :** *neuf, neuve*

Les adjectifs se terminant par -*f* au masculin ont un féminin en -*ve*.

MASCULIN	FÉMININ
explosif	explosive
naïf	naïve
neuf	neuve
sauf	sauve
veuf	veuve

266 **Féminin des adjectifs en -*gu* :** *aigu, aiguë*

Les adjectifs se terminant par -*gu* au masculin ont un féminin en -*guë*.

MASCULIN	FÉMININ
ambigu	ambiguë
exigu	exiguë

REMARQUE Le tréma (¨) permet de garder le son [y] → 237.
Le tréma et la nouvelle orthographe → 393.

267 Féminin des adjectifs en *-ien* : *ancien, ancienne*

Les adjectifs se terminant par *-ien* au masculin ont un féminin en *-ienne* (doublement de la consonne finale).

MASCULIN	FÉMININ		MASCULIN	FÉMININ
ancien	ancienne		martien	martienne
francilien	francilienne		parisien	parisienne
italien	italienne			

268 Féminin des adjectifs en *-on* : *bon, bonne*

Les adjectifs se terminant par *-on* au masculin ont un féminin en *-onne* (doublement de la consonne finale).

MASCULIN	FÉMININ		MASCULIN	FÉMININ
bon	bonne		fanfaron	fanfaronne
bouffon	bouffonne		félon	félonne
bougon	bougonne			

269 Féminin des adjectifs en *-ot* : *idiot, idiote*

Les adjectifs en *-ot* au masculin ont généralement un féminin en *-ote*.

MASCULIN	FÉMININ		MASCULIN	FÉMININ
bigot	bigote		idiot	idiote
dévot	dévote		petiot	petiote
huguenot	huguenote			

❶ Les adjectifs *pâlot*, *sot* et *vieillot* ont un féminin en *-otte* : *pâlotte*, *sotte*, *vieillotte*.

270 Féminin des adjectifs en *-s* : *exquis, exquise, épais, épaisse*

Les adjectifs en *-s* au masculin ont généralement un féminin :

■ **en** *-se* **(on entend le son [z])**   ■ **ou en** *-sse* **(on entend le son [s])**

MASCULIN	FÉMININ		MASCULIN	FÉMININ
gaulois	gauloise		bas	basse
gris	grise		épais	épaisse
portugais	portugaise		gros	grosse
ras	rase			

❶ Les adjectifs *frais* et *tiers* deviennent *fraîche* et *tierce* au féminin.

271 Féminin des adjectifs en -ul : *nul, nulle*

Les adjectifs se terminant par *-ul* au masculin ont un féminin en *-ulle* (doublement de la consonne finale).

MASCULIN	FÉMININ
nul	*nulle*

272 Féminin des adjectifs en -x : *nerveux, nerveuse*

Les adjectifs se terminant par *-x* au masculin ont généralement un féminin en *-se*.

MASCULIN	FÉMININ
heureux	*heureuse*
jaloux	*jalouse*
nerveux	*nerveuse*

❶ L'adjectif *doux* a un féminin en *-ce* : *douce*.
Les adjectifs *faux* et *roux* ont des féminins en *-sse* : *fausse, rousse*.

273 Féminins à forte variation : *beau, belle*

MASCULIN	FÉMININ	MASCULIN	FÉMININ
beau	*belle*	*frais*	*fraîche*
bénin	*bénigne*	*malin*	*maligne*
favori	*favorite*	*tiers*	*tierce*
fou	*folle*	*vieux*	*vieille*

Le pluriel des noms

un homme, des hommes

274 Pluriel des noms simples

Dans la plupart des cas, on marque le pluriel en ajoutant un *s* à la forme du singulier.

SINGULIER	PLURIEL
un ami	*des amis*
un chien	*des chiens*

275 Pluriel des noms en -s, -x, -z : *un avis, des avis*

Les noms qui se terminent par un *s*, un *x* ou un *z* au singulier ne changent pas d'orthographe au pluriel.

SINGULIER	PLURIEL
un choix	*des choix*
un gaz	*des gaz*
un nez	*des nez*
un prix	*des prix*
un puits	*des puits*

276 Pluriel des noms en -au : *un noyau, des noyaux*

Les noms en *-au* forment habituellement leur pluriel en *-aux*.

SINGULIER	PLURIEL
un étau	*des étaux*
un tuyau	*des tuyaux*

❶ *Landau, sarrau* ont des pluriels en *-aus* : *landaus, sarraus*.

277 Pluriel des noms en -eau : *un marteau, des marteaux*

Tous les noms se terminant par *-eau* forment leur pluriel en *-eaux*.

SINGULIER	PLURIEL
un seau	*des seaux*
un drapeau	*des drapeaux*

278 Pluriel des noms en *-al* : *un cheval, des chevaux*

Les noms en *-al* forment habituellement leur pluriel en *-aux*.

SINGULIER	PLURIEL
un cheval	des chevaux
un journal	des journaux

❶ Les noms suivants ont leur pluriel en *-als* :
aval, bal, cal, carnaval, cérémonial, chacal, festival, pal, récital, régal.

279 Pluriel des noms en *-ail* : *un détail, des détails*

Les noms en *-ail* forment habituellement leur pluriel en *-ails*.

SINGULIER	PLURIEL	SINGULIER	PLURIEL
un attirail	des attirails	un gouvernail	des gouvernails
un chandail	des chandails	un poitrail	des poitrails
un détail	des détails	un portail	des portails
un éventail	des éventails	un sérail	des sérails

❶ Les huit noms suivants forment leur pluriel en *-aux* :
bail, corail, émail, fermail, soupirail, travail, vantail, vitrail.

280 Pluriel des noms en *-eu* : *un adieu, des adieux*

Les noms en *-eu* forment habituellement leur pluriel en *-eux*.

SINGULIER	PLURIEL
un pieu	des pieux

❶ Les noms suivants forment leur pluriel en *-eus* :
bleu, émeu, lieu (le poisson), **pneu.**

281 Pluriel des noms en *-ou* : *un fou, des fous*

Les noms en *-ou* forment habituellement leur pluriel en *-ous*.

SINGULIER	PLURIEL
un bisou	des bisous
un clou	des clous

❶ Sept noms en *-ou* forment leur pluriel en *-oux* :
bijou, caillou, chou, genou, hibou, joujou, pou.

282 Pluriels à forte variation

Les noms suivants ont une forme au pluriel différente de leur forme au singulier :

SINGULIER	PLURIEL
un aïeul	des aïeux (ou aïeuls)
un ciel	des cieux (ou ciels)
un œil	des yeux

283 Pluriel des noms propres : *les Durant*

Dans la plupart des cas, les noms propres sont invariables.

Les frères Lumière
Les Dupont

284 Pluriel des noms propres : cas particuliers

Les noms propres s'accordent en nombre dans les cas énumérés ci-dessous.

NATURE DU NOM PROPRE	EXEMPLES
Le nom propre est celui de quelqu'un qui est une référence dans un domaine.	*Des Mozarts, il n'en existera plus.*
❶ Mais si le nom propre comprend un article au singulier, il reste invariable.	❶ *Des La Fontaine*
Le nom propre est celui d'une famille illustre.	*Beaucoup de rois de France sont issus des Bourbons.*
❶ Mais si ces noms ont gardé leur forme étrangère, ils restent invariables.	❶ *Les Romanov*
Le nom propre désigne un lieu géographique.	*Les Amériques, les Guyanes*
❶ Mais si le nom propre est un nom composé, il reste invariable.	❶ *Il existe plusieurs Saint-Savin.*
Le nom propre désigne des œuvres d'art, il peut aussi bien se mettre au pluriel que rester au singulier.	*Le musée a acheté deux Picasso(s).*
Le nom propre est utilisé sans majuscule pour désigner les défauts ou les qualités de quelqu'un.	*Ces hommes sont des hercules.*

Pluriel des noms composés : *les chasse-neige*

L'accord des noms composés dépend souvent du sens des mots qui les composent.

NATURE DU NOM PROPRE	EXEMPLES
NOM + NOM	
Le plus souvent, les deux noms prennent la marque du pluriel. Plus rarement, le premier nom seulement prend la marque du pluriel si l'on peut placer entre les deux noms une préposition sous-entendue.	*des choux-fleurs* *des timbres-poste* (=des timbres pour la poste)
NOM + PRÉPOSITION + NOM	
Seul le premier nom prend la marque du pluriel. ❶ : *des tête-à-tête*.	*des arcs-en-ciel*
VERBE + NOM	
Le verbe reste au singulier, le nom est au singulier ou au pluriel suivant le sens. **Nouvelle orthographe → 389.**	*des gratte-papier* (on gratte du papier) *des porte-parapluies* (ustensile destiné à recevoir plusieurs parapluies)
MOT INVARIABLE (ADVERBE, PRÉPOSITION) + NOM	
L'adverbe ou la préposition restent invariables, le nom peut être au singulier ou au pluriel. → 389.	*des arrière-pensées* *des après-midi*
NOM + ADJECTIF OU ADJECTIF + NOM	
Les deux mots prennent la marque du pluriel. ❶ Placés devant le nom, *demi* et *semi* sont invariables; *grand* avec un nom féminin ne prend pas la marque du pluriel.	*des marteaux-piqueurs* *des rouges-gorges* ❶ *des demi-journées,* *des grand(s)-mères*
ADJECTIF + ADJECTIF	
Généralement, les deux mots prennent la marque du pluriel.	*des sourds-muets* ❶ *des nouveau-nés,* *des haut-parleurs*
VERBE + VERBE	
Les deux verbes restent au singulier.	*des laisser-passer*
MOTS ÉTRANGERS	
Les deux mots restent au singulier. → 391.	*des post-scriptum* ❶ *des pull-overs, des week-ends*

REMARQUE Pour l'emploi du trait d'union → 389.

Le pluriel des adjectifs

grand, grands

286 Pluriel des adjectifs en général

- Dans la plupart des cas, on marque le pluriel des adjectifs en ajoutant un *s*.
- Un adjectif qui se rapporte à un nom pluriel s'accorde avec ce nom.

des enfants contents

SINGULIER	PLURIEL
content	contents
grand	grands
important	importants

287 Pluriel des adjectifs en *-s* ou en *-x* : *un gros chien, de gros chiens, un enfant capricieux, des enfants capricieux*

Les adjectifs qui se terminent par un *s* ou un *x* au singulier ne changent pas d'orthographe au pluriel.

SINGULIER	PLURIEL
un coup bas	des coups bas
un fait divers	des faits divers
un repas délicieux	des repas délicieux

288 Pluriel des adjectifs en *-eau* : *beau, beaux*

Tous les adjectifs se terminant par *-eau* ont un pluriel en *-eaux*.

SINGULIER	PLURIEL
un beau paysage	de beaux paysages
un nouveau voisin	de nouveaux voisins

289 Pluriel des adjectifs en *-al* : *spécial, spéciaux*

Les adjectifs se terminant par *-al* ont généralement un pluriel en *-aux*.

SINGULIER	PLURIEL
un trait vertical	des traits verticaux
un sourire amical	des sourires amicaux

❶ Il existe cependant sept adjectifs en *-al* qui forment leur pluriel en *-als* : **banal, bancal, fatal, final, glacial, natal, naval.**

290 **Pluriel des adjectifs qualifiant plusieurs noms :**
*Le garçon et la fille sont **charmants**.*

Quand l'adjectif qualifie plusieurs noms, il suffit qu'un seul des noms soit masculin pour que l'adjectif soit au masculin pluriel.

> *Le lion, la lionne et la panthère sont dangereux.*
> nom masculin + nom féminin + nom féminin = adjectif masculin pluriel

DÉTAILS DES RÈGLES	EXEMPLES
Si tous les noms sont au masculin, l'adjectif est au masculin pluriel.	*Le chien et le chat sont beaux.*
Si un des noms au moins est au masculin, l'adjectif est au masculin pluriel.	*Le chien et la chatte sont beaux.*
Si tous les noms sont au féminin, l'adjectif est au féminin pluriel.	*La chienne et la chatte sont belles.*

291 **Pluriel des adjectifs numéraux :** *un, deux, trois...*

Les adjectifs numéraux sont invariables à l'exception de ***vingt*** et de ***cent***.

> *les quatre enfants*

292 **Accord de** *cent*

DÉTAILS DES RÈGLES	EXEMPLES
L'adjectif numéral *cent* s'accorde s'il est multiplié et s'il n'est suivi d'aucun chiffre.	*trois cents* *un million cinq mille deux cents*
Il reste invariable s'il est multiplié et s'il est suivi par d'autres chiffres.	*trois cent vingt* *un million cinq mille deux cent quarante-six*

293 **Accord de** *quatre-vingts*

• L'adjectif numéral ***quatre-vingts*** s'accorde s'il n'est suivi d'aucun chiffre.

> *quatre-vingts*
> *mille cinq cent quatre-vingts*

• Il reste invariable s'il est suivi par d'autres chiffres.

  quatre-vingt-six
  cinq mille cent quatre-vingt-quatre

REMARQUE Les noms *millier, million* et *milliard* s'accordent :
La région parisienne compte plusieurs millions d'habitants.

L'emploi du trait d'union dans l'écriture des nombres → 298.

294 Pluriel des adjectifs de couleur : *bleu, bleus*

• L'adjectif de couleur s'accorde généralement avec le nom qu'il qualifie :

  des volets verts

• L'adjectif est invariable dans les deux cas suivants :

  – s'il dérive d'un nom de fruit, de fleur, de pierre précieuse…

  des tissus marron (de la couleur du marron)
  des nappes topaze (de la couleur de la topaze)

  ❶ Les mots *fauve, mauve, pourpre, rose* s'accordent.

  – s'il est formé de deux adjectifs.

  des yeux bleu foncé
  des tissus vert clair, vert foncé

La majuscule *Elle est partie à Mexico*

295 **Règle générale d'emploi de la majuscule**

La majuscule se place :
– au début des phrases ;

>   *Le train entre en gare.*

– au début des noms propres.

>   *Elle s'appelle Marie.*

296 **Majuscule au début des phrases**

On met une majuscule :
– à la première lettre du premier mot d'une phrase ;

>   *Mon chien s'est sauvé.*

– après deux-points ou un tiret qui annoncent des paroles rapportées ;

>   *Elle m'a répondu : « Je ne viendrai pas. »*

– au début des vers dans la poésie classique.

>   *Maître Corbeau, sur un arbre perché,*
>   *Tenait en son bec un fromage.*

297 **Majuscule au début des noms propres**

On met une majuscule :
– à la première lettre d'un nom et/ou prénom de personne ;

A. Durant   *Jacqueline Dupont*

❶ *Jean de La Fontaine, J.-M. G. Le Clézio.*

REMARQUES
– Dans les noms propres composés, la préposition ne prend pas de majuscule.
Charles de Gaulle
– Dans les surnoms composés, l'article ne prend pas de majuscule.
Pierrot le Fou   *Charles le Sage*

– à la première lettre des titres ;
Madame le Préfet
Votre Altesse
M. le Comte

– à la première lettre des noms de lieux, de monuments historiques ou d'institutions ;
la Loire
la France
la Bastille
le Colisée
l'Assemblée nationale

❶ Dans les noms de lieux composés, chaque nom prend une majuscule mais l'article ou la préposition ne prennent pas de majuscule.
Sainte-Foy-la-Grande
Trouville-sur-Mer
le Loir-et-Cher

– à la première lettre des noms désignant les habitants d'un pays, d'une région, d'une ville...
les Anglais
les Lyonnais

REMARQUE
– On écrit *les Anglais* quand il s'agit des citoyens anglais mais *l'anglais* quand il s'agit de la langue anglaise : les noms qui désignent les langues ne prennent pas de majuscule.
– Les adjectifs de nationalité s'écrivent toujours avec une minuscule initiale.
   les desserts anglais

– à la première lettre des noms désignant des périodes historiques.
les guerres de Religion
la Libération
la Renaissance

REMARQUE Pour l'emploi du trait d'union dans les mots composés → 389.

Le trait d'union

un gratte-ciel, où allez-vous ?

298 Emploi du trait d'union : *D'où venez-vous ?*

• Le trait d'union se place entre le verbe et un pronom sujet à la forme interrogative.

Comment a-t-il su ?	*Comment partirons-nous ?*	*Qui a-t-il appelé ?*
Où allez-vous ?	*Quand mange-t-on ?*	*Qu'avez-vous vu ?*

❶ Le *t* entre deux traits d'union évite que deux voyelles ne se suivent.

• On doit mettre un trait d'union entre le verbe et un pronom complément à l'impératif.

Prends-en.   Donne-m'en.   Crois-le.   Allez-y.   Allez-vous-en.

• Le trait d'union est obligatoire dans les mots composés avec *ci* ou *là*.

celui-ci	*par-ci*	*ci-après*	*ci-gît*	*ces jours-là*	*là-dessus*
ceux-ci	*ci-dessus*	*ci-devant*	*celui-là*	*par-là*	*là-haut*
ces jours-ci	*ci-contre*	*ci-joint*	*ceux-là*	*là-bas*	*là-dedans*

• Le trait d'union doit figurer entre un pronom personnel et *même*.

moi-même	*lui-même*	*nous-mêmes*	*eux-mêmes*
toi-même	*elle-même*	*vous-même(s)*	*elles-mêmes*

• Il est d'usage de placer un trait d'union dans les noms des nombres composés inférieurs à cent et juxtaposés.
→ 392.

mille cent vingt-six	*soixante-dix-neuf*	*soixante-six*
quatre cent cinquante-deux	*quatre-vingt-treize*	*cent quatre-vingt-huit*

• Dans les mots composés, il faut toujours un trait d'union après :

– *demi* et *semi;*   un demi-litre, un semi-remorque
– *ex;*   mon ex-femme
– *non* (devant un nom);   un non-sens
– *pro* (devant une voyelle).   pro-américain

REMARQUE Pour vous assurer de l'orthographe d'un mot composé → 285 et → 389.

L'accord du verbe

je mange, ils mangent

299 Accord du verbe aux temps simples : règle générale

• Le verbe est à un temps simple quand il se présente sous la forme d'un seul mot à chaque personne : ***ils chantent***.

• Le verbe s'accorde en personne (1re, 2e, 3e) et en nombre (singulier, pluriel) avec son sujet. La terminaison du verbe varie aussi en fonction du mode et du temps.

300 Accord avec un sujet à la 3e personne du pluriel : *ils mange**nt***

On trouve *-nt* à la fin d'un verbe conjugué à la 3e personne du pluriel, à tous les temps simples.

ils mangent, ils crieront, ils chantaient, ils parlèrent

REMARQUE À la 3e personne du pluriel, le sujet peut être :
– un pronom : *ils chantent, elles pleuraient, ils crieront* ;
– un nom : *Les chiens aboient* ;
– un groupe nominal (plusieurs mots regroupés autour d'un nom qui est le sujet) :
   Les amis de mes enfants arriveront demain ;
– plusieurs noms reliés par *et, ou, ni* : *Paul et Virginie viendront.*
   Paul ou Virginie venaient. Ni Paul ni Virginie ne viennent.

301 Accord avec un sujet à la 1re personne du pluriel : *nous chant**ons***

On trouve *-ns* à la fin d'un verbe conjugué à la 1re personne du pluriel, à tous les temps simples sauf au passé simple.

nous mangeons, nous chantions, nous crierons

REMARQUE À la 1re personne du pluriel, le sujet peut être :
– un pronom : *Nous viendrons demain ;*
– plusieurs noms ou pronoms dont *moi* :
   Paul et moi (nous) chantons.   *Toi et moi (nous) mangions.*
   Lui et moi (nous) partons.   *Les enfants et moi (nous) viendrons.*

302 **Accord avec un sujet à la 2ᵉ personne du pluriel :**
vous chantez

On trouve généralement -_ez_ à la fin d'un verbe conjugué à la 2ᵉ personne
du pluriel, à tous les temps simples sauf au passé simple.

> _vous mangez, vous chantiez, vous crierez_

❶ _vous faites, vous dites, vous défaites, vous redites..._

REMARQUE À la 2ᵉ personne du pluriel, le sujet peut être :
– un pronom : _Vous viendrez demain_ ;
– plusieurs noms ou pronoms (sauf _moi_) dont _toi_ :
  Paul et toi (vous) chanterez.
  Lui et toi (vous) chantiez.
  Les enfants et toi (vous) chantez.

303 **Accord avec le pronom relatif qui : _C'est toi_ qui _joueras._**

Le verbe s'accorde avec le mot que remplace le pronom relatif _qui_.
Ce mot se trouve généralement juste devant le pronom relatif _qui_.

> _C'est toi qui joueras._ (Toi = tu → tu joueras)

> _L'équipe qui a perdu ne jouera plus._
> _qui_ remplace «équipe» = «elle» 3ᵉ pers. sing.

> _Les équipes qui ont perdu ne joueront plus._
> _qui_ remplace «équipes» = «elles» 3ᵉ pers. plur.

> _C'est moi qui ne jouerai plus._
> _qui_ remplace «moi» = «je» 1ʳᵉ pers. sing.

> _C'est toi qui ne joueras plus._
> _qui_ remplace «toi» = «tu» 2ᵉ pers. sing.

> _C'est Paul et moi qui ne jouerons plus._
> _qui_ remplace «Paul et moi» = «nous» 1ʳᵉ pers. plur.

> _C'est Paul et toi qui ne jouerez plus._
> _qui_ remplace «Paul et toi» = «vous» 2ᵉ pers. plur.

304 Accord du participe passé

• Le verbe est à un temps composé quand il se présente sous la forme d'un participe passé et qu'il se conjugue avec un auxiliaire (*être* ou *avoir*).

> *Les enfants sont tombés.*
>
> *Les enfants ont chanté.*

• Le participe passé employé avec l'auxiliaire *avoir* ne s'accorde jamais avec le sujet.

> *Les avions ont survolé la ville.*

Mais le participe passé s'accorde en genre et en nombre avec le complément d'objet direct (COD) si celui-ci est placé avant le verbe. On trouve le COD en posant la question «qui?» ou «quoi?» après le verbe.

> *Les pommes, je les ai mangées.*
>
> (J'ai mangé quoi ? *les pommes*, féminin pluriel, remplacé par *les*, pronom personnel COD.)

• Pour le cas des participes passés *laissé*, *fait* + verbe à l'infinitif :
Le participe passé et la nouvelle orthographe → 390.

• Le participe passé employé avec l'auxiliaire *être* s'accorde en genre et en nombre avec le sujet.

> *Des pierres sont tombées sur la route.*

REMARQUE Les verbes pronominaux suivent des règles d'accord particulières → 306.

305 Définition des verbes pronominaux : *je **me** lave, il **se** tait*

Les verbes pronominaux sont accompagnés d'un pronom personnel (*me*, *te*, *se*...) qui représente le même être ou la même chose que le sujet.
Aux temps composés, ces verbes se conjuguent toujours avec l'auxiliaire *être*. Il existe deux types de verbes pronominaux :

– les verbes essentiellement pronominaux qui s'emploient toujours à la forme pronominale : *s'emparer, s'enfuir, se souvenir, s'évanouir*...

> *L'aigle s'envole et s'empare de sa proie.*

– les verbes occasionnellement pronominaux qui s'emploient parfois à la forme pronominale : *se regarder* (le verbe *regarder* existe aussi).

> *Le lièvre et la tortue se regardent.*

306 Accord du participe passé des verbes pronominaux :
Sophie s'est regardée dans la glace.

• Le participe passé des verbes essentiellement pronominaux (qui ne s'emploient qu'à la forme pronominale) s'accorde en genre et en nombre avec le sujet.

> *Les mouettes se sont envolées.*
> féminin pluriel

• Le participe passé des verbes qui s'emploient parfois à la forme pronominale s'accorde en genre et en nombre avec le sujet seulement si le pronom placé devant le verbe est complément d'objet direct (COD). On trouve le COD en posant la question «qui?» ou «quoi?» après le verbe.

> *Elles se sont lavées.*
> (Elles ont lavé qui? *elles-mêmes*, féminin pluriel, remplacé par *se*, pronom COD.)

> *Elles se sont lavé les mains.*
> (Elles ont lavé les mains à qui? *à elles-mêmes*, remplacé par *se* :
> le pronom n'est pas COD, pas d'accord.)

307 Participes passés toujours invariables

Certains verbes pronominaux n'ont jamais de complément d'objet direct (COD). Ils ne peuvent donc pas s'accorder avec un COD, et leurs participes passés sont invariables. En voici la liste.

s'en vouloir
s'entre-nuire
se complaire
se convenir
se déplaire (déplaire à soi)
se nuire
se parler (parler à soi)
se plaire (plaire à soi)
se ressembler
se sourire
se succéder
se suffire
se survivre

Les homophones grammaticaux

Ce chat se gratte.

Les homophones grammaticaux sont des mots qui se prononcent de manière identique mais qui ne s'écrivent pas de la même façon et qui n'appartiennent pas à la même classe grammaticale.

308 *a* et *à*

QUELLE EST LA DIFFÉRENCE DE NATURE ?	COMMENT LES DISTINGUER ?
a est une forme conjuguée du verbe *avoir*.	Si l'on met la phrase à l'imparfait : – **a** devient **avait**. *Mon fils a mal aux dents.* *Mon fils avait mal aux dents.*
à, avec un accent grave, est une préposition invariable.	– **à** ne change **pas**. *Je parle à mes enfants.* *Je parlais à mes enfants.*

309 *ce* (*c'*) et *se* (*s'*)

QUELLE EST LA DIFFÉRENCE DE NATURE ?	COMMENT LES DISTINGUER ?
ce est un adjectif démonstratif qui détermine un nom masculin.	Si l'on remplace le nom masculin qu'il détermine par un nom féminin, **ce** devient **cette**. *Ce travail est intéressant.* *Cette activité est intéressante.*
ce ou **c'**, placés devant le verbe *être*, sont des pronoms démonstratifs.	**ce** ou **c'** peuvent être remplacés par **cela**. *Ce n'est pas bon. (C'est bon.)* *Cela n'est pas bon. (Cela est bon.)*
se ou **s'** sont des pronoms personnels réfléchis à la troisième personne du singulier, utilisés devant le verbe dans la conjugaison pronominale.	Si l'on remplace le sujet par **je** ou **tu**, **se** devient **me** ou **te**, **s'** devient **m'** ou **t'**. *Les enfants se lèvent tôt ; ils s'habillent.* *Je me lève tôt ; je m'habille.* *Tu te lèves tôt ; tu t'habilles.*

310 c'est et s'est

c'est est formé de **c'**, pronom démonstratif, et de **est**, forme conjuguée du verbe *être*.

c'est peut être remplacé par **cela est**.
C'est ma maison.
Cela est ma maison.

s'est est formé de **s'**, pronom personnel réfléchi, et de **est**, forme conjuguée du verbe *être*.

Si l'on change le sujet par **je** ou **tu**, **s'est** devient **me suis** ou **t'es**.
Mon frère s'est caché derrière un arbre.
Je me suis caché derrière un arbre.
Tu t'es caché derrière un arbre.

311 c'était et s'était

c'était est formé de **c'**, pronom démonstratif, et de **était**, forme conjuguée du verbe *être*.

c'était peut être remplacé par **cela était**.
C'était ma maison.
Cela était ma maison.

s'était est formé de **s'**, pronom personnel réfléchi, et de **était**, forme conjuguée du verbe *être*.

Si l'on remplace le sujet par **je** ou **tu**, **s'était** devient **m'étais** ou **t'étais**.
Il s'était caché derrière un arbre.
Je m'étais caché derrière un arbre.
Tu t'étais caché derrière un arbre.

312 cet et cette

cet est un adjectif démonstratif qui détermine un nom masculin.
cet remplace **ce** devant un nom masculin commençant par :
– une voyelle : **cet** avion ;
– un *h* muet : **cet** humour.

cet peut être remplacé par **un**.
Cet homme est généreux.
Un homme est généreux.

cette est un adjectif démonstratif qui détermine un nom féminin.

cette peut être remplacé par **une**.
Cette femme est généreuse.
Une femme est généreuse.

313 ces et ses

QUELLE EST LA DIFFÉRENCE DE NATURE ?

ces est un adjectif démonstratif
qui détermine un nom au pluriel.

ses est un adjectif possessif
qui détermine un nom au pluriel.

COMMENT LES DISTINGUER ?

Si l'on met au singulier le nom au pluriel
qu'il détermine, **ces** devient **cette** ou **ce**.
Ces roses et ces bégonias sont magnifiques.
Cette rose et ce bégonia sont magnifiques.

Si l'on met au singulier le nom au pluriel
qu'il détermine, **ses** devient **son** ou **sa**.
Il a perdu ses cahiers et ses clés.
Il a perdu son cahier et sa clé.

314 et et est

QUELLE EST LA DIFFÉRENCE DE NATURE ?

et est une conjonction de coordination
invariable.

est est une forme conjuguée
du verbe *être*.

COMMENT LES DISTINGUER ?

Si l'on met la phrase à l'imparfait :
– **et** ne change pas.
Mon chien et mon chat jouent ensemble.
Mon chien et mon chat jouaient ensemble.

– **est** devient **était**.
Elle est venue me voir.
Elle était venue me voir.

315 la, l'a et là

QUELLE EST LA DIFFÉRENCE DE NATURE ?

la est un article qui détermine
un nom féminin.

la devant un verbe
est un pronom personnel.

COMMENT LES DISTINGUER ?

Si l'on remplace le nom féminin qu'il détermine par un nom masculin,
la devient **le**.
La petite fille appelle sa maman.
Le petit garçon appelle sa maman.

la est toujours devant un verbe conjugué.
On peut également remplacer **la** par **le**.
Il prend une tasse de café et la boit.
(verbe *boire*)
Il prend du café et le boit.

Suite du tableau page suivante.

QUELLE EST LA DIFFÉRENCE DE NATURE ?	COMMENT LES DISTINGUER ?
l'a est formé de **l'**, pronom personnel, et de **a**, forme conjuguée du verbe *avoir*.	Si l'on met la phrase à l'imparfait : – **l'a** devient **l'avait**. *Cette histoire, il me l'a racontée hier.* *Cette histoire, il me l'avait racontée hier.*
là indique le lieu, c'est un adverbe.	– **là** peut être remplacé par **ici**. *C'est là que je l'ai vu pour la dernière fois.* *C'est ici que je l'ai vu pour la dernière fois.*

316 *leur* et *leurs*

QUELLE EST LA DIFFÉRENCE DE NATURE ?	COMMENT LES DISTINGUER ?
leur, pronom personnel invariable, est toujours placé devant un verbe.	Si l'on met au singulier le nom au pluriel qu'il remplace, **leur** devient **lui**. *Mes professeurs m'interrogent, je leur réponds.* *Mon professeur m'interroge, je lui réponds.*
leur, adjectif possessif, est toujours placé devant un nom. **leur** s'accorde avec le nom.	**leur** peut être remplacé par **sa** ou **son**. **leurs** peut être remplacé par **ses**. *Il me montre leur chambre.* *Il me montre sa chambre.* *Ils jouent avec leurs jouets.* *Ils jouent avec ses jouets.*

317 *on* et *ont*

QUELLE EST LA DIFFÉRENCE DE NATURE ?	COMMENT LES DISTINGUER ?
on est un pronom personnel.	Si l'on met la phrase à l'imparfait : – **on** ne change pas. *On parle souvent trop.* *On parlait souvent trop.*
ont est une forme conjuguée du verbe *avoir*.	– **ont** devient **avaient**. *Les voyageurs ont attendu le train.* *Les voyageurs avaient attendu le train.*

318 *ou et où*

QUELLE EST LA DIFFÉRENCE DE NATURE ?	COMMENT LES DISTINGUER ?
ou est une conjonction de coordination qui relie deux mots, deux groupes de mots ou deux propositions.	**ou** peut être remplacé par **ou bien**. *Je viendrai dimanche ou lundi. Je viendrai dimanche ou bien lundi.*
où est un adverbe interrogatif qui indique le lieu et sert à poser une question.	**où** ne peut pas être remplacé par **ou bien**. *Où habites-tu ?*
où est un pronom relatif qui indique le lieu et introduit une proposition relative.	**où** ne peut pas être remplacé par **ou bien**. *Montre-moi l'endroit où tu habites.*

319 *peut et peu*

QUELLE EST LA DIFFÉRENCE DE NATURE ?	COMMENT LES DISTINGUER ?
peut est la forme conjuguée du verbe *pouvoir* à la 3ᵉ personne du singulier du présent de l'indicatif.	Si l'on met la phrase à l'imparfait : – **peut** devient **pouvait**. *Mon chien peut te mordre. Mon chien pouvait te mordre.*
peu est un adverbe invariable.	– **peu** ne varie pas. *J'ai peu d'argent à te donner. J'avais peu d'argent à te donner.*

320 *quand, quant et qu'en*

QUELLE EST LA DIFFÉRENCE DE NATURE ?	COMMENT LES DISTINGUER ?
quand est une conjonction qui exprime le temps ou interroge sur lui. **REMARQUE** Devant une voyelle, le *d* se prononce [t]. *Quand ils viendront…*	On peut remplacer **quand** par **lorsque** ou par **quel jour**, **à quelle heure**… dans une phrase interrogative. *Quand le soleil se lèvera, nous partirons. Lorsque le soleil se lèvera, nous partirons. Quand le soleil se lèvera-t-il ? À quelle heure le soleil se lèvera-t-il ?*
quant à est une locution prépositive.	**quant à** peut être remplacé par **en ce qui concerne**. *Quant à ton frère, je l'attends de pied ferme. En ce qui concerne ton frère, je l'attends de pied ferme.*

Suite du tableau page suivante.

QUELLE EST LA DIFFÉRENCE DE NATURE ?	COMMENT LES DISTINGUER ?
qu'en est formé de **que** (conjonction de subordination ou pronom interrogatif) et de **en**, pronom personnel.	**qu'en** est l'équivalent de **que... de cela**. *Nous partirions jeudi. Qu'en penses-tu?* = *Que penses-tu de cela (de cette date, de notre proposition) ?*
qu'en peut être aussi formé de **que + en**, préposition introduisant un gérondif.	**qu'en** peut être remplacé par **que... en** (ou **qu'... en**) si l'on change de place les mots qui suivent. *Il croit qu'en avançant il se protégera. Il croit qu'il se protégera en avançant.*

321 qu'elle, quel, quelle

QUELLE EST LA DIFFÉRENCE DE NATURE ?	COMMENT LES DISTINGUER ?
qu'elle est formé de **qu'**, pronom relatif, et du pronom personnel sujet **elle**.	**qu'elle** peut être remplacé par **qu'il**. *Je pense qu'elle va venir. Je pense qu'il va venir.*
quel est un adjectif exclamatif ou interrogatif qui détermine un nom masculin.	**quel** ne peut pas être remplacé par **qu'il**. *Quel film! Quel train prends-tu?*
quelle est un adjectif exclamatif ou interrogatif qui détermine un nom féminin.	**quelle** ne peut pas être remplacé par **qu'il**. *Quelle aventure! Quelle heure est-il?*

322 sa, ça et çà

QUELLE EST LA DIFFÉRENCE DE NATURE ?	COMMENT LES DISTINGUER ?
sa est un adjectif possessif qui détermine un nom féminin.	**sa** peut être remplacé par **son** + nom masculin. *Mon père lave sa voiture. Mon père lave son camion.*
ça est un pronom démonstratif.	**ça** peut être remplacé par **cela**. *Ça m'ennuie beaucoup. Cela m'ennuie beaucoup.*
çà est un adverbe, employé dans l'expression **çà et là**, qui indique le lieu.	**çà** peut être remplacé par **ici**. *Je trouvais des champignons çà et là. Je trouvais des champignons ici et là.*

REMARQUE *çà peut être employé comme interjection :* ça alors!

323 *sans* et *s'en*

QUELLE EST LA DIFFÉRENCE DE NATURE ?	COMMENT LES DISTINGUER ?
sans est une préposition.	**sans** est le contraire de **avec**. Il peut se trouver devant un nom ou devant un verbe à l'infinitif. *Il boit son café sans sucre.* *Il boit son café avec du sucre.* *Il est parti sans payer son repas.*
s'en est formé du pronom **s'** (appartenant à un verbe pronominal) et de **en**, pronom personnel.	**s'en** est toujours placé devant un verbe conjugué. *Son dictionnaire, il ne s'en sert jamais.*

324 *son* et *sont*

QUELLE EST LA DIFFÉRENCE DE NATURE ?	COMMENT LES DISTINGUER ?
son est un adjectif possessif.	Si l'on met la phrase à l'imparfait : – **son** ne change pas. *Son père travaille avec le mien.* *Son père travaillait avec le mien.*
sont est une forme conjuguée du verbe *être*.	– **sont** devient **étaient.** *Mes enfants sont partis au collège.* *Mes enfants étaient partis au collège.*

325 *tout* et *tous*

QUELLE EST LA DIFFÉRENCE DE NATURE ?	COMMENT LES DISTINGUER ?
tout est un pronom indéfini sujet ou complément du verbe. Il est invariable.	**tout** peut être remplacé par **le tout**. *Gardez tout.* *Gardez le tout.*
tout est un adjectif indéfini (**tout** homme).	**tout** peut être remplacé par **chaque** ou **n'importe quel**.
tout est un adverbe. Il est invariable, sauf devant un nom féminin commençant par une consonne (**toute** triste, **toutes** tristes).	**tout** peut être remplacé par **complètement** ou **vraiment**. *Ils étaient tout étonnés.* *Ils étaient vraiment étonnés.*
tous est un adjectif indéfini. Il qualifie toujours un nom pluriel.	Devant **les** + un nom, on écrit **tous**. *Tous les amis étaient venus.*

La conjugaison des verbes

326 Les affixes des trois groupes de verbes

Toute forme verbale peut se décomposer en différents éléments : les radicaux (en noir) et les affixes (en rouge). Ces éléments peuvent varier d'une personne à l'autre, d'un temps à l'autre, d'un groupe de verbes à l'autre.

1ER GROUPE   2E GROUPE   3E GROUPE

■ INDICATIF

présent

aim-e	fini-s	ouvr-e	dor-s	met-s	veu-x
aim-es	fini-s	ouvr-es	dor-s	met-s	veu-x
aim-e	fini-t	ouvr-e	dor-t	met	veu-t
aim-ons	fini-ss-ons	ouvr-ons	dorm-ons	mett-ons	voul-ons
aim-ez	fini-ss-ez	ouvr-ez	dorm-ez	mett-ez	voul-ez
aim-ent	fini-ss-ent	ouvr-ent	dorm-ent	mett-ent	veul-ent

imparfait

aim-ai-s	fini-ss-ai-s	ouvr-ai-s
aim-ai-s	fini-ss-ai-s	ouvr-ai-s
aim-ai-t	fini-ss-ai-t	ouvr-ai-t
aim-i-ons	fini-ss-i-ons	ouvr-i-ons
aim-i-ez	fini-ss-i-ez	ouvr-i-ez
aim-ai-ent	fini-ss-ai-ent	ouvr-ai-ent

passé simple

aim-ai	fin-is	ouvr-is	voul-us	t-ins
aim-as	fin-is	ouvr-is	voul-us	t-ins
aim-a	fin-it	ouvr-it	voul-ut	t-int
aim-âmes	fin-îmes	ouvr-îmes	voul-ûmes	t-înmes
aim-âtes	fin-îtes	ouvr-îtes	voul-ûtes	t-întes
aim-èrent	fin-irent	ouvr-irent	voul-urent	t-inrent

futur simple

aim-er-ai	fini-r-ai	ouvri-r-ai
aim-er-as	fini-r-as	ouvri-r-as
aim-er-a	fini-r-a	ouvri-r-a
aim-er-ons	fini-r-ons	ouvri-r-ons
aim-er-ez	fini-r-ez	ouvri-r-ez
aim-er-ont	fini-r-ont	ouvri-r-ont

1ᴱᴿ GROUPE	2ᴱ GROUPE	3ᴱ GROUPE		

■ CONDITIONNEL

présent

1ᴱᴿ GROUPE	2ᴱ GROUPE	3ᴱ GROUPE
aim-er-ai-s	fini-r-ai-s	ouvri-r-ai-s
aim-er-ai-s	fini-r-ai-s	ouvri-r-ai-s
aim-er-ai-t	fini-r-ai-t	ouvri-r-ai-t
aim-er-i-ons	fini-r-i-ons	ouvri-r-i-ons
aim-er-i-ez	fini-r-i-ez	ouvri-r-i-ez
aim-er-ai-ent	fini-r-ai-ent	ouvri-r-ai-ent

■ SUBJONCTIF

présent

1ᴱᴿ GROUPE	2ᴱ GROUPE	3ᴱ GROUPE
aim-e	fini-ss-e	ouvr-e
aim-es	fini-ss-es	ouvr-es
aim-e	fini-ss-e	ouvr-e
aim-i-ons	fini-ss-i-ons	ouvr-i-ons
aim-i-ez	fini-ss-i-ez	ouvr-i-ez
aim-ent	fini-ss-ent	ouvr-ent

imparfait

1ᴱᴿ GROUPE	2ᴱ GROUPE	3ᴱ GROUPE		
aim-a-ss-e	fini-ss-e	ouvr-i-ss-e	t-in-ss-e	voul-u-ss-e
aim-a-ss-es	fini-ss-es	ouvr-i-ss-es	t-in-ss-es	voul-u-ss-es
aim-â-t	finî-t	ouvr-î-t	t-în-t	voul-û-t
aim-a-ss-i-ons	fini-ss-i-ons	ouvr-i-ss-i-ons	t-in-ss-i-ons	voul-u-ss-i-ons
aim-a-ss-i-ez	fini-ss-i-ez	ouvr-i-ss-i-ez	t-in-ss-i-ez	voul-u-ss-i-ez
aim-a-ss-ent	fini-ss-ent	ouvr-i-ss-ent	t-in-ss-ent	voul-u-ss-ent

■ IMPÉRATIF

présent

1ᴱᴿ GROUPE	2ᴱ GROUPE	3ᴱ GROUPE	
aim-e	fini-s	ouvr-e	dor-s
aim-ons	fini-ss-ons	ouvr-ons	dorm-ons
aim-ez	fini-ss-ez	ouvr-ez	dorm-ez

■ PARTICIPE

présent

1ᴱᴿ GROUPE	2ᴱ GROUPE	3ᴱ GROUPE
aim-ant	fini-ss-ant	ouvr-ant

passé

1ᴱᴿ GROUPE	2ᴱ GROUPE	3ᴱ GROUPE			
aim-é	fin-i	dorm-i	ten-u	pri-s	écri-t
				clo-s	ouver-t
				absou-s	mor-t

■ INFINITIF

présent

1ᴱᴿ GROUPE	2ᴱ GROUPE	3ᴱ GROUPE		
aim-e-r	fin-i-r	ouvr- i-r	voul-oi-r	croi-r-e

327 Verbes en -cer : *je place, nous plaçons*

Les verbes se terminant par *-cer* (***placer***, ***annoncer***, ***déplacer***...) prennent une cédille sous le *c* (*ç*) devant ***a*** et ***o*** :

– à la 1re personne du pluriel du présent de l'indicatif;	*nous plaçons*
– aux trois personnes du singulier et à la 3e personne du pluriel de l'imparfait de l'indicatif;	*je plaçais*
– aux trois personnes du singulier et aux deux premières personnes du pluriel du passé simple de l'indicatif;	*je plaçai*
– à toutes les personnes de l'imparfait du subjonctif;	*que je plaçasse*
– à la 1re personne du pluriel du présent de l'impératif;	*plaçons*
– au participe présent.	*plaçant*

328 Verbes en -ger : *je mange, nous mangeons*

Les verbes se terminant par *-ger* (***manger***, ***nager***, ***bouger***...) conservent leur ***e*** après le **g** devant ***a*** et ***o*** :

– à la 1re personne du pluriel du présent de l'indicatif;	*nous mangeons*
– aux trois personnes du singulier et à la 3e personne du pluriel de l'imparfait de l'indicatif;	*je mangeais*
– aux trois personnes du singulier et aux deux premières personnes du pluriel du passé simple de l'indicatif;	*je mangeai*
– à toutes les personnes de l'imparfait du subjonctif;	*que je mangeasse*
– à la 1re personne du pluriel du présent de l'impératif;	*mangeons*
– au participe présent.	*mangeant*

329 Verbes en -e + consonne + er : *je pèse, nous pesons*

Les verbes se terminant par *-e* + consonne + *er* (***peser***, ***semer***, ***sevrer***...), qui se conjuguent sur le modèle de ***peser***, changent le premier ***e*** (le ***e*** du radical) en ***è*** :

– aux trois personnes du singulier et à la 3e personne du pluriel du présent de l'indicatif;	*je pèse*
– à toutes les personnes du futur simple de l'indicatif;	*je pèserai*
– aux trois personnes du singulier et à la 3e personne du pluriel du présent du subjonctif;	*que je pèse*
– à toutes les personnes du présent du conditionnel;	*je pèserais*
– à la 2e personne du singulier du présent de l'impératif.	*pèse*

❗ **Les verbes se terminant par** *-eler* **et** *-eter* → **331, 332.**

330 Verbes en *-é + consonne + er* : *je cède, nous cédons*

Les verbes se terminant par *-é* + consonne + *er* (*céder, célébrer, régler*...),
qui se conjuguent sur le modèle de *céder*, changent le *é* en *è* :

– aux trois personnes du singulier et à la 3ᵉ personne
du pluriel du présent de l'indicatif ;   *je cède*
– aux trois personnes du singulier et à la 3ᵉ personne
du pluriel du présent du subjonctif ;   *que je cède*
– à la 2ᵉ personne du singulier du présent de l'impératif.   *cède*

REMARQUE La conjugaison de ces verbes peut maintenant s'aligner sur celle de *peser*
→ 386.

331 Verbes se terminant par *-eler* : *je gèle, j'appelle*

■ **Règle 1**

Les verbes suivants se terminant par *-eler* (*celer, ciseler, congeler, déceler,
décongeler, dégeler, démanteler, écarteler, geler, harceler, marteler, modeler,
peler, receler, recongeler, regeler, remodeler, surgeler*) changent le premier *e*
(le *e* du radical) en *è* :

– aux trois personnes du singulier et à la 3ᵉ personne
du pluriel du présent de l'indicatif ;   *je gèle*
– à toutes les personnes du futur simple de l'indicatif ;   *je gèlerai*
– aux trois personnes du singulier et à la 3ᵉ personne
du pluriel du présent du subjonctif ;   *que je gèle*
– à toutes les personnes du présent du conditionnel ;   *je gèlerais*
– à la 2ᵉ personne du singulier du présent de l'impératif.   *gèle*

■ **Règle 2**

Pour tous les autres verbes se terminant par *-eler*, *l* devient *ll* :

– aux trois personnes du singulier et à la 3ᵉ personne
du pluriel du présent de l'indicatif ;   *j'appelle*
– à toutes les personnes du futur simple de l'indicatif ;   *j'appellerai*
– aux trois personnes du singulier et à la 3ᵉ personne
du pluriel du présent du subjonctif ;   *que j'appelle*
– à toutes les personnes du présent du conditionnel ;   *j'appellerais*
– à la 2ᵉ personne du singulier du présent de l'impératif.   *appelle*

REMARQUE **Nouvelle orthographe** → 386.

Verbes en *-eter* : *j'achète, je jette*

■ **Règle 1**

Les verbes suivants se terminant par *-eter* (*acheter, bêcheveter, bégueter, corseter, crocheter, fileter, fureter, haleter, racheter*) changent le premier *e* (le *e* du radical) en *è* :

– aux trois personnes du singulier et à la 3ᵉ personne du pluriel du présent de l'indicatif ;	*j'achète*
– à toutes les personnes du futur simple de l'indicatif ;	*j'achèterai*
– aux trois personnes du singulier et à la 3ᵉ personne du pluriel du présent du subjonctif ;	*que j'achète*
– à toutes les personnes du présent du conditionnel ;	*j'achèterais*
– à la 2ᵉ personne du singulier du présent de l'impératif.	*achète*

■ **Règle 2**

Pour tous les autres verbes se terminant par *-eter*, *t* devient *tt* :

– aux trois personnes du singulier et à la 3ᵉ personne du pluriel du présent de l'indicatif ;	*je jette*
– à toutes les personnes du futur simple de l'indicatif ;	*je jetterai*
– aux trois personnes du singulier et à la 3ᵉ personne du pluriel du présent du subjonctif ;	*que je jette*
– à toutes les personnes du présent du conditionnel ;	*je jetterais*
– à la 2ᵉ personne du singulier du présent de l'impératif.	*jette*

REMARQUE Nouvelle orthographe → **386**.

Verbes en *-ayer* : *je paye* ou *je paie, nous payons*

Pour les verbes se terminant par *-ayer* (*payer, balayer, rayer...*), qui se conjuguent sur le modèle de payer, deux conjugaisons sont possibles : le *y* est conservé à tous les modes et à tous les temps ; le *y* se change en *i* devant un *e* muet (que l'on n'entend pas) :

– aux trois personnes du singulier et à la 3ᵉ personne du pluriel du présent de l'indicatif ;	*je paye ou je paie*
– à toutes les personnes du futur simple de l'indicatif ;	*je payerai ou je paierai*

– aux trois personnes du singulier et à la 3ᵉ personne
du pluriel du présent du subjonctif;   *que je paye ou que je paie*
– à toutes les personnes du présent du conditionnel;   *je payerais ou je paierais*
– à la 2ᵉ personne du singulier du présent
de l'impératif.   *paye ou paie*

REMARQUE Le *y* est suivi d'un *i* :
– aux deux premières personnes du pluriel de l'imparfait de l'indicatif;
nous payions, vous payiez
– aux deux premières personnes du pluriel du présent du subjonctif.
que nous payions, que vous payiez

334 **Verbes en *-oyer* et en *-uyer* : *j'aboie, nous essuyons***

Pour les verbes se terminant par *-oyer* et *-uyer* (*aboyer, essuyer*...),
le *y* se change en *i* devant un *e* muet (que l'on n'entend pas) :

– aux trois personnes du singulier et à la 3ᵉ personne
du pluriel du présent de l'indicatif;   *j'aboie, j'essuie*
– à toutes les personnes du futur simple de l'indicatif;   *j'aboierai, j'essuierai*
– aux trois personnes du singulier et à la 3ᵉ personne
du pluriel du présent du subjonctif;   *que j'aboie, que j'essuie*
– à toutes les personnes du présent du conditionnel;   *j'aboierais, j'essuierais*
– à la 2ᵉ personne du singulier du présent
de l'impératif.   *aboie, essuie*

REMARQUE Le *y* est suivi d'un *i* :
– aux deux premières personnes du pluriel de l'imparfait de l'indicatif;
nous aboyions, vous aboyiez, nous essuyions, vous essuyiez
– aux deux premières personnes du pluriel du présent du subjonctif.
que nous aboyions, que vous aboyiez, que nous essuyions, que vous essuyiez

335 Verbes en *-eyer* : *je faseye, nous faseyons*

Pour les verbes se terminant par *-eyer* (*volleyer*, *faseyer*), le *y* est conservé à tous les modes et à tous les temps.

> *je faseye*

REMARQUE Le *y* est suivi d'un *i* :
– aux deux premières personnes du pluriel de l'imparfait de l'indicatif ;
> *nous faseyions, vous faseyiez*
– aux deux premières personnes du pluriel du présent du subjonctif.
> *que nous faseyions, que vous faseyiez*

336 Verbe *haïr* : *je hais, nous haïssons*

• Dans la conjugaison du verbe *haïr*, le *ï* devient *i* :

– aux trois personnes du singulier du présent de l'indicatif ;   *je hais, tu hais, il hait*
– à la 2ᵉ personne du singulier du présent de l'impératif.   *hais*

• Le *ï* se maintient à toutes les autres personnes du présent et de l'impératif, ainsi qu'à tous les autres temps.

> *haïssez, nous haïssons*

REMARQUE
– Le *h* du verbe *haïr* est dit «aspiré» : il ne s'élide pas.
> *je hais ≠ j'aime*
– La présence du tréma change la prononciation du radical.
> *je hais [ɛ], nous haïssons [aisɔ̃]*

337 Verbes en *-tir* : *je sors, nous sortons*

Les verbes se terminant par *-tir* (*mentir*, *sortir*, *partir*...), qui se conjuguent sur le modèle de *partir*, perdent leur *t* :

– aux deux premières personnes du singulier
du présent de l'indicatif ;   *je pars, tu pars*
– à la 2ᵉ personne du singulier du présent de l'impératif.   *pars*

❶ Les verbes *vêtir*, *dévêtir* et *revêtir* conservent le *t*.
> *je vêts, tu vêts, vêts*

338 Verbes *mourir* et *courir* : *je mourrai, je courrai*

Pour les verbes *mourir*, *courir* et ceux de la famille de *courir* (*parcourir, secourir...*), le *r* devient *rr* :

– à toutes les personnes du futur simple de l'indicatif ;   *je mourrai, je courrai*
– à toutes les personnes du présent du conditionnel.   *je mourrais, je courrais*

339 Verbes *fuir, s'enfuir, croire* et verbes en *-raire* :
je fuis, je fuyais, je crois, je croyais, je trais, je trayais

Dans la conjugaison des verbes *fuir, s'enfuir, croire* et des verbes se terminant par *-raire* (*traire, distraire...*), le *i* se change en *y* :

– aux deux premières personnes du pluriel du présent   *nous fuyons,*
de l'indicatif ;   *vous fuyez*
– à toutes les personnes de l'imparfait de l'indicatif ;   *je fuyais*
– aux deux personnes du pluriel du présent de l'impératif.   *fuyons, fuyez*

REMARQUE Le *y* est suivi d'un *i* :
– aux deux premières personnes du pluriel de l'imparfait de l'indicatif ;
nous fuyions, vous fuyiez
– aux deux premières personnes du pluriel du présent du subjonctif.
que nous fuyions, que vous fuyiez

340 Verbes en *-cevoir* : *je reçois, nous recevons*

Les verbes se terminant par *-cevoir* (*recevoir, apercevoir, décevoir...*) prennent une cédille sous le *c* (*ç*) devant *a*, *o* et *u* :

– aux trois personnes du singulier et à la 3ᵉ personne
du pluriel du présent de l'indicatif ;   *je reçois*
– à toutes les personnes du passé simple de l'indicatif ;   *je reçus*
– aux trois personnes du singulier et à la 3ᵉ personne
du pluriel du présent du subjonctif ;   *que je reçoive*
– à toutes les personnes de l'imparfait du subjonctif ;   *que je reçusse*
– à la 2ᵉ personne du singulier du présent de l'impératif ;   *reçois*
– au participe passé.   *reçu*

341 Verbes *devoir* et *redevoir* : *dû, redû*

Les participes passés des verbes *devoir* et *redevoir* s'écrivent avec un accent circonflexe (ˆ) au masculin singulier (mais ni au féminin, ni au pluriel).

    dû, redû

■ **Règle 1**

Les verbes *s'asseoir* et *se rasseoir* ont deux conjugaisons possibles à toutes les personnes des temps suivants :

	PREMIÈRE FORME	DEUXIÈME FORME
– le présent de l'indicatif ;	*je m'assieds*	*je m'assois*
– l'imparfait de l'indicatif ;	*je m'asseyais*	*je m'assoyais*
– le futur simple de l'indicatif ;	*je m'assiérai*	*je m'assoirai*
– le présent du subjonctif ;	*que je m'asseye*	*que je m'assoie*
– le présent du conditionnel ;	*je m'assiérais*	*je m'assoirais*
– l'impératif présent ;	*assieds*	*assois*
– le participe présent.	*asseyant*	*assoyant*

■ **Règle 2**

Dans les deux formes, le *i* devient *y* :

	PREMIÈRE FORME	DEUXIÈME FORME
– aux deux premières personnes du pluriel du présent de l'indicatif ;	*nous nous asseyons*	*nous nous assoyons*
– à l'imparfait de l'indicatif ;	*je m'asseyais*	*je m'assoyais*
– aux deux personnes du pluriel du présent de l'impératif.	*asseyez-vous*	*assoyez-vous*

■ **Règle 3**

Dans la première forme, le *i* devient *y* à la 3ᵉ personne du pluriel du présent de l'indicatif et à toutes les personnes du présent du subjonctif.

ils s'asseyent, que je m'asseye

■ **Règle 4**

Dans la deuxième forme, le *i* devient *y* aux deux premières personnes du pluriel du présent du subjonctif.

que vous vous assoyez

REMARQUE *ey* est suivi d'un *i* :

	PREMIÈRE FORME	DEUXIÈME FORME
– aux deux premières personnes du pluriel de l'imparfait de l'indicatif ;	*nous nous asseyions*	*nous nous assoyions*
– aux deux premières personnes du pluriel du présent du subjonctif.	*que n. n. asseyions*	*que n. n. assoyions*

343 Verbe *surseoir* : *je sursois, nous sursoyons, je surseoirai*

■ **Règle 1**
Le verbe *surseoir* garde le *e* du radical :

– au futur simple de l'indicatif ;   *je surseoirai*
– au présent du conditionnel.   *je surseoirais*

Il le perd à tous les autres temps.

■ **Règle 2**
Le *i* se change en *y* :

– aux deux premières personnes du pluriel
  du présent de l'indicatif ;   *nous sursoyons*
– à toutes les personnes de l'imparfait de l'indicatif ;   *je sursoyais*
– aux deux premières personnes du pluriel
  du présent du subjonctif ;   *que nous sursoyons*
– aux deux personnes du pluriel du présent de l'impératif.   *sursoyez*

REMARQUE Le *y* est suivi d'un *i* aux deux premières personnes du pluriel de l'imparfait de l'indicatif et du présent du subjonctif (*nous sursoyions, que nous sursoyions*).

344 Verbes *vaincre* et *convaincre* : *je vaincs, nous vainquons*

■ **Règle 1**
Les verbes *vaincre* et *convaincre* conservent le *c* :

– aux trois personnes du singulier du présent de l'indicatif ;   *je vaincs, tu vaincs,*
                                                                            il vainc
– à toutes les personnes du futur simple de l'indicatif ;   *je vaincrai*
– à toutes les personnes du présent du conditionnel ;   *je vaincrais*
– à la 2ᵉ personne du singulier du présent de l'impératif ;   *vaincs*
– au participe passé.   *vaincu*

■ **Règle 2**
À toutes les autres personnes et aux autres temps, le *c* se change en *qu*.

   nous vainquons

REMARQUE Le participe présent de *vaincre* s'écrit avec *qu* : *vainquant*.
L'adjectif verbal (issu du participe présent) s'écrit avec un *c* : *convaincant*.

345 Verbes en *-eindre*, *-oindre* et *-aindre* :
je peins, nous peignons

■ **Règle 1**

Dans la conjugaison des verbes se terminant par *-eindre*, *-oindre* et *-aindre*
(*peindre, joindre, craindre...*), le *d* qui apparaît à l'infinitif se conserve seulement :

– à toutes les personnes du futur de l'indicatif ;	*je peindrai, je joindrai, je craindrai*
– à toutes les personnes du présent du conditionnel.	*je peindrais, je joindrais, je craindrais*

■ **Règle 2**

Ces verbes conservent les sons [ɛ̃] et [wɛ̃] des radicaux :

– aux trois personnes du singulier du présent de l'indicatif ;	*je peins, je joins, je crains*
– à la 2ᵉ personne du singulier du présent de l'impératif ;	*peins, joins, crains*
– au participe passé.	*peint, joint, craint*

■ **Règle 3**

Toutes les autres personnes et tous les autres temps perdent ce son et
ajoutent *gn* au radical : *nous peignons, nous joignons, nous craignons.*

346 Verbes en *-soudre* : *j'absous, nous absolvons*

■ **Règle 1**

Dans la conjugaison des verbes se terminant par *-soudre* (*absoudre, résoudre*
et *dissoudre*), le *d* se conserve :

– à toutes les personnes du futur de l'indicatif ;	*je dissoudrai*
– à toutes les personnes du présent du conditionnel.	*je dissoudrais*

■ **Règle 2**

Ces verbes conservent le son [w] du radical :

– aux trois personnes du singulier du présent de l'indicatif ;	*je dissous*
– à la 2ᵉ personne du singulier du présent de l'impératif ;	*dissous*
– au participe passé.	*dissous (dissoute)*

■ **Règle 3**

À toutes les autres personnes et à tous les autres temps [w] devient [ɔlv] :
je résolvais

REMARQUE Le passé simple de l'indicatif et l'imparfait du subjonctif des verbes *absoudre* et *dissoudre* n'existent pas.

Pour l'orthographe des participes passés → 390.

347 Verbes *faire, défaire, refaire* : *je fais, vous faites, nous faisions*

Le verbe *faire* et les verbes de la même famille perdent le *ai* du radical :

– à la 3ᵉ personne du pluriel du présent de l'indicatif ;	*ils font*
– à toutes les personnes du passé simple de l'indicatif ;	*je fis*
– à toutes les personnes du futur simple de l'indicatif ;	*je ferai*
– à toutes les personnes du présent du subjonctif ;	*que je fasse*
– à toutes les personnes de l'imparfait du subjonctif ;	*que je fisse*
– à toutes les personnes du présent du conditionnel.	*je ferais*

REMARQUE À la 1ʳᵉ personne du pluriel du présent de l'indicatif et à toutes les personnes de l'imparfait de l'indicatif, on prononce [fə] mais on écrit *fai* : *nous faisons, je faisais*

La 2ᵉ personne du pluriel du présent de l'indicatif est irrégulière : *vous faites*

348 Verbes en *-aître* : *je connais, il connaît*

Dans la conjugaison des verbes se terminant par *-aître* (*connaître, disparaître, comparaître*...), le *î* du radical se conserve lorsqu'il est suivi d'un *t*.

– à la 3ᵉ personne du singulier du présent de l'indicatif ;	*il connaît*
– à toutes les personnes du futur de l'indicatif ;	*je connaîtrai*
– à toutes les personnes du présent du conditionnel.	*je connaîtrais*

REMARQUE Nouvelle orthographe → 385.

349 Verbes *dire* et *redire* : *vous dites*

• Les verbes *dire* et *redire* ont une forme particulière à la 2ᵉ personne du pluriel du présent de l'indicatif et de l'impératif présent.

> *vous dites, vous redites, dites, redites*

• Les autres verbes se terminant par *-dire* (*contredire, dédire, interdire, médire, prédire*) sont réguliers à ces personnes.

> *vous interdisez, contredisez*

❶ *vous maudissez.*

350 Verbe *croître* : *je croîs, il croît, crû*

■ **Règle 1**
Le verbe *croître* garde un *î* :

– aux trois premières personnes du présent de l'indicatif ;	*je croîs*
– à toutes les personnes du futur de l'indicatif ;	*je croîtrai*
– à toutes les personnes du présent du conditionnel ;	*je croîtrais*
– à la 2ᵉ personne du singulier de l'impératif présent.	*croîs*

■ **Règle 2**
Le verbe *croître* prend un *û* :

– à toutes les personnes du passé simple de l'indicatif ;	*je crûs*
– à toutes les personnes de l'imparfait du subjonctif ;	*que je crûsse*
– au participe passé quand il est au masculin singulier.	*crû*

351 Verbes en *-croître* : *j'accrois, il accroît, accru*

La conjugaison des verbes se terminant par *-croître* (*accroître, décroître et recroître*) conserve le *î* du radical lorsqu'il est suivi d'un *t* :

– à la 3ᵉ personne du singulier du présent de l'indicatif ;	*il accroît*
– à toutes les personnes du futur de l'indicatif ;	*j'accroîtrai*
– à toutes les personnes du présent du conditionnel.	*j'accroîtrais*

REMARQUE Contrairement au verbe *croître* (→ 350), les verbes *accroître, décroître* et *recroître* n'ont pas de *î* aux deux premières personnes du singulier ni de forme verbale contenant un *û*, sauf *recroître* dont le participe passé est *recrû* au masculin singulier.

352 Verbes *battre* et *mettre* : *je bats, tu bats*

Les verbes *battre* et *mettre* et les verbes de la même famille (*débattre, remettre*...) perdent un *t* de leur radical :

– aux trois personnes du singulier du présent de l'indicatif ;	*je bats, je mets*
– à la 2ᵉ personne du singulier du présent de l'impératif.	*bats, mets*

Les homophonies verbales

353 -é ou -er à la fin du verbe : *parler* ou *parlé*

QUELLE EST LA DIFFÉRENCE ?

-é est la terminaison du participe passé des verbes du 1er groupe :
chanté, mangé, joué...

-er est la terminaison de l'infinitif des verbes du 1er groupe :
chanter, manger, jouer...

COMMENT LES DISTINGUER ?

On peut remplacer le participe passé terminé par **-é** par un participe passé d'un verbe du 3e groupe.
Il a acheté un livre.
Il a vendu un livre.

On peut remplacer l'infinitif du verbe du 1er groupe par l'infinitif d'un verbe du 3e groupe.
Elle veut marcher dehors.
Elle veut courir dehors.

REMARQUE Le participe passé en -é peut s'accorder et s'écrire -ée, -és, -ée. → **304**

354 -ai ou -ais à la fin du verbe : *je chantai* ou *je chantais*

QUELLE EST LA DIFFÉRENCE ?

-ai est la terminaison de la 1re personne du singulier du passé simple des verbes du 1er groupe et du verbe **aller** :
j'aimai, je mangeai, j'allai...

-ais est la terminaison de la 1re personne du singulier de l'imparfait de l'indicatif pour tous les groupes de verbes :
j'aimais, je finissais, je pouvais...

COMMENT LES DISTINGUER ?

Si l'on conjugue le verbe à la 2e personne du singulier, **-ai** devient **-as**.
Je chantai ce matin.
Tu chantas ce matin.

Si l'on conjugue le verbe à la 2e personne du singulier, **-ais** reste **-ais**.
Je chantais tous les jours.
Tu chantais tous les jours.

355   *-rai* ou *-rais* à la fin du verbe : *je mangerai* ou *je mangerais*

QUELLE EST LA DIFFÉRENCE ?

-rai est la terminaison de la 1re personne du singulier du futur simple pour les trois groupes de verbes :
j'aimerai, je finirai, je dormirai...

-rais est la terminaison de la 1re personne du singulier du conditionnel présent pour les trois groupes de verbes : *j'aimerais, je finirais, je dormirais...*

COMMENT LES DISTINGUER ?

Si l'on conjugue le verbe à la 2e personne du singulier, **-rai** devient **-ras**.
Je sortirai après dîner.
Tu sortiras après dîner.

Si l'on conjugue le verbe à la 2e personne du singulier, **-rais** reste **-rais**.
Si tu le voulais, je sortirais maintenant.
Si tu le voulais, tu sortirais maintenant.

356   *-is*, *-it* ou *-i* à la fin du verbe : *je mis, il mit, il a mis, il a suivi*

QUELLE EST LA DIFFÉRENCE ?

-is, **-is**, **-it** peuvent être les terminaisons des trois personnes du singulier du passé simple des verbes des 2e et 3e groupes : *je finis, je dormis...*

-i peut être la terminaison du participe passé d'un verbe en **-ir** à l'infinitif (verbes des 2e et 3e groupes) : *fini, dormi...*

-is peut être la terminaison du participe passé d'un verbe du 3e groupe : *mis, pris...*

-it peut être la terminaison du participe passé d'un verbe du 3e groupe : *écrit...*

COMMENT LES DISTINGUER ?

Si l'on conjugue le verbe à la 3e personne du pluriel, **-is** et **-it** deviennent **-irent**.
Je sortis de bonne heure. Tu sortis de bonne heure. Il sortit de bonne heure.
Ils sortirent de bonne heure.

Le e du féminin est muet : **i** devient **ie**.
Le garçon est parti.
La fille est partie.

Au féminin, **-is** devient **-ise**.
On entend le son [z].
Le poème est appris.
La leçon est apprise.

Au féminin, **-it** devient **-ite**.
On entend le **t**.
Le message est écrit.
La lettre est écrite.

Le vocabulaire

*Les numéros renvoient
aux numéros des paragraphes.*

Les homonymes

une amande, une amende

à	Il n'y a qu'à regarder.
ah	ah ! l'orthographe
ha	Ha, ha, ha, laissez-moi rire !
à-valoir	Un à-valoir est un acompte.
avaloir	L'avaloir de l'égout est obstrué.
abbé	l'abbé de la paroisse
abée	l'abée du moulin
accord	l'accord du piano
	la signature de l'accord
accore	une côte accore
accort	Accort est synonyme d'habile.
acore	la fleur d'un acore
acétique	de l'acide acétique
ascétique	une vie ascétique
acné	l'acné juvénile
haquenée	La baronne montait une haquenée.
acquêts	la communauté réduite aux acquêts
haquet	un haquet attelé de mules
acquis	l'acquis de la Révolution française
acquit	par acquit de conscience
acre	Une acre [a] faisait un bon demi-hectare.
âcre	l'odeur âcre [a] des feux d'automne
addition	L'addition est une opération simple.
adition	l'adition en droit romain
age	l'age [a] central de la charrue
âge	avoir l'âge [ɑ] de ses artères

aïe	Aïe ! cela fait mal.
ail	pas d'ailloli sans ail
	(au pluriel : les ails ou les aulx)
aile	Il s'envola à tire-d'aile(s).
elle	Elle parle peu.
aine	le pli de l'aine
haine	un cri de haine
air	prendre l'air – un air connu
aire	l'aire de stationnement
ère	l'ère tertiaire
erre	l'erre du pétrolier
ers	L'ers est une plante fourragère.
haire	un drap en haire
hère	Cet homme est un pauvre hère.
alêne	L'alêne du cordonnier est une aiguille.
allène	L'allène est un hydrocarbure.
haleine	Il a mauvaise haleine.
alentour	personne dans le refuge ni alentour
alentours	Les alentours étaient déserts.
alfa	du papier d'alfa
alpha	l'alpha et l'oméga
allaitement	l'allaitement du bébé
halètement	le halètement des asthmatiques
aller	aller et venir
hâler	hâler la peau au soleil
haler	haler une péniche
allô	Allô ! qui demandez-vous ?
halo	le halo de la pleine lune

allogène	une population allogène		ara	Un ara est un grand perroquet.
halogène	une lampe halogène		haras	un haras de chevaux de course
aman	demander l'aman : demander grâce		arcane	l'arcane de l'alchimiste
amman	amman : titre donné à des magistrats en Suisse			les arcanes de la psychanalyse
amant	l'amant et sa maîtresse		arcanne	un trait rouge tracé à l'arcanne
amande	L'amande est riche en huile.		archée	l'archée [e] des alchimistes
amende	payer une bonne amende		archer	l'archer [e] et son arc
			archet	l'archet [ɛ] du violoniste
amen	Il lui a dit amen sans réfléchir.		are	un jardinet d'un are
amène	un ton peu amène		arrhes	verser des arrhes à la commande
			ars	saigner un cheval aux ars
ammoniac	le gaz ammoniac		art	les règles de l'art
ammoniaque	L'ammoniaque est une solution aqueuse du gaz.		hart	Une hart est un lien d'osier.
			arienne	l'hérésie arienne
an – en	en l'an mille		aryenne	Le mythe de la race aryenne était sans fondement.
han	Le bûcheron fit han !			
anal	le stade anal de la petite enfance		arôme	l'arôme [o] d'un vin
annales	Les archivistes consultent les annales.		arum	cueillir des arums [ɔ]
anche	l'anche du saxophone		arrêt	l'arrêt de l'autobus
hanche	une luxation de la hanche		haret	Le chat haret craint l'homme.
ancre	Le bateau lève l'ancre		as	l'as de pique
encre	une tache d'encre		asse	Une asse est un outil.
anse	l'anse du panier		aster	L'aster a des fleurs en étoiles.
hanse	La hanse était une association de marchands.		hastaire	Le hastaire lança son javelot.
			atèle	Un atèle est un singe.
antre	un antre de bête féroce		attelle	Une attelle a été posée sur son bras.
entre	entre deux portes			
appas	Elle croyait ses appas irrésistibles.		au	s'adresser au président
appât	Les poissons mordent aux appâts.		aulx	L'ancien pluriel d'ail donnait aulx.
			eau	les eaux de pluie
apprêt	une toile sans apprêt		ho - haut	ho ! ho ! vous là-haut !
après	après l'orage...		ô	ô mortel, souviens-toi !
			oh	oh ! la belle eau limpide
aquilain	un cheval aquilain		os	Il n'a que la peau et les os.
aquilin	un nez aquilin			

aubère	Elle aimait la robe du cheval aubère.	autan	L'autan est un vent orageux.
haubert	Le haubert était exposé à la rouille.	autant	Travaillez autant qu'il faudra.
aurifier	aurifier une dent	autel	l'autel d'une église
horrifier	horrifier et terrifier	hôtel	le maître d'hôtel
auspice	l'auspice rituel du magistrat	auteur	l'auteur de ce texte
	sous de fâcheux auspices	hauteur	la hauteur d'une falaise
hospice	l'hospice de vieillards		
		avant	l'avant du navire – avant l'orage
aussi tôt	Je ne vous attendais pas aussi tôt.	avent	le premier dimanche de l'avent
aussitôt	Aussitôt que j'aurai une minute,		
	je vous recevrai.		

358 b

baccara	Le baccara est un jeu pratiqué	balade	faire une balade dans les Vosges
	dans les casinos.	ballade	une ballade de douze couplets
baccarat	Le baccarat est une variété de cristal.		
		balai	donner un coup de balai
bah	Bah ! la chance finira par tourner.	ballet	une danseuse du corps de ballet
bas	Les nuages sont bien bas.		
	une paire de bas de laine	ban	publier les bans
bât	Le bât était placé sur le dos de l'âne.		fermer le ban
			mettre au ban de la nation
bai	un cheval bai [ɛ]	banc	un banc de jardin
baie	le rivage de la baie [ɛ]		un banc d'huîtres
	une baie [ɛ] vitrée		
bée	rester bouche bée [e]	bar	Le bar est un poisson.
bey	la politique du bey [ɛ] de Tunisie		Le bar est une unité de pression.
			le comptoir du bar
baile	Un baile était un administrateur	bard	porter des colis sur un bard
	de biens.	barre	de l'or en barres
bel	un bel oiseau		donner un coup de barre à gauche
belle	une belle fleur		
		barbu	un acteur chauve, barbu
bailler	la bailler belle	barbue	La barbue ressemble au turbot.
bayer	bayer aux corneilles (rêvasser)		
bâiller	bâiller de fatigue – bâiller comme	bardeau	une cabane couverte de bardeaux
	une huître (être entrouvert)	bardot	Le bardot est le croisement
			d'un cheval et d'une ânesse.
bal	le bal du village		
bale	On écrit bale ou balle d'avoine.	basilic	l'arôme du basilic
balle	saisir la balle au bond	basilique	la nef de la basilique

baume	mettre du baume au cœur
bôme	La bôme est perpendiculaire au mât.
baux	Baux est le pluriel de bail.
beau	un beau pied
bot	un pied bot
bécard	Le bécard ou beccard est un poisson.
bécarre	Le bécarre est un signe de musique.
bête	La bête ne lâcha pas sa proie.
bette	La bette est un légume.
bien tôt	Cet auteur se met bien tôt à son ouvrage, avant même le lever du soleil.
bientôt	Cet auteur se mettra bientôt au travail.
bit	Un bit est une unité de codage informatique.
bitte	une bitte d'amarrage
blé	Le blé [e] est mûr.
blet	Un fruit blet [ɛ] n'est pas appétissant.
bon	un bon spectacle
bond	un bond en avant
bonace	une bonace d'avant tempête
bonasse	un air bonasse
boom	le nouveau boom de l'informatique
boum	On entendit un grand boum.
bord	jeter par-dessus bord
bore	Le bore est un métalloïde.
bort	Le bort est un diamant.
boss	Le boss avait perdu l'initiative.
bosse	la bosse du dromadaire une bosse d'amarrage

bote	une hanche bote
botte	une botte de paille des bottes d'équitation pousser une botte avec l'épée
boue	un bain de boue
bout	un bout de ficelle
bouilli	Le cuir bouilli est plus résistant.
bouillie	C'est de la bouillie pour les chats.
bouleau	l'écorce du bouleau
boulot	chercher du boulot un pain de campagne boulot
bourg	le marché du bourg
bourre	une bourre de laine
box	Chaque cheval avait son box. un sac en box noir
boxe	la boxe française
brai	Le brai est un sous-produit du pétrole.
braies	Les braies étaient une sorte de pantalon.
bric	de bric et de broc le bric-à-brac
brick	Le brick est un voilier. le brick à l'œuf
brique	une brique romaine un teint brique
brie	Comme fromage, je prendrai du brie.
bris	L'assurance couvre le bris de glace.
brise	la brise de mer
brize	La brize est une plante sensible au vent.
brocard	lancer des brocards ironiques (brocarder) Un jeune chevreuil est un brocard.
brocart	des rideaux de brocart

brut	du champagne brut ou du sec ?		buté	un homme buté
	en poids brut ou en poids net ?		buter	buter contre un gros caillou
brute	une véritable brute, ce type			buter quelqu'un (familier)
			butter	butter les carottes
but	un but inespéré			
butte	une butte-témoin		butoir	Le butoir arrêta le wagon.
			buttoir	passer le buttoir dans le champ

359 C

ça	Ça, c'est vilain.		cane	le canard et sa cane
çà	çà et là, des arbres abattus		canne	un pommeau de canne
sa	le regret de sa vie			
			caner	caner devant l'obstacle (familier)
cabillaud	la pêche au cabillaud			caner (ou canner) d'une maladie
cabillot	un cabillot d'amarrage			(familier)
			canner	canner un fauteuil
cache	une bonne cache			
	un cache de photographe		cantique	le cantique des cantiques
cash	payer cash		quantique	la physique quantique
caddie	La cliente avait rempli son caddie.		cap	maintenir le cap
caddy	Le caddy, au golf, sert à porter		cape	une cape de matador
	les «clubs»			se mettre à la cape (grand-voile)
cadran	le cadran de l'horloge		capital	un argument capital
quadrant	Le quadrant est un quart de cercle.			le capital souscrit
			capitale	la capitale de la France
cal	le cal de la main d'un karatéka			la peine capitale
cale	la cale d'un navire			
	mettre une cale sous les roues		capre	Le capre [a] fut démâté en pleine course.
			câpre	La câpre [ɑ] est un condiment apprécié.
camp	un lit de camp			
khan	Le khan fit lever le camp.		car	Le car n'avait pas attendu.
quand	Quand reviens-tu ?			Il ne viendra pas, car il est malade.
quant	Quant à moi, je reste.		carre	la carre du ski
			quart	un quart de litre
canar	installer un canar d'aération			
canard	un canard à l'orange		carré	la diagonale du carré
				un nombre carré
canaux	les canaux d'irrigation			le carré des officiers
canot	un canot de sauvetage		carrée	En musique, une carrée vaut
				deux rondes.
				Une carrée est une chambre (familier).

carte	une carte à jouer
	la carte du ciel
quarte	La fièvre quarte vient par
	intermittence.
	L'intervalle do-fa est une quarte.
cartier	Le cartier est un fabricant
	de cartes à jouer.
quartier	le premier quartier de la lune
	le commissariat du quartier
catarrhe	Le médecin s'inquiétait
	de son catarrhe.
cathare	les châteaux cathare
causse	Le causse [o] est un plateau
	calcaire.
cosse	une cosse [ɔ] de petit pois
ce	Ce plat est bon.
se	Il se mange froid.
céans	le maître de céans
séant	se dresser sur son séant
	Ce comportement n'est pas séant.
ceint	les reins ceints
cinq	dans cinq minutes
sain	s'en tirer sain et sauf
saint	le saint patron de la corporation
sein	serrer contre son sein
seing	sous seing privé
céleri	une salade de céleri
sellerie	La sellerie est le métier du sellier.
celles	Ceux et celles qui hésitent encore.
sel	un régime sans sel
selle	se mettre en selle
cellier	Il n'y a plus de vin au cellier.
sellier	Le sellier travaille le cuir.
cendre	la cendre sous le feu
sandre	La (le) sandre est un poisson.

cène	la Cène du Jeudi saint
saine	une vie saine
scène	une scène de théâtre
seine	La seine (ou senne) est un filet.
sen	un sen japonais
cens	l'abolition du cens électoral
sens	le sens unique
censé	Nul n'est censé ignorer la loi.
sensé	Voici un homme sensé !
cent	Donne-moi cent francs.
sang	la circulation du sang
sans	sans doute
centon	un centon satirique
santon	un santon de Provence
cep	le cep de la vigne
cèpe	Le cèpe est un champignon
	comestible.
cerf	chasser le cerf
serf	Le serf regardait le seigneur.
serre	la serre tropicale du jardin
	botanique
	les serres de l'aigle
certes	Vous avez certes raison.
serte	la serte (le sertissage)
ces	Ces perspectives l'effrayaient.
ses	douter de ses propres forces
cession	un acte de cession
session	la session parlementaire
cétacé	La baleine est un cétacé.
sétacé	un poil sétacé
chah	En persan, chah (shah) signifie roi.
chas	le chas d'une aiguille
chat	le chat de la voisine

chaîne	une chaîne de vélo
chêne	une porte en chêne
chair	avoir la chair de poule
chaire	la chaire de philosophie
cher	cher cousin et chère cousine
chère	faire bonne chère
chais	Les chais [ε] sont remplis de vin.
chez	Viens chez [e] nous.
champ	le champ de bataille
chant	le chant du cygne
chape	une chape brodée
	une chape de plomb défectueuse
schappe	des fils de schappe (déchets de soie)
chasse	un rendez-vous de chasse [a]
châsse	La châsse [ɑ] est un coffre où l'on
	garde des reliques.
chassie	les paupières engluées de chassie
châssis	le châssis d'une voiture
chaud	un chaud et froid
chaux	la chaux vive
show	le nouveau show d'une vedette
chaumage	Le chaumage consiste à couper
	le chaume.
chômage	l'augmentation du chômage
chaumer	chaumer après la moisson
chômer	chômer en période de crise
cheik	le cheik arabe (scheikh, cheikh)
chèque	payer par chèque
chemineau	Le chemineau vagabondait.
cheminot	Le cheminot vérifiait la voie ferrée.
chéri	l'enfant chéri du destin
cherry	Le cherry est une liqueur de cerise.
sherry	Le xérès se dit en anglais sherry.

chérif	un chérif du désert d'Arabie
shérif	un shérif de western
chic	un costume du dernier chic
chique	mâcher sa chique
	La chique est une variété de puce.
chimie	L'alchimie précéda la chimie.
shimmy	danser le shimmy
chœur	les chœurs de l'Opéra
cœur	au cœur des débats
cholérique	Un médicament cholérique
	agit sur la bile.
colérique	un homme colérique
choper	choper un rhume (familier)
chopper	chopper, comme achopper, heurter
choral	les chorals de Bach
chorale	la chorale de la paroisse
corral	Le bétail était parqué dans le corral.
chrême	le saint chrême
crème	la crème glacée
chut	Chut ! murmura-t-il.
chute	en chute libre
	les chutes du Niagara
ci	celui-ci
	ci-joint une facture
s'y	Il ne faut pas s'y fier.
scie	découper à la scie
si	sol, la, si
	Si la terre s'arrêtait…
sis	sis à flanc de coteau
six	six francs
cil	Un cil s'était glissé sous
	la paupière.
scille	La scille ressemble à la jacinthe.
cilice	Le pénitent portait le cilice.
silice	Le quartz est de la silice pure.

cime	la cime de l'arbre
cyme	la cyme du myosotis
cinq	cinq hommes
scinque	Un scinque est un reptile.
cire	un cachet de cire
cirre	les cirr(h)es du lierre
sire	un triste sire
cistre	la musique du cistre (genre de mandoline)
sistre	Le sistre était un instrument à percussion.
clac	clac !
claque	un chapeau claque
	en avoir sa claque
	une tête à claques
claie	une simple claie [ɛ] entre les jardins
clé	Il avait perdu sa clé (ou clef) [e].
clair	Il ne fait pas encore clair.
clerc	le clerc de notaire
clause	une clause de sauvegarde
close	trouver porte close
clic	Clic ! le coffre est fermé.
click	faire un click avec la langue
clique	la clique du régiment
	le président et sa clique
cliques	prendre ses cliques et ses claques
cocher	un cocher [e] de fiacre
	cocher [e] un nom sur une liste
cochet	Un cochet [ɛ] est un coquelet.
coi	J'en reste coi.
quoi	Quoi de neuf chez vous ?
coin	le meilleur restaurant du coin
coing	de la gelée de coings

coke	le coke de la chaufferie
	La coke est une abréviation de cocaïne (familier).
coq	le coq du poulailler
	un maître-coq
coque	la coque du navire
	un œuf à la coque
col	les cols [ɔ] des Pyrénées
	le col [ɔ] du fémur
	un col [ɔ] de chemise
colle	la colle [ɔ] à bois
	poser une colle [ɔ] (familier)
	deux heures de colle [ɔ] (familier)
khôl	des yeux peints au khôl [o]
colon	les premiers colons [o] d'Amérique
	l'inspection du colon(el) [ɔ] (familier)
côlon	une inflammation du côlon [o]
coma	être dans le coma
comma	Un comma sépare sol dièse et la bémol.
commande	passer commande
commende	Il avait une abbaye en commende.
comptant	payer comptant
content	Il avait l'air content.
compte	Il a son compte, celui-là !
comte	le comte et la comtesse
conte	un vrai conte de fées
compté	Ses jours étaient comptés.
comté	Le comté est un fromage de Franche-Comté.
	Le comté était en deuil.
compter	compter les coups
conter	conter fleurette

compteur	un compteur électrique	cour	la cour du roi	
conteur	un conteur-né, ce berger !		une cour des miracles	
			Il lui faisait une cour assidue.	
consol	faire un point consol	courre	la chasse à courre	
console	la console de sonorisation	cours	le cours d'histoire, au cours du jour	
		court	aller par le plus court chemin	
cool	une personne « cool », décontractée		un court de tennis	
coule	être « à la coule » signifie être			
	au courant	crac	Crac ! la branche cassa net.	
	La coule est un vêtement	crack	Ce jockey est un crack.	
	à capuchon des religieux.		Le crack est un dérivé de la cocaïne.	
		craque	Il raconte des craques.	
coolie	un coolie chinois ou hindou	krach	le krach de 1929 (crise financière)	
coulis	préparer un coulis d'écrevisses	krak	le krak des Chevaliers (château)	
	Le vent coulis est traître.			
		craie	un morceau de craie	
cor	sonner du cor	crêts	les crêts du Jura	
	un cor au pied			
	à cor et à cri	cric	un cric hydraulique	
corps	le corps et l'esprit	crique	une crique abritée du vent	
	le corps d'armée			
		cross	un coureur de cross	
cornu	une bête cornue (à cornes)	crosse	la crosse de l'évêque	
cornue	La cornue sert à distiller.	crosses	À qui cherches-tu des crosses ?	
			(familier)	
cote	une cote [ɔ] mal taillée			
côte	une côte [o] de bœuf	croup	On mourait facilement du croup	
	une côte [o] escarpée	croupe	la croupe du cheval	
cotte	une cotte [ɔ] de maille			
		cru	un bon cru du Bordelais	
coté	Il est bien coté [ɔ] dans l'usine.		un vin du cru	
côté	les gens d'à côté [o]	crue	la crue du Nil, la viande crue	
cou	tendre le cou	cuisseau	un cuisseau de veau	
coup	accuser le coup	cuissot	un cuissot de chevreuil	
coût	produire à moindre coût			
		curé	le curé du village	
coulomb	Le symbole du coulomb est C.	curée	La curée est une portion de bête	
coulon	Le coulon est l'autre nom		donnée aux chiens après la chasse.	
	du pigeon.			
		cygne	Un cygne noir glissait sur le lac.	
coupé	Un coupé décapotable était exposé	signe	donner des signes de fatigue	
	au Salon de l'automobile.			
coupée	Le marin grimpa l'échelle de coupée.	cyon	Un cyon est un chien sauvage.	
		scion	mince comme un scion de peuplier	

360 d

dais	un dais [ɛ] nuptial
dé	un dé [e] à coudre
	un dé [e] pipé
des	des [e] temps difficiles
dès	dès [ɛ] le lendemain
dey	la politique du dey [ɛ] d'Alger
dans	dans son assiette
dent	Il a perdu une dent.
danse	une danse populaire
dense	un brouillard très dense
dard	le dard du scorpion
dare	arriver dare-dare
date	une date mémorable
datte	un régime de dattes
décrépi	Un pan de la façade était décrépi.
décrépit	un clochard prématurément décrépit
décri	L'ex-champion était tombé en décri.
décrit	un paysage souvent décrit
défait	le visage défait
défet	Le second tirage comporte un défet.
dégoûter	dégoûter les convives
dégoutter	dégoutter le long du mur
délacer	délacer les chaussures
délasser	délasser le public

dengue	le virus de la dengue
dingue	Ce type est dingue.
desceller	desceller une grille
desseller	desseller un cheval
	(**mais** déceler une inexactitude)
dessein	quel est son dessein (son but) ?
dessin	un dessin à la plume
détoner	détoner avec un bruit inouï
détonner	détonner dans un décor discret
différend	Un différend les opposait.
différent	un avis différent
do	le do de la clarinette
dos	un dos d'âne
dom	Dom Pérignon
don	un don à la paroisse
	des dons d'acteur
dont	L'endroit dont je t'ai parlé.
drill	Le drill est un grand singe.
drille	un joyeux drille
	forer à la drille
dû	payer son dû
due	une somme due

361 e

écho	La montagne renvoie l'écho.
	des échos de couloir
écot	Chacun paya son écot sans rechigner.

éclair	Un éclair l'aveugla un instant.
éclaire	De l'éclaire on tirait un collyre.
empâtement	l'empâtement [ɑ] de son tour de taille
empattement	l'empattement [a] d'une voiture

enter	enter un arbre fruitier
hanter	hanter les mauvais lieux
envi	On se l'arrachait à l'envi.
envie	Il ne résista pas à l'envie de s'enfuir.
épais	un brouillard épais [ɛ]
épée	un coup d'épée [e]
épars	les cheveux épars
épart	L'épart était mal ajusté.
épicer	épicer un plat
épisser	épisser deux cordages
erse	l'erse de la poulie
	la civilisation erse
herse	La herse est tirée par le tracteur.
ès	un docteur ès lettres
esse	Une esse est un crochet en S.
et	l'un et l'autre
eh	eh quoi
hé	hé oui !

étain	un gobelet en étain
éteint	un volcan éteint
étal	un étal de boucher
étale	le vent étale
	l'étale de la marée
éthique	Il s'était fixé une éthique
	de vie rigoureuse.
étique	un cheval étique, d'une extrême
	maigreur
être	un être humain
hêtre	une forêt de hêtres
euh	Euh ! je ne sais pas.
eux	Vous le savez mieux qu'eux.
heu	Heu ? cela suffira ?
œufs	une demi-douzaine d'œufs
exaucer	exaucer des prières
exhausser	exhausser une digue
exprès	une lettre envoyée en exprès
express	un train express

362 f

fa	le premier concerto en fa majeur
fat	Cet homme est un fat.
face	perdre la face
fasce	un écu à fasce d'argent
	(héraldique)
faim	tenaillé par la faim
fin	la fin de la représentation
	un pinceau fin
	parvenir à ses fins
feint	un bonheur feint
fait	un fait divers
faix	succomber sous le faix des charges

faite	une tête bien faite
faîte	grimper au faîte de l'arbre
fête	c'est la fête
fan	un fan de cinéma
fane	La fane du radis ne se mange pas.
far	Le far est un gâteau breton.
fard	Le fard change le teint naturel.
phare	Le phare d'Ouessant est puissant.
fausse	une fausse déclaration
fosse	la fosse aux lions

fausset	une voix de fausset		foi	Il gardait la foi du charbonnier.
	tirer du vin au fausset		foie	Son foie le faisait souffrir.
fossé	un fossé d'irrigation		fois	Il était une fois...
ferment	le ferment lactique		fond	le fond et la forme
ferrement	ferrement (ferrage ou ferrure)			une épreuve de ski de fond
			fonds	un fonds de commerce
feuillée	creuser les feuillées [e] pour la troupe		fonts	les fonts baptismaux
feuillet	un feuillet [ɛ] imprimé			
			for	en son for intérieur
fi	Fi donc, vous récidivez ?		fors	Tout était perdu, fors l'honneur.
	Je faisais fi de ses conseils.		fort	un fort en thème
phi	La lettre grecque phi s'écrit f.			Les Indiens attaquent le fort.
fil	Cela ne tient qu'à un fil.		foret	percer un trou avec un foret
file	une longue file d'attente		forêt	une forêt de sapins
filtre	un filtre en papier		foule	Il redoutait la foule.
philtre	un philtre d'amour		full	un full aux as (au poker)
fine	un verre de fine		fourni	une barbe bien fournie
	une fine de claire (variété d'huître)		fournil	Le fournil était encore chaud.
fines	charger du béton de fines (sorte			
	de sable)		frai	la saison du frai chez les anguilles
			frais	du poisson frais
flac	flac ! le voilà à l'eau			des frais de travaux
flaque	une flaque d'eau		fret	On décharge l'avion de son fret.
flache	une flache dans le pavé		fréter	fréter un cargo
flash	le flash de l'appareil-photo		fretter	fretter un tube de canon
flamand	un vieux peintre flamand		frite	un cornet de frites
flamant	Le flamant rose se tenait sur une patte.		fritte	La fritte sert à fabriquer du verre.
flan	Le flan est encore au four.		führer	Hitler était appelé Führer (guide).
flanc	à flanc de coteau		fureur	la fureur de vivre
	un tire-au-flanc			
	prêter le flanc aux critiques			
floche	Les nuages partaient en floches.			
flush	un flush de carreau (au poker)			
foc	le foc d'un voilier			
phoque	Un phoque plongea sous la glace.			

gai	Mon grand-père a le cœur gai [ɛ].
guai	Il fit frire un hareng guai [ɛ].
gué	Il suffit de passer le gué [e], ô gué !
guet	faire le guet [ɛ]
gal	Le gal mesure l'accélération.
gale	un chien qui a la gale
galle	La noix de galle est riche en tanin.
galon	un galon d'argent
gallon	un gallon d'essence
	(unité de mesure)
gang	On arrêta le cerveau du gang.
gangue	La gangue entoure un minerai.
gaule	la gaule du pêcheur
goal	le goal de l'équipe
Gauss	une courbe de Gauss [o]
	(en mathématiques)
gosse	un sale gosse [ɔ]
gaz	les réserves de gaz naturel
gaze	L'infirmier demandait de la gaze.
geai	J'ai aperçu un geai.
jais	une chevelure noire de jais
jet	un jet de pierre
gêne	éprouver de la gêne
gènes	Certaines maladies sont inscrites
	dans les gènes.
genet	Le genet est un petit cheval.
genêt	Le genêt servait à faire des balais.
gens	des gens heureux
gent	la gent ailée (les oiseaux)
jan	un jan de trictrac
gin	Le gin est un alcool de grain.
jean	Il portait un jean et un blouson.

glaciaire	le relief glaciaire
glacière	garnir une glacière de glaçons
golf	jouer au golf
golfe	Le port se trouve au fond du golfe.
goulée	une bonne goulée [e] d'alcool
goulet	Le goulet [ɛ] est long à franchir.
gourmé	avoir un maintien gourmé [e]
gourmet	C'est un fin gourmet [ɛ].
goûter	goûter la soupe
goutter	goutter comme un robinet
grâce	la grâce présidentielle
	des manières pleines de grâce
grasse	une substance grasse
gram	un gram positif ou négatif
	(en chimie)
gramme	Cela pèse quelques grammes.
grau	Les eaux se mêlent dans le grau.
gros	gros comme le poing
grave	une faute grave, le grave et l'aigu
graves	Les graves sont des vins
	de Bordeaux.
gré	de gré [e] ou de force
grès	une poterie en grès [ɛ]
group	Un group disparut du sac postal.
groupe	Le groupe de tête ralentit.
guère	Il n'y a guère de place.
guerre	la guerre et la paix
gueule	la gueule du loup
gueules	le rouge gueules de l'écu
	(héraldique)

halage	le chemin de halage
hallage	Le hallage est un droit payé par les marchands.
hâle	Le hâle [ɑ] lui donne bonne mine.
halle	la halle [ɑ] aux vins
harde	une harde de daims
hardes	les hardes du clochard
hausse	la hausse des salaires
os	un os à moelle
haute	la haute [o] société
hot	Il adorait le rythme hot [ɔ] du jazz.
hôte	un hôte [o] encombrant
hotte	une hotte [ɔ] de vendangeur
heaume	Le heaume [o] protégeait le visage.
home	un home [o] d'enfants
homme	l'homme [ɔ] et la femme
ohm	Un ohm [ɔ] est une unité de résistance (en électricité).
héraut	Le héraut annonçait le début des cérémonies.
héros	un héros de légende
heur	Il n'avait pas l'heur de lui plaire.
heure	Une heure après, il partit.
heurt	un heurt violent (heurter)
hi	Hi ! hi ! riait-elle ou pleurait-elle ?
hie	On enfonça les pilotis à la hie.
y	Il y en aura assez.
hile	Le hile du rein était enflammé.
île	Il vivait sur une île.
hobby	On ne lui connaissait pas de hobby.
obi	une obi pourpre du Japon

hockey	des crosses et un palet de hockey
hoquet	avoir le hoquet
O.K.	Il répondit O.K. !
hombre	L'hombre est un jeu de cartes.
ombre	à l'ombre, pêcher un ombre
hop	Hop ! c'est le moment.
ope	une ope dans les murs
hors	Il est hors de danger.
or	la ruée ver l'or – mais, ou, et, or…
ores	Je suis d'ores et déjà décidé.
hou	Hou ! vous croyez me faire peur.
houe	biner à la houe à main
houx	une haie de houx
ou	hier ou avant-hier
où	Où vas-tu ?
houille	La houille est du charbon naturel.
ouille	Ouille ! j'ai mal !
houillère	une houillère dans le Nord
ouillière	une vigne en ouillière
hourdis	un hourdis de fortune
ourdi	un complot ourdi de longue date
huis	une séance à huis clos
huit	aujourd'hui ou dans huit jours
hune	grimper au mât de hune
une	une vedette à la une d'une revue
hutte	coucher dans une hutte de trappeur
ut	En solfège, le do se disait ut.
hyène	L'hyène rôdait dans les parages.
yen	Le yen est une monnaie.
hyphe	l'hyphe des champignons
if	les fruits rouges de l'if

365 i

ide	pêcher un ide pourpre	intercession	Il a demandé l'intercession
ides	Dans le calendrier romain,		de ses proches.
	les ides sont une division du mois.	intersession	l'intersession parlementaire
impérial	le manteau impérial	issu	Il est issu d'une famille de vignerons.
impériale	un autobus à impériale	issue	une rue sans issue
	une barbe à l'impériale		

366 j

jar	jargonner le jar(s)	javel	de la javel (de l'eau de Javel)
jard	les bancs de jard de la Loire (sable)	javelle	des javelles mises en gerbes
jarre	une grande jarre d'huile d'olive		
jars	couper les jarres (ou jars)	je	Non, je ne joue pas à ce jeu.
	d'une fourrure	jeu	Le rami est un jeu de cartes.
	Le jars est le mâle de l'oie.		

367 k

kermesse	la kermesse du village	khi	Le khi grec s'écrit u.
kermès	Le kermès vit sur un chêne.	qui	Qui n'a pas compris ?

368 l

la	le sommet de la montagne	label	un label de qualité
	Je ne la vois pas arriver.	labelle	Le labelle est un pétale.
	un la bémol		
là	Elle est passée par là.	lac	le rivage du lac
lacs	Le lièvre était pris dans un lacs.	laque	une bombe de laque
las	las d'avoir tant attendu		La laque est un vernis pour le bois.
			la laque de Chine
lire	la dévaluation de la lire		
	un livre à lire	lacer	lacer une chaussure
lyre	l'oiseau-lyre	lasser	lasser ses admirateurs
	la lyre du poète		

lai	Un lai [ɛ] était un poème.
	Un frère lai [ɛ] tenait les comptes.
laid	C'est un acte très laid [ɛ].
laie	La laie [ɛ] est la femelle du sanglier.
lais	Lais [ɛ] est la forme ancienne de legs.
lait	le lait [ɛ] de brebis
lé	un lé [e] de toile
les	les [e] quatre saisons
lez	lez ou lès [e] (« près de » dans les noms de lieux)
laite	Laitance se dit aussi laite.
let	Au tennis, la balle est let.
lette	Le lette est une langue indo-européenne.
lard	du lard fumé à l'ancienne
lare	vénérer les lares domestiques
las	las ! (hélas)
lasse	de guerre lasse, avoir les jambes lasses
laure	Une laure est un monastère.
lord	Lord est un titre de noblesse
lors	dès lors que vous le dites
leader	le leader du mouvement
lieder	des lieder de Schubert
lest	lâcher du lest
leste	avoir la main leste
leur	Leur patience a des limites.
leurre	Ce programme n'est qu'un leurre.
li	Un li chinois valait environ 576 m.
lie	boire la coupe jusqu'à la lie
lit	un lit à baldaquin
lice	entrer en lice
	une tapisserie de haute lice
lis	une fleur de lis ou de lys
lisse	polir le cuir à la lisse
	une surface lisse
	la lisse d'un navire

lieu	pêcher du lieu, un lieu sûr
lieue	une lieue marine (distance)
limbe	Le limbe d'une feuille est sa partie aplatie.
	Le bord extérieur d'un astre s'appelle le limbe.
limbes	les limbes de la pensée
	un état incertain
lob	Un lob superbe surprit le gardien de but.
lobe	le lobe de l'oreille
loch	Un loch est un lac écossais.
	Le loch sert à mesurer la vitesse d'un voilier.
loque	Il n'était plus qu'une loque.
lods	Lods et ventes rapportaient beaucoup.
lot	un lot de consolation
lori	Le lori est un perroquet des Indes.
loris	Le loris est un petit singe.
lorry	Un lorry était resté sur la voie ferrée.
lourd	un poids lourd
loure	danser une loure paysanne
lunette	la lunette arrière d'une voiture
	une lunette d'approche
lunettes	des lunettes de plongée
lut	Le lut protège du feu.
luth	Le luth est un instrument arabe.
lutte	la lutte gréco-romaine
lux	Le lux est une unité d'éclairement.
luxe	avec un grand luxe de détails
	Il vivait dans le luxe.

ma	Le chat de ma voisine m'a griffé.	manse	Un(e) manse était un petit
mas	un mas provençal		domaine féodal.
	(le -s se prononce parfois)	mense	La mense abbatiale n'était pas maigre.
mât	Le mât du navire s'est brisé.		
		mansion	les mansions du théâtre au Moyen Âge
mai	le mois de mai	mention	rayer les mentions inutiles
maie	La maie est une sorte de pétrin.		
mais	Mais que fais-tu ?	mante	une mante religieuse
maye	La maye est une auge de pierre pour	menthe	une menthe à l'eau
	l'huile d'olive.	marais	les marais [ɛ] salants
mets	quel mets délicieux !	marée	le calendrier des marées [e]
		marrer (se)	Se marrer [e] signifie rigoler.
maïa	Un maïa est une araignée de mer.		(familier)
maya	la grande civilisation maya en		
	Amérique centrale	marc	lire dans le marc de café
		mare	Les canards avaient leur mare.
mail	le vieux jeu de mail	marre	« Y en a marre ! » cria-t-il.
maille	une maille qui file sans sou ni maille		
	(avoir maille à partir)	marenne	Les marennes sont des huîtres.
		marraine	La marraine gâte son filleul.
main	se serrer la main		
maints	Il se trame maints complots.	mari	Le mari de ma voisinne.
		marri	Il en est tout marri (fâché).
maire	le maire du village		
mer	le bord de mer	mark	Le mark était la monnaie allemande.
mère	la mère de famille	marque	à vos marques... prêts ? partez !
maître	C'était un bon maître d'école.		La marque avait été effacée.
mètre	un mètre de tissu		
mettre	mettre la table	marocain	le climat marocain
		maroquin	un portefeuille en maroquin
maki	les grimaces d'un maki		
	(mammifère)	martyr	Un martyr est persécuté.
maquis	En 1941, il a pris le maquis.	martyre	souffrir le martyre
mal	Il a mal profité de ses vacances.	mas	un mas à restaurer
	un mal incurable	masse	une masse de documents
mâle	le mâle et la femelle		
malle	la vieille malle du grenier	mat	échec et mat !
			un teint mat
mânes	invoquer les mânes des ancêtres	math	le prof de math(s)
manne	attendre la manne du ciel		

maté	Le maté est une variété de houx.
mater	mater la mutinerie
mâter	mâter une frégate
matin	matin [a] et soir
mâtin	Le mâtin [ɑ] est un gros chien de garde.
maure	les invasions des Maures [o] ou [ɔ]
mors	prendre le mors [ɔ] aux dents
mort	Il attendait la mort [ɔ].
maux	des maux de tête
mot	un mot malheureux
mécano	Le mécano s'affairait sur le moteur.
meccano	une grande boîte de meccano
mess	le mess des officiers
messe	la grand-messe
mi	do ré mi fa
mie	du pain de mie
	Où êtes-vous, ma mie ?
mis	de l'argent mis de côté
mil	des grains de mil
mille	Le mille est une mesure de longueur.
	mille neuf cent quatre-vingt-sept
	taper dans le mille
mir	Un mir était une communauté rurale en Russie.
mire	Elle était le point de mire de l'assemblée.
myrrhe	l'or, l'encens et la myrrhe des Rois mages
mirobolant	un avenir mirobolant
myrobolan	du myrobolan d'apothicaire
mite	plus une seule mite dans le placard
mythe	les récits et les mythes de l'Antiquité

moi	C'est moi qui vous le dis.
mois	La fin du mois sera difficile.
moye	la moye (moie) de la pierre
mole	Une mole [ɔ] est une unité de quantité de matière (en chimie).
môle	le môle [o] du port
	La môle [o] est un poisson-lune.
	La môle [o] est une croissance anormale du placenta.
molle	une pâte molle [ɔ]
mon	mon vélo
mont	le mont Blanc
mou	un caramel mou
	du mou (abats d'animaux)
moue	faire la moue
moût	Le moût est un jus de raisin pas encore fermenté.
mu	La lettre grecque mu s'écrit i.
mû	Il était mû par un sentiment de charité.
mue	la mue d'un serpent
	Une mue est une petite cage.
	la mue de la voix
mur	un mur délabré
mûr	Le fruit mûr tombe tout seul.
mûre	de la confiture de mûres

370   n

n'y	Il n'y comprend rien.		norois	Le norois (noroît) soufflait.
ni	ni l'un ni l'autre		norois	Le norois (norrois) est une ancienne
nid	un vrai nid d'aigle			langue des peuples scandinaves.
ne	Tu ne veux pas manger ?		notre	notre [ɔ] seule chance
nœud	Il défait un nœud.		nôtre	C'est la nôtre [o].
né	une âme bien née		nu	La lettre grecque nu s'écrit n.
nez	le nez de Cyrano			mettre son cœur à nu
				voir une planète à l'œil nu
none	Une none est un office religieux.		nue	Nue peut signifier nuage ou nuée.
nonne	Une nonne est une religieuse.			
			numéraux	les adjectifs numéraux
			numéro	tirer le bon numéro

371   o

onglée	Le froid lui donnait l'onglée [e].		ouate	On prend de l'ouate
onglet	un assemblage de menuiserie en			(ou de la ouate) pour les soins.
	onglet [ɛ]		watt	Le watt est une unité de puissance.
ordinand	L'ordinand est celui qui est		oubli	Le hasard le tira de l'oubli.
	ordonné prêtre.		oublie	L'oublie est une petite gaufre.
ordinant	L'ordinant est un évêque			
			oui	À la fin, il a dit « oui ».
			ouïe	Il n'avait pas l'ouïe très fine.

372   p

pain	avoir du pain sur la planche		pairle	émail de gueules à pairle d'azur
peint	un bahut en bois peint			(héraldique)
pin	une pomme de pin		perle	une perle de culture
pair	un nombre pair		pal	le supplice du pal
	travailler au pair		pale	les pales de l'hélice
paire	une paire de jumelles		pâle	être pâle de peur
père	un bon père de famille			
pers	des yeux pers			

palais	un palais [ɛ] vénitien
	faire claquer sa langue contre son
	palais [ɛ]
palé	un écu palé [e] sable et argent
	(héraldique)
palet	Le palet [ɛ] fut détourné du but.
pali	Qui sait encore lire le pali ?
palis	Un palis est un pieu de palissade.
palmaire	la région palmaire interne à la main
palmer	mesurer une épaisseur au palmer
pan	un pan de son manteau
	pan ! dans le mille
paon	Le paon faisait la roue.
pané	une escalope panée
panné	Panné signifie sans un sou.
paneton	Le paneton est un panier dans lequel
	on met les pâtons (morceaux de pâte
	à pain).
panneton	Le panneton de la clé agit sur
	le pêne.
panne	La voiture tombe en panne.
	la panne de velours
	la panne du cochon (graisse)
	Les chevrons sont soutenus par
	une panne, dans une charpente.
	la panne de l'horizon (nuages)
paonne	La femelle du paon est la paonne
panser	panser une plaie
penser	penser à l'avenir
pensée	J'ai cueilli des pensées.
	J'ai eu une pensée pour toi.
pante	Un pante est un individu
	quelconque (familier).
pente	un toit en pente douce

par	par ailleurs
	C'était par trop tentant.
part	à part entière
	un faire-part de mariage
parti	Il a adhéré à un parti politique.
partie	avoir affaire à forte partie
	une partie de cartes
	une partie de la ville
pat	Aux échecs, le pat entraîne la nullité.
pâte	une pâte à crêpes très réussie
	les pâtes alimentaires
patte	Ce chien traîne la patte.
pâté	le pâté de campagne
pâtée	la pâtée du chien
patté	une croix pattée
pater	réciter un pater (noster)
patère	une patère comme portemanteau
paume	la paume [o] de la main
	le jeu de paume [o]
pomme	une pomme [ɔ] verte
	une pomme [ɔ] d'arrosoir
pause	la pause de midi
pose	une pose avantageuse
pauser	pauser sur les syllabes finales
poser	poser des jalons
peau	la peau de l'ours
pot	un pot de fleurs
	un coup de pot (familier)
peaucier	un muscle peaucier
peaussier	Le peaussier fournit le tanneur.
péché	Ses péchés lui ont été pardonnés.
pécher	pécher par omission
pêcher	pêcher au harpon
	les fleurs du pêcher

peine	Cela lui fit de la peine.
pêne	le pêne de la serrure
penne	la penne de la plume
pelletée	la dernière pelletée de terre
peltée	La feuille de la capucine est peltée.
peluche	un ours en peluche
pluche	la corvée de pluches
penon	Le penon indiquait des vents variables.
pennon	un pennon de chevalier à lance
perce	mettre un tonneau en perce
perse	des langues perses
	des rideaux en perse
peu	C'est bien trop peu.
peuh	Peuh ! Ça m'est égal !
phénix	Le phénix est un oiseau fabuleux.
phœnix	Un phœnix est un palmier ornemental.
pi	Le nombre pi (π) est proche de 3,14.
pie	La pie est jacasseuse et voleuse.
pis	le pis de la vache
	de mal en pis
pic	Le pic noir est un oiseau.
	à coups de pic
	le pic du Midi
pique	la pique du picador
picage	Le picage est une maladie des gallinacés.
piquage	un piquage à la machine
pieu	un pieu de fondation
pieux	un homme pieux et loyal
pinçon	un pinçon sur la peau
pinson	gai comme un pinson

pineau	Le pineau est un vin de liqueur.
pinot	Le pinot noir est un cépage.
pipeau	jouer du pipeau
	C'est du pipeau ! (familier)
pipo	un candidat pipo (à Polytechnique)
piton	L'alpiniste enfonce un piton dans une faille.
	un piton rocheux
python	Le python est un serpent.
placage	un placage de bois précieux
plaquage	un plaquage au rugby
plaid	Le plaid est une assemblée judiciaire ou une querelle.
plaie	La plaie s'est infectée.
plain	le plain-chant (musique vocale)
	de plain-pied
plein	faire le plein d'essence
plaine	la plaine de Waterloo
pleine	La coupe était pleine.
plainte	porter plainte
	la plainte du vent
plinthe	La plinthe cachait les fils électriques.
plan	le plan de la localité
	un miroir plan
plant	un plant de tomates
plastic	un attentat au plastic
plastique	les arts plastiques
	un sac en plastique
pli	le pli du pantalon
plie	La plie est un poisson plat.
plus tôt	Ce jour-là, il était parti plus tôt que d'habitude.
plutôt	Plutôt partir avec un peu de retard, que ne pas partir du tout.

poêle	la poêle à frire
poêle	le poêle (poêle) à mazout
poil	une brosse en poil de sanglier
poids	un poids insuffisant
pois	le pois chiche
poix	enduire d'une poix épaisse
pouah	Pouah ! Que c'est vilain !
poignée	une poignée [e] de main chaleureuse
	une poignée [e] de mécontents
poignet	à la force du poignet [ɛ]
poing	faire le coup de poing
point	un joli point de vue
	le point du jour
	les points et les virgules
	Ne forçons point notre talent.
poiré	un petit verre de poiré
poirée	Les côtes de poirée étaient trop cuites.
polissoir	un polissoir de bijoutier
polissoire	une polissoire de coutelier
pool	Un pool est un groupement de producteurs.
poule	une poule au riz
	Au rugby, les meilleures équipes de chaque poule sont qualifiées.
porc	une côtelette de porc
pore	les pores de la peau
port	expédier en port dû
	rentrer au port d'attache
pou	des poux sur la tête
pouls	tâter le pouls
pouce	le pouce de la main
	mesurer cinq pieds six pouces
	donner un coup de pouce
pousse	une pousse de bambou

poucettes	mettre les poucettes au voleur (menottes)
poussette	Le bébé est dans sa poussette.
poucier	Le poucier protège le pouce.
poussier	Le poussier est de la poussière de charbon.
poupard	des joues de poupard
poupart	Un poupart est un gros crabe.
pourquoi	Pourquoi avez-vous ramassé cette pierre ?
pour quoi	Pour quoi aviez-vous pris cette pierre ? pour un véritable diamant ?
pré	Les vaches sont dans le pré [e].
près	près [ɛ] de la fenêtre
prêt	toujours prêt [ɛ]
	un prêt [ɛ] sur l'honneur
préfix	au jour et au lieu préfix
préfixe	Le préfixe s'oppose au suffixe.
	le préfixe téléphonique
prémices	les prémices de la vie (le commencement)
prémisse	les prémisses d'un raisonnement
prou	peu ou prou
proue	la proue du navire
	une figure de proue
puis	à droite, puis à gauche
puits	un puits creusé jadis par le puisatier
puy	un puy volcanique du Massif central

373 q

quel que	quel qu'en soit le motif
quelle qu'	quelle qu'en soit la raison
que lque	Il y a quelque deux cents ans (il y a environ deux cents ans).
	Ils étaient quelque peu fâchés (ils étaient assez fâchés, pas trop).
	Quelque méchants que vous paraissent ces individus.
	mille et quelques francs

queue	une queue de poisson
queux	Le maître queux s'est surpassé.
	aiguiser le couteau sur la queux
quoiqu'	quoiqu'il se fasse tard (bien que)
quoi qu'	Quoi qu'elle fasse, il est trop tard.

374 r

ra	un ra de tambour
ras	un chien à poils ras
rat	un rat d'égout
raz	un raz(-)de(-)marée
racket	déposer une plainte pour racket
raquette	une raquette de tennis
radian	Le radian est une unité de mesure d'angle.
radiant	L'astronome scrutait le radiant.
	un ciel radiant
rai	un rai(s) [ɛ] de lumière
raie	porter la raie [ɛ] à gauche
	une raie [ɛ] au beurre noir
ré	do ré [e] mi
rets	un lion pris dans les rets [ɛ]
rez	au rez-de-chaussée [e]
raid	un raid aérien
raide	tomber raide mort
	une pente très raide
rainette	La rainette [ɛ] est une grenouille.
reinette	La reine des reinettes [ɛ] est une pomme très appréciée.
rénette	Le bourrelier avait égaré sa rénette [e].

raisonnement	un raisonnement [ɛ] déductif
résonnement	On dit plutôt résonance [e] que résonnement.
rami	Le rami est un jeu de cartes.
ramie	Il s'était tissé une bâche en ramie.
rancard	avoir un rancard (rencard), un rendez-vous
rancart	bon à mettre au rancart
rauque	une voix rauque [o]
roc	solide comme un roc [ɔ]
rock	le rock [ɔ] des années 60
roque	le petit roque [ɔ], au jeu d'échecs
record	Le record du monde tomba.
recors	Le recors accompagnait l'huissier.
recru	Recru de fatigue, il dormait debout.
recrû	Le recrû (des pousses) se développe sur les souches.
recrue	l'instruction des nouvelles recrues
reflex	Un appareil reflex permet de mieux cadrer l'image.
réflexe	C'était un mouvement réflexe. Il a eu un bon réflexe.

régal	un vrai régal		roman	Il voulait lire un roman.
régale	l'eau régale (mélange d'acides)			un chapiteau roman
	Le régale est une partie de l'orgue.		romand	le pays romand, sur les rives
	La régale temporelle			du Léman
	est un droit royal.			
			rondeau	danser un rondeau de l'ancien temps
reine	la reine des abeilles		rondo	La sonate s'achève sur un rondo.
rêne	Le cocher tient les rênes.			
renne	un troupeau de rennes		rondel	Pour rondeau, on disait aussi
				rondel.
repaire	un repaire de brigands		rondelle	une rondelle de saucisson
repère	Le clocher sert de point de repère.			
			rosé	un petit rosé de Provence bien frais
résidant	les personnes résidant dans ce pays		rosée	la rosée des matins d'automne
résident	les résidents étrangers		roser	roser (teindre) le coton
résonner	résonner faiblement		rot	Le rot est une maladie de la vigne.
raisonner	Il faut raisonner avant d'agir.		rote	La rote est un tribunal
				ecclésiastique.
revenu	l'impôt sur le revenu			Les cordes de la rote étaient
revenue	La revenue du taillis était plus			pincées.
	claire.			
			rôti	un rôti de veau dans la noix
rho	La lettre grecque rho s'écrit r.		rôtie	un œuf poché sur rôtie
rot	Bébé doit faire son rot.			
rôt	Rôt voulait dire rôti.		roue	La roue tourne.
			roux	préparer d'abord un roux blanc
rhombe	Le rhombe est un losange.			des cheveux roux
rumb	Le rumb ou rhumb est une mesure			
	d'angle.		ru	Un ru est un ruisselet.
			rue	une rue piétonne
ri	On n'a jamais tant ri.			La rue est aussi une plante
ris	du ris de veau			à fleurs jaunes.
	prendre un ris sur une voile			
riz	une poule au riz			
rob	Le rob a la consistance du miel.			
robe	une robe de mariée			
rocher	à flanc de rocher [e]			
rochet	une roue à rochet [ɛ]			
	Un rochet [ɛ] était une tunique courte.			
roder	roder les soupapes			
rôder	rôder dans les parages			

sachée	une sachée [e] (un sac) de thé
sachet	un sachet [ɛ] de graines
saigneur	un saigneur de porc
seigneur	à tout seigneur tout honneur
sale	du linge sale
salle	une salle d'attente
saoul	Il était complètement saoul (soûl).
sou	n'avoir pas un sou en poche
soue	Une soue était une étable à cochons.
sous	une cachette sous le plancher
satire	Cette pièce est une satire de la vie politique.
satyre	Le satyre attendait ses victimes dans le bois.
satirique	un journal satirique
satyrique	une danse satyrique
saule	un saule [o] pleureur
sol	Le sol [ɔ] était détrempé.
	Il n'avait plus un sol [ɔ].
	sol [ɔ] dièse
sole	une sole [ɔ] de charpente
	La sole [ɔ] est un poisson.
saur	un hareng saur
sore	Les sporanges de la fougère forment un sore.
sort	jeter un mauvais sort
saut	le saut de carpe
seau	un seau d'eau
sceau	un sceau royal
sot	Il est sot et prétentieux.
saute	une saute [o] d'humeur imprévisible
sotte	Tu n'es qu'une petite sotte [ɔ].

sceller	sceller une amitié
scellés	On a mis les scellés sur la porte.
seller	seller une mule
celer	celer un sentiment
sceptique	une attitude sceptique
septique	une fosse septique
sciène	La chair de la sciène (un poisson) est très estimée.
sienne	faire des siennes
scieur	le scieur de bois
sieur	le sieur untel
scythe	l'art scythe ou scythique
site	Le site offrait une vue panoramique.
sèche	rester en panne sèche
seiche	un os de seiche
seime	La seime est une maladie du sabot.
sème	Le sème est une unité de signification.
serein	Le ciel était serein.
serin	Le serin chantait dans sa cage.
serment	Il a fait le serment de ne plus mentir.
serrement	un serrement de gorge
si tôt	Ils marquèrent si tôt que leur public en fut presque déçu.
sitôt	Sitôt qu'ils eurent marqué un but, ils jouèrent la défense.
silphe	Le silphe s'attaque aux betteraves.
sylphe	Le sylphe était le génie de l'air.
soc	le soc de la charrue
socque	Le socque était une chaussure basse des acteurs de la comédie.

soi	prendre sur soi
	un soi-disant amateur d'art
soie	un ruban de soie
	la soie de la lame (partie opposée
	à la pointe)
soit	une tonne, soit mille kilos
somation	la somation biologique
	des caractères
sommation	Après la troisième sommation, il tira.
spath	Le spath est une substance minérale.
spathe	une spathe gauloise (une épée)
spiral	un ressort spiral
spirale	une spirale de fumée
spore	la spore du champignon
sport	un sport d'équipe

statu	Le statu quo n'arrangeait personne.
statue	une statue équestre au milieu
	de la place
statut	le nouveau statut des professeurs
subi	un pouvoir autoritaire longtemps subi
subit	un renversement subit de la situation
succin	Le succin est un ambre jaune.
succinct	un traité plutôt succinct
super	vingt litres de super
	C'est super ! (familier)
supère	L'ovaire supère du lys.
sur	jouer cartes sur table
sûr	être sûr de son affaire
sure	une pomme sure (acide)
sureau	la confiture de sureau
suros	un cheval atteint de suros
surfait	Ce spectacle est surfait.
surfaix	Le surfaix du harnais est usé.

376   t

ta	C'est l'heure de ta tisane.
tas	un tas d'ennuis
tache	une tache [a] d'encre indélébile
tâche	une tâche [ɑ] difficile, mais noble
tacher	tacher un pantalon
tâcher	tâcher de le nettoyer
tachine	Le (ou la) tachine est une grosse
	mouche.
taquine	Elle était d'humeur taquine.
taie	une taie d'oreiller
têt	un têt de chimiste (pour tester)

tain	une glace sans tain
teint	un tissu grand teint
thym	du thym et du laurier
tin	Un tin en bois supporte la quille d'un
	navire en construction.
taire	Il faut se taire.
ter	le numéro sept ter
terre	la terre promise
taler	taler les pommes
taller	taller le gazon au rouleau
talle	un pied de vigne bien fourni
	en talles
thalle	le thalle du champignon

tan	Le tan sert à préparer le cuir.	té	tracer des parallèles à l'aide d'un té
tant	tant pis ou tant mieux		un fer à double té (ou T)
taon	Le taon ne pique pas, il mord.	thé	une tasse de thé
temps	Aura-t-on le temps ?		
	Le temps s'améliore.	teinter	teinter une feuille de papier
		tinter	tinter le glas
tante	une vieille tante charmante		
tente	une tente d'Indien	tel	tel maître, telle classe
		tell	Ce tell intriguait les archéologues.
tapi	un guépard tapi dans les herbes		
tapis	un accroc au tapis du billard	terme	au terme de sa carrière
			les termes du contrat
taraud	un taraud en acier trempé	thermes	les thermes gallo-romains
taro	Le taro est une plante tropicale		
	aux fruits comestibles.	termite	Le termite ronge le bois.
tarot	une partie de tarots	thermite	La thermite est un mélange
			pulvérisé de métaux.
tard	Ils arrivèrent trop tard.		
tare	Il y manquait le poids de la tare.	thon	la pêche au thon en Méditerranée
	les tares humaines	ton	Ton partenaire s'est trompé de ton.
tau	Le tau grec (t) s'oppose au thêta (q).	thrombine	La thrombine intervient
taud	s'abriter sous le taud d'un bateau		dans la coagulation.
taux	à quel taux emprunter ?	trombine	les trombines des camarades
tôt	Il est encore trop tôt pour le dire.		(familier)
taule	aller en taule (argot)	tic	un tic nerveux
	louer une taule (familier)	tique	La tique est un parasite du chien.
tôle	de la tôle ondulée		
		tir	le tir à l'arc
taupe	myope comme une taupe [o]	tire	une tire en mauvais état (argot)
	Une classe de taupe [o] prépare aux		la tire du blason
	grandes écoles.		un voleur à la tire
top	être prêt au top [ɔ]		la tire d'érable (sirop)
	un top [ɔ] model		
		tirant	le tirant d'eau d'un voilier
taure	Une taure est une génisse.	tyran	Ce tyran semait la terreur.
tore	le tore d'une colonne de marbre		
torr	Le torr est une unité de mesure	toc	Ce n'est pas du toc.
	pour faible pression.		et toc !
tors	un fil tors (tordu)	toque	une toque de fourrure
tort	On n'a pas toujours tort.		
		toi	toi et moi
tauride	L'astronome observait les taurides.	toit	un toit d'ardoises
torride	L'été fut torride.		

tome	un dictionnaire en huit tomes		trépan	Le chirurgien prit le trépan.
tomme	une tomme de Savoie		trépang	Le trépang (tripang) est comestible.
tour	le tour du monde		tribal	le chef tribal
	les créneaux de la tour		triballe	Une triballe est une tringlette de fer.
tourd	Le tourd est un oiseau, c'est aussi			
	le nom d'un poisson.		tribu	la tribu indienne
			tribut	payer un lourd tribut
tournoi	un tournoi régional de tennis			
tournois	Le tournois était frappé à Tours		trick	Le trick est une levée au bridge.
	(monnaie).		trique	sec comme un coup de trique
trac	avoir le trac		troc	faire du troc sur un marché
	tout à trac		troque	La troque (troche) est un coquillage.
traque	la traque du grand gibier			
			troche	La troche a une forme de toupie.
train	mener grand train		troches	Le vigneron attache les troches
	le train d'atterrissage			(sarments).
	un train de marchandises			
trin	Trin a le sens de trinitaire.		troll	Un troll est un lutin.
			trolle	chasser le cerf à la trolle
trait	un trait de crayon			
très	C'est très beau.		trop	Il est trop tard pour partir.
			trot	une course de trot attelé
tram	Tram est l'abréviation de tramway.			
trame	Un tamis usé jusqu'à la trame.		truc	Il a un truc ! ce n'est pas possible.
			truck	la plate-forme du truc(k) (chariot)
tramp	Ce tramp ne trouvait plus de fret.			
trempe	la trempe de l'acier		turbo	un moteur turbo
	filer une trempe (familier)		turbot	du turbot à l'oseille

377   V

vain	un espoir vain		vair	la pantoufle de vair
vin	soutirer du vin		ver	le ver de terre
vingt	vingt mille lieues		verre	un verre de bière
			vers	un vers de douze pieds, en poésie
vaine	une tentative vaine			marcher vers la vérité
veine	une piqûre dans la veine		vert	se mettre au vert
	Il a de la veine.			un dépôt de vert-de-gris
				un drapeau vert

valet	un fidèle valet [ɛ] de chambre	vil	à vil prix
vallée	une vallée [e] fertile		un vil suborneur
		ville	la vieille ville
van	le van du cheval de course		
	un van en osier	viol	le viol des consciences
vent	Le vent se leva brusquement.	viole	un joueur de viole
vantail	un vantail d'armoire	visé	Ne tirez qu'au visé !
ventail	Le ventail laisse passer l'air,	visée	la ligne de visée
	le vent.		Ses visées politiques nous rendent
			sceptiques.
vanter	vanter les mérites de quelqu'un	viser	viser avec un fusil
venter	venter et pleuvoir		viser la députation
			viser un passeport
varan	Le varan est un reptile carnivore		
warrant	Le warrant est un effet de commerce.	voie	une voie à sens unique
		voix	Il avait une voix éraillée.
vaux	par monts et par vaux		
veaux	des veaux élevés en liberté	vol	le vol à voile
vos	Vos projets vont à vau-l'eau.		le vol à la tire
		vole	réussir la vole aux cartes
venu	le premier venu		
venue	la venue du printemps	volatil	un produit volatil
		volatile	un volatile lourdaud
vergé	un tirage de luxe sur vergé (type		
	de papier)	volt	Le volt est une unité de mesure
verger	Le verger est en fleurs.		de la force électrique.
		volte	la volte du cheval de cirque
verni	Ce meuble a été verni.		
	Tu es verni ! (familier)	votre	Voici votre [ɔ] part.
vernis	le vernis d'un tableau	vôtre	à la bonne vôtre [o]
	Le vernis est un mollusque.		
		vu	vu les circonstances
vice	l'horreur du vice	vue	une vue imprenable
	le vice-président		
vis	Il a perdu une vis.		

L'homonymie entre formes verbales et non verbales

il voit, une voix

Il existe des cas d'homonymie entre un verbe et une ou plusieurs formes non verbales (nom, adjectif, etc.).

Les listes suivantes (→ 378 et 379) présentent des regroupements de ce genre, mais sans toujours offrir de contexte. Voici cependant trois exemples explicites :

HOMONYMES	EXEMPLES
signe	*un mauvais signe*
cygne	*un cygne noir*
signent	*Ils signent.*
ais	*l'ais du relieur*
est	*Il est temps de terminer.*
ait	*Qu'il ait ce qu'il demande.*
cru	*un bon petit cru*
	Moi aussi, j'ai cru cela (croire).
crue	*la crue du Nil*
	la viande crue
crut	*On n'en crut pas un mot* (croire).
crût	*La rivière crût encore* (croître).

une agression
nous agressions

de l'ail
que j'aille...

une arête
j'arrête...

un atèle
une attelle
j'attelle...

un avion
nous avions

bah !
bas
le bât
je bats...

du bois
je bois...

une boîte
je boite...

de la boue
un bout
je bous...

un bourg
une bourre
je bourre...

chaud
de la chaux
un show
il lui chaut

le cou
un coup
le coût
je couds...

crac !
un crack
des craques
un krak
je craque

une dyne
je dîne...

un écossais
j'écossais...

un emploi
j'emploie...

de l'étain
éteint
j'éteins...

une face
une fasce
que je fasse...

la faim
feint
la fin
je feins...

le faîte
une fête
vous faites

du fil
une file
je file...

le flou
je floue...

le for
fors
un fort
je fore...

un four
je fourre...

le frai
frais
du fret
je fraie...

gauss
un gosse
je me gausse...

un glaçon
nous glaçons

haute
un hôte
j'ôte...

lai
laid
la laie
les lais
du lait
je laie...

lice
un lis (lys)
lisse
je lisse...

un loup
je loue...

un maure
le mors
un mort
je mords...

un métis
une métisse
je métisse...

mi
de la mie
je mis...

une mission
que nous missions

mou
du moût
je mouds...

ni
un nid
je nie...

une noix
je noie...

la noue
nous
je noue...

du pain
peint
un pin
je peins...

pair
paire
un père
pers
je perds...

un parti
une partie
je partis...

une passion
nous passions

une peine
le pêne
la penne
je peine...

un perse
je perce...

peu
peuh !
je peux...

un pic
une pique
je pique...

un plaid
je plaide...

un plaid
une plaie
je plais...

du plastic
du plastique
je plastique...

un pli
une plie
je plie

un pouf
je pouffe...

prête
je prête...

une puce
que je pusse

rauque
un roc
un roque
je roque...

un réveil
je réveille...

une roue
roux
je roue...

sain
un saint
un sein
un seing
je ceins...

du sang
sans
cent
je sens...

saur
un sort
je sors...

un savon
nous savons

une serre
je serre...

un site
je cite...

soi
de la soie
que je sois...

une somme
nous sommes

de la soude
je soude...

du soufre
je souffre...

un sourd
elle sourd

une souris
je souris...

un(e) tachine
je taquine...

du tan
tant
un taon
le temps
je tends...

une taure
tors
tort
je tords...

un tic
une tique
je tique...

le tien
je tiens...

une tire
je tire...

un trafic
je trafique...

un troc
je troque...

tu
(je me suis) tu...

un van
du vent
je vends...

un vau
un veau
vos
je vaux...

une voie
une voix
je vois...

379 Homonymie entre plusieurs verbes et plusieurs formes non verbales

un bail
une (la) baille
je baille... (bailler)
je bâille... (bâiller)
je baye... (bayer)

un but
une butte
je bute... (buter)
vous bûtes (boire)
je butte... (butter)

celle
du sel
une selle
je cèle... (celer)
je scelle... (sceller)
je selle... (seller)

un cerf
une serre
un serf
je serre... (serrer)
je sers... (servir)

un compte
un comte
un conte
je compte... (compter)
je conte... (conter)

une croix
je crois... (croire)
je croîs... (croître)

un étang
étant (être)
j'étends... (étendre)

du fer
faire (infinitif)
je ferre... (ferrer)
le fond
un (les) fonds
les fonts
je fonds... (fondre)
ils font (faire)

du lut
un luth
une lutte
je lute... (luter)
je lutte... (lutter)

un mur
mûr
mûre
elles murent (mouvoir)
je mure... (murer)

par
le part
une part
je pare... (parer)
je pars... (partir)

un prix
je prie... (prier)
je pris... (prendre)

le tain
le teint
du thym
un tin
je teins... (teindre)
je tins... (tenir)

une teinte
teinte (teindre)
je teinte... (teinter)
je tinte... (tinter)

vain
du vin
vingt
je vaincs... (vaincre)
je vins... (venir)

un vice
une vis
je visse... (visser)
que je visse... (voir)

Les difficultés liées
au découpage des mots

Vous trouverez dans ce chapitre une occasion de recherche et de jeu sur les mots. Avec un peu d'imagination, il est possible d'exploiter certaines ambiguïtés liées au découpage des mots.

De sa fenêtre, le notaire observe les clercs ou l'éclair.
Le paysan observe les pis ou l'épi ou les pies.
Le faussaire reproduit les toiles ou l'étoile.

380 l'é – les

l'ébène – les bennes
l'écaille – les cailles
l'écart – les cars – les quarts – les carres
l'échangeur – les changeurs
l'échanson – les chansons
l'échec – les chèques – les cheik(h)s (scheiks)
l'écheveau – les chevaux
l'échoppe – les chopes
l'éclair – les clercs
l'écluse – les cluses
l'école – les colles
l'écorce – les Corses
l'écran – les crans
l'écrin – les crins
l'écurie – les curies
l'édifice – les dix fils
l'édit – les dits
l'effet – les faits
l'effort – les forts
l'effroi – les froids
l'effusion – les fusions
l'égard – les gares
l'égout – les goûts
l'élan – les lents
l'électeur – les lecteurs
l'élocution – les locutions
l'éloge – les loges

l'élytre – les litres
l'émail – les mailles
l'émérite – les mérites
l'émeute – les meutes
l'émigrant – les migrants
l'émir – les mires – les myrrhes
l'émission – les missions
l'émoi – les mois
l'émotif – les motifs
l'émotion – les motions
l'énorme – les normes
l'épais – les paix
l'épar(t) – les parts
l'épaule – les pôles
l'épeire – les pères
l'épi – les pis – les pies
l'épieu – les pieux
l'épique – les piques
l'époux – les poux
l'épreuve – les preuves
l'épure – les pures
l'érable – les râbles
l'érection – les rections
l'errant – les rangs
l'eschatologie – les scatologies
l'essai – les saies
l'essaim – les seins – les saints – les seings
l'essence – les sens

l'essieu – les cieux
l'essor – les sorts
l'estoc – les stocks
l'étable – les tables
l'étain – les teints – les tains – les tins
l'étalon – les talons
l'étang – les temps – les taons
l'état – les tas
l'étau – les taux

l'été – les thés
l'éther – les terres
l'éthique – les tics – l'étique – les tiques
l'étoile – les toiles
l'étrenne – les traînes
l'étrille – les trilles
l'étroit – les trois
l'éveil – les veilles
l'évocation – les vocations

REMARQUE L'ambiguïté n'est jamais totale, en raison du rôle important joué par l'intonation.

381 l'a – la

l'acerbe – la Serbe
l'airain – les reins
l'aisselle – les selles
l'ajout – la joue
l'alêne – l'haleine – la laine
l'allocataire – la locataire
l'allocation – la location
l'alogique – la logique
l'aloi – la loi
l'amarre – la mare
l'amer – la mer – la mère
l'amie – la mie
l'amine – la mine
l'annotation – la notation
l'anormal – la normale
l'apesanteur – la pesanteur
l'apolitique – la politique

l'appareil – la pareille
l'aqueux – la queue
l'arôme – la Rome [o/ɔ]
l'aronde – la ronde
l'arrêt – la raie
l'asocial – la « sociale »
l'Assyrie – la scierie – la Syrie
l'atoll – la tôle [ɔ/o]
l'atome – la tomme [o/ɔ]
l'attente – la tente – la tante
l'attention – la tension
l'attique – la tique
l'avaleur – la valeur
l'avarice – la varice
l'avenue – la venue
l'aversion – la version
l'avisé – la visée

L'étymologie

calorifère
(calor- = chaleur)

382 Les principales racines grecques et latines

RACINE		SENS	EXEMPLES
aéro-	gr.	air	aérodrome, aéronaute
-agogie	gr.	guide	pédagogie
-agogue	gr.	guide	démagogue
agro-	lat.	champ	agriculture, agronomie
-algie	gr.	douleur	névralgie, antalgique
allo-	gr.	autre	allogène, allomorphe
andro-	gr.	homme	androgyne
anthropo-	gr.	être humain	anthropologue, anthropophage
aqu-	lat.	eau	aquiculture, aqueduc
archéo-	gr.	ancien	archéologie
-archie	gr.	commandement	anarchie
-arque	gr.	commandement	monarque
arthro-	gr.	articulation	arthrite
astro-	gr.	astre	astronomie, astronaute
auri-	lat.	oreille	auriculaire
auto-	gr.	lui-même	autodestruction
avi-	lat.	oiseau	avion, aviation
bary-	gr.	pression	baromètre, barycentre
biblio-	gr.	livre	bibliophile, bibliothèque
bio-	gr.	vie	biologie, antibiotique
brachy-	gr.	court	brachycéphale
calor-	lat.	chaleur	calorifère, calorique
cardio-	gr.	cœur	cardiogramme, cardiologue
carni-	lat.	chair	carnivore
céphal-	gr.	tête	céphalopode, encéphalite
chiro-	gr.	main	chiropracteur, chirurgien
chromo-	gr.	couleur	chromatologie
chrono-	gr.	temps	chronomètre, chronologie
cinéma-	gr.	mouvement	cinématique
cinét-	gr.	mobile	cinétique
col-	gr.	bile	colère, mélancolie
cosmo-	gr.	monde (ordre)	cosmopolite, cosmique
-crate	gr.	puissance	phallocrate
-cratie	gr.	puissance	démocratie
crypto-	gr.	caché	cryptogame, décryptage
cyano-	gr.	bleu	cyanosé, cyanure

RACINE		SENS	EXEMPLES
cyclo-	gr.	cercle	bicyclette, cyclothymique
cyto-	gr.	cellule	cytoplasme
dactylo-	gr.	doigt	dactylographier
démo-	gr.	peuple	démographie, démocratie
derm(o)-	gr.	peau	dermique
-derme	gr.	peau	épiderme
didact-	gr.	enseigner	didactique
digi(to)-	lat.	doigt	digitale
-doxe	gr.	opinion	orthodoxe, paradoxe
-drome	gr.	course, champ	aérodrome, hippodrome
dynamo-	gr.	force	dynamique
-èdre	gr.	face	polyèdre, tétraèdre
équi-	lat.	égal	équilatéral, équivalent
-fère	lat.	porter	téléférique, aurifère
galacto-	gr.	lait	galactorrhée
gastéro-	gr.	estomac	gastéropode, gastrite
-gène	gr.	qui engendre	cancérigène, pathogène
géo-	gr.	terre	géographie, géologie
gluco-	gr.	doux (sucré)	glucide
glyco-	gr.	doux (sucré)	glycérine
-gone	gr.	angle	pentagone, polygone
-gramme	gr.	lettre	télégramme, épigramme
grapho-	gr.	écrire	graphique, graphologie
gynéco-	gr.	femme	gynécologue
gyno-	gr.	femme	gynécée
hélio-	gr.	soleil	héliothérapie, héliotrope
hémato-	gr	sang	hématome
hémo-	gr.	sang	hémoglobine
hétéro-	gr.	autre	hétérogène, hétérosexuel
hippo-	gr.	cheval	hippodrome, hippique
holo-	gr.	entier	holocauste (= brûler tout entier)
homéo-	gr	semblable	homéopathie
homo-	gr.	semblable	homosexuel
homo-	lat.	homme	homicide
horo-	gr.	heure	horoscope
hydro-	gr.	eau	hydravion, hydraulique
hygro-	gr.	humide	hygrométrique
hypno-	gr.	sommeil	hypnose, hypnotique
icono-	gr.	image	icône, iconographie
iso-	gr.	égal	isotherme, isocèle
kinési-	gr.	mouvement	kinésithérapeute
lacto-	lat.	lait	lacté, lactique
latéro-	lat.	côté	équilatéral, quadrilatère

RACINE		SENS	EXEMPLES
leuco-	gr.	blanc	*leucémie, leucocyte*
litho-	gr.	pierre	*lithographie*
-lithe	gr.	pierre	*paléolithique*
logo-	gr.	discours	*logorrhée*
-logue	gr.	discours	*monologue*
-lyse	gr.	dissolution	*analyse, électrolyse*
macro-	gr.	grand	*macrocosme, macrophotographie*
mam(m)-	lat.	mamelle	*mammifère, mammaire*
-manie	gr.	folie	*cléptomanie*
-mane	gr.	folie	*nymphomane*
méga-		grand	*mégalithe*
mégalo-	gr.	grand	*mégalomanie*
mélano-	gr.	noir	*mélancolie*
méso-	gr.	au milieu	*Mésopotamie*
méta-	gr.	transformer	*métamorphose*
métro-	gr.	mesure	*métronome*
-mètre	gr.	mesure	*kilomètre*
micro-	gr.	petit	*microphone, microscope*
miso-	gr.	haïr	*misogyne, misanthrope*
-mobile	lat.	qui se meut	*automobile*
mono-	gr.	seul	*monarchie, monoculture*
morpho-	gr.	forme	*morphologie, polymorphe*
multi-	lat.	nombreux	*multinationale, multicolore*
myo-	gr.	muscle	*myocarde, myopathie*
mytho-	gr.	légende	*mythologie, mythique*
naut-	lat.	matelot	*nautique, cosmonaute*
nécro-	lat.	mort	*nécrologie, nécropole*
néo-	gr.	nouveau	*néologisme, néophyte*
neuro-	gr.	nerf	*neurologue, neurone*
-nome	gr	loi	*agronome*
-nomie	gr.	loi	*astronomie*
nyct-	gr.	nuit	*nyctalope*
oléo-	lat.	huile	*oléagineux, oléoduc*
oligo-	gr.	peu nombreux	*oligarchie, oligospermie*
omni-	lat.	tout	*omnivore, omnisports*
onom-	gr.	nom	*onomatopée*
-onyme	gr.	nom	*homonyme, patronyme*
-ope	gr.	œil	*myopie, hypermétropie*
ophtalmo-	gr.	œil	*ophtalmie*
ornitho-	gr.	oiseau	*ornithologique*
ortho-	gr.	droit	*orthographe, orthophonie*
oto-	gr.	oreille	*otite, oto-rhino-laryngologiste*
ovo-	lat.	œuf	*ovocyte, ovulation*

RACINE		SENS	EXEMPLES
oxy-	gr.	acide	oxygène, oxydation
paléo-	gr.	ancien	paléolithique
pan-	gr.	tout	panorama, panthéon
patho-	gr.	souffrance	pathologique, sympathie
patr(i)-	lat.	père	patriarche, patronymique
péd-	gr.	enfant	pédiatre, pédagogie
pédi-	lat.	pied	pédestre, pédicure
pédo-	gr.	enfant	pédologie, pédophilie
pétro-	lat.	pierre	pétrochimie, pétrole
phago-	gr.	manger	phagocyte
-phage	gr.	manger	anthropophage
-phane	gr.	paraître (briller)	diaphane
phanéro-	gr.	visible	phanérogame
philo-	gr.	qui aime	philosophe
-phile	gr.	qui aime	francophile
-phobe	gr.	qui craint	claustrophobe
-phobie	gr.	qui craint	xénophobie
-phone	gr.	voix, son	téléphone
phono-	gr.	voix, son	phonétique
-phore	gr.	porter	métaphore, sémaphore
photo-	gr.	lumière	photocopie, photographie
phyllo-	gr.	feuille	chlorophylle, phylloxéra
phylo-	gr.	tribu, espèce	phylogenèse
physio-	gr.	nature	physiologie, physionomie
phyto-	gr.	plante	phytoplancton, phytothérapie
pisci-	lat.	poisson	piscine, pisciculture
pneum(o)-	gr.	souffle, poumon	pneumatique, pneumonie
podo-	gr.	pied	podologue
poli-	gr.	ville, cité	politique
-pole	gr.	ville, cité	métropole
poly-	gr.	plusieurs, nombreux	polysémie, polygone
potam-	gr.	fleuve	hippopotame
psych(o)-	gr.	âme, esprit	psychiatre, psychologue, métempsycose
ptéro-	gr.	aile	hélicoptère, ptérodactyle
pyro-	gr.	feu	pyrogravure, pyromane
radio-	lat.	rayon	radioactivité, radiologie
rect(i)-	lat.	droit	rectangle, rectiligne
rhé(o)-	gr.	couler	aménorrhée, logorrhée
rhino-	gr.	nez	rhinocéros, rhinite
rhizo-	gr.	racine	rhizome
-scope	gr.	examiner	microscope, télescope
séma-	gr.	signe	sémantique
sémio-	gr.	signe	sémiologie

RACINE		SENS	EXEMPLES
télé-	gr.	au loin	télépathie, télévision
thalasso-	gr.	mer	thalassothérapie
théo-	gr.	dieu	polythéisme, théologie
-thèque	gr.	lieu de rangement	bibliothèque, phonothèque
thérap(eu)-	gr.	soigner	psychothérapie, thérapeute
-thèse	gr.	action de poser	hypothèse, synthèse
-tomie	gr.	action de couper	anatomie, mammectomie
topo-	gr.	lieu	topologie, toponyme
-trope	gr.	tourner	héliotrope
-trophie	gr.	nourriture	atrophie, hypertrophie
-vore	lat.	manger	carnivore, herbivore
xéno-	gr.	étranger	xénophobe
xylo-	gr.	bois	xylophage, xylophone
zoo-	gr.	animal	zoologique

383 Préfixes d'origine savante

RACINE		SENS	EXEMPLES
a-	gr.	privatif	atypique
an-	gr.	privatif	analphabète
ab-	lat.	éloignement	abstraction
ana-	gr.	en remontant, par	analyse, anagramme
anté-	lat.	avant, devant	antécédent, antérieur
anti-	gr.	contre	antigel, antivol
apo-	gr.	à partir de	apothéose, apogée
cata-	gr.	en bas	catacombe, catalyse
circum-	lat.	autour de	circonférence, circonscription
cis-	lat.	en deçà de	cisalpin
co-	lat.	avec, achèvement	coopérer
com-	lat.	avec, achèvement	comité, compassion
con-	lat.	avec, achèvement	concevoir
dia-	gr.	à travers	diapositive, diachronie
dys-	gr.	difficulté, trouble	dyslexie, dystrophie
ecto-	gr.	en dehors	ectoplasme
en-	gr.	dans	endettement, enraciné
endo-	gr.	dedans	endogène, endogamie
épi-	gr.	sur	épiderme, épigramme
eu-	gr.	bien	euphorie, euthanasie
ex-	lat.	hors de	exhumation, expatrié
exo-	gr.	dehors	exogamie
extra-	lat.	au-delà	extrapolation
hyper-	gr.	sur, plus	hypertension, hypertrophie
hypo-	gr.	sous	hypothèse, hypoglycémie

RACINE		SENS	EXEMPLES
in-	lat.	dans	*inhalation, inhérent*
in-	lat.	négatif	*incurable, indigne*
inter-	lat.	entre	*interaction*
intra-	lat.	dedans	*intraveineux*
intro-	lat.	dedans	*introduction*
juxta-	lat.	à côté de	*juxtaposition*
méta-	gr.	après	*métaphysique*
para-	gr.	près	*parapsychologie, paragraphe*
para-	gr.	contre	*parapluie, parasol*
péné-	lat.	presque	*péninsule, pénéplaine*
per-	lat.	par, à travers	*perforateur*
péri-	gr.	autour	*périphérique, périscope*
pré-	lat.	devant, avant	*préfixe, préhistoire*
pro-	lat.	pour	*prolongation, pronom*
ré-	lat.	répétition, retour	*régression, réitération*
rétro-	lat.	en arrière	*rétroviseur, rétroactif*
semi-	lat.	à moitié, demi	*semi-conducteur*
sub-	lat.	sous	*subaquatique, suburbain*
super-	lat.	sur	*supermarché, supérieur*
supra-	lat.	au-dessus	*supranational, supraterrestre*
syn-	gr.	avec	*synchronie, synonyme, sympathie*
trans-	lat.	au-delà de, à travers	*transmetteur, transatlantique*
ultra-	lat.	au-delà de	*ultrason, ultraviolet*

384 Préfixes exprimant la quantité

FRANÇAIS	LATIN	GREC
un	*uni- (unicellulaire)*	*mono- (monologue)*
deux	*bi-, bis- (bicorne)*	*di- (diptère)*
trois	*tri- (trinôme)*	*tri- (trigonométrie)*
quatre	*quadri- (quadrilatère)*	*tetra- (tétraèdre)*
cinq	*quinqu- (quinquennal)*	*penta- (pentagone)*
dix	*déci- (décimètre)*	*déca- (décathlon)*
cent	*centi- (centimètre)*	*hecto- (hectolitre)*
mille	*mill- (millimètre)*	*kilo- (kilogramme)*
dix mille		*myria- (myriapode)*
demi	*semi- (semi-conducteur)*	*hémi- (hémicycle)*

Les tolérances orthographiques

Bescherelle

Les tolérances orthographiques

Certains mots ont deux orthographes possibles, que l'Académie française ou les principaux dictionnaires ont enregistrées, souvent à titre de variantes. L'Académie française enregistre les rectifications publiées au *Journal officiel* du 6 décembre 1990 en spécifiant : «Aucune des deux graphies ne peut être tenue pour fautive» (*Dictionnaire de l'Académie*, 9ᵉ édition, 1993).

385 L'accent circonflexe

• L'accent circonflexe n'est plus obligatoire sur les voyelles *i* et *u*.

ANCIENNE ORTHOGRAPHE	NOUVELLE ORTHOGRAPHE
abîme	abime
abîmer	abimer
accroître	accroitre
août	aout
apparaître	apparaitre (et tous les verbes en -*aître*)
boîte	boite
brûler	bruler
chaîne	chaine (et tous les verbes en -*chaîner*)
connaître	connaitre (et tous les verbes en -*connaître*)
coût	cout
coûter	couter
croûte	croute
dîner	diner
emboîter	emboiter
encroûter	encrouter
entraîner	entrainer
flûte	flute
flûtiste	flutiste
fraîche	fraiche
fraîcheur	fraicheur
goût	gout
goûter	gouter
île	ile
maître	maitre
maîtresse	maitresse
maîtrise	maitrise (et le verbe *maîtriser*)

ANCIENNE ORTHOGRAPHE	NOUVELLE ORTHOGRAPHE
mûre	*mure*
plaît	*plait*
presqu'île	*presqu'ile*
ragoût	*ragout*
sûre	*sure*
sûrement	*surement*
sûreté	*sureté*
traîner	*trainer*
traître	*traitre*
traîtrise	*traitrise*

❶ Il faut maintenir l'accent circonflexe sur les terminaisons des verbes.
    nous suivîmes – nous voulûmes (passé simple)
    qu'il suivît – qu'il voulût (imparfait du subjonctif)

REMARQUE Certains mots conservent leur accent circonflexe
parce qu'il permet de les distinguer d'autres mots homonymes.
du lait, la porte du jardin – j'ai dû courir
un grand mur – un fruit mûr
sur la table – sûr de lui

• Les noms propres et leurs adjectifs dérivés conservent également leur accent circonflexe.
    Nîmes   nîmois

386 L'accent grave sur le e ouvert

• On peut désormais accentuer sur le modèle de *semer* les verbes conjugués sur le modèle de *céder* (accent grave sur les formes du futur et du conditionnel).
    je cèderai (au lieu de je céderai…)
    il cèderait (au lieu de il céderait…)

• On peut désormais conjuguer sur le modèle de *peler* et *acheter* tous les verbes en *-eler* et *-eter*.
    épeler   j'épèle (au lieu de j'épelle…)
    moucheter   il mouchète (au lieu de il mouchette…)

❶ Les verbes *jeter* et *appeler*, ainsi que leurs dérivés, conservent leur conjugaison habituelle (doublement du *t* et du *l* à certaines personnes et certains temps) → **331 et 332.**

• Les mots en -*ement* dérivés des verbes en -*eter* et -*eler* prennent également un accent grave (***amoncèlement, dénivèlement, ensorcèlement, étincèle-
ment...***), de même que les mots suivants :

abrègement	*crènelage*	*règlementairement*
affèterie	*crèneler*	*règlementation*
allègement	*crènelure*	*règlementer*
allègrement	*empiètement*	*sècheresse*
assèchement	*évènement*	*sècherie*
cèleri	*fèverole*	*sènevé*
complètement	*hébètement*	*vènerie*
crèmerie	*règlementaire*	

387 L'emploi des consonnes doubles dans une même famille de mots

Il est maintenant admis d'uniformiser l'emploi des consonnes doubles
dans les mots qui sont formés sur le même radical.

ANCIENNE ORTHOGRAPHE	NOUVELLE ORTHOGRAPHE
bonhomie	*bonhommie* (comme *bonhomme*)
cahute	*cahutte* (comme *hutte*)
chariot	*charriot* (comme *charrette*)
combatif	*combattif*
combative	*combattive*
combativité	*combattivité* (comme *combattre*)
imbécillité	*imbécilité* (comme *imbécile*)
interpeller	*interpeler*
(j'interpelle,	*(j'interpèle,*
il interpellera)	*il interpèlera)*
persifler	*persiffler* (comme *siffler*)
sotie	*sottie* (comme *sottise*)

388 Les mots en -*iller* ou -*illier*

On admet l'orthographe -*iller* dans les mots suivants, où le *i* ne s'entend pas.

ANCIENNE ORTHOGRAPHE	NOUVELLE ORTHOGRAPHE
joaillier	*joailler*
marguillier	*marguiller*
ouillière	*ouillère*
quincaillier	*quincailler*
serpillière	*serpillère*

389 Les mots composés

• Tous les noms composés d'un verbe ou d'une préposition et d'un nom suivent la formation du pluriel dans les noms simples : le nom, quel que soit son sens, s'accorde au pluriel.

un perce-neige → des perce-neiges
un après-midi → des après-midis

 Les noms composés d'un nom propre ou d'un nom précédé d'un article singulier restent invariables.
des trompe-la-mort

• Les noms composés suivants séparés par un trait d'union ou une apostrophe peuvent s'écrire en un seul mot.

arcboutant	coupecoupe	millefeuille	risquetout
arrachepied	couvrepied	millepatte	sagefemme
autostop	crochepied	millepertuis	saufconduit
bassecontre	croquemadame	passepartout	tapecul
bassecontriste	croquemitaine	passepasse	téléfilm
bassecour	croquemonsieur	piquenique	terreplein
bassecourier	croquemort	platebande	tirebouchon
basselisse	croquenote	porteclés	tirebouchonner
bassetaille	faitout	portecrayon	tirefond
boutentrain	fourretout	portemine	tournedos
branlebas	hautecontre	portemonnaie	vanupieds
brisetout	hautelisse	portevoix	vélopousse
chaussetrappe	hautparleur	potpourri	véloski
chauvesouris	jeanfoutre	poucepied	vélotaxi
chèvrepied	lieudit	poussepousse	
cinéroman	mangetout	prudhomme	
clochepied	mêletout	quotepart	

390 Accord du participe passé *laissé*

Le participe passé ***laissé*** suivi d'un infinitif est invariable, sur le modèle de ***fait***.

> Elle les a laissé partir. Elle les a fait partir.
> Je me suis laissé convaincre. Je me suis fait convaincre.

391 **Noms empruntés à d'autres langues**

• Les noms d'origine étrangère s'accordent au pluriel selon la règle générale (ajout de *s*, sauf s'ils sont terminés par *s*).

des apparatchiks
des confettis
des graffitis
des jazzmans
des maximums

❶ Les mots qui ont gardé leur valeur de citation : ***des mea culpa***.

• Un certain nombre de mots composés d'origine étrangère perdent leur
trait d'union.

bluejean, globetrotteur, statuquo, vadémécum, weekend

• Les mots empruntés, enfin, s'accentuent selon les règles d'accentuation
des mots français.

délirium trémens, diésel, média, pédigrée, révolver

392 **Trait d'union**

Tous les nombres composés, qu'ils soient supérieurs ou inférieurs à *cent*,
s'écrivent avec un ou des traits d'union.

trois-mille-quatre-cent-dix-huit
vingt-et-un

393 **Le tréma**

• Le tréma se place sur la lettre qui doit être prononcée.

ANCIENNE ORTHOGRAPHE	NOUVELLE ORTHOGRAPHE
aiguë	*aigüe*
ambiguë	*ambigüe*
ciguë	*cigüe*
exiguë	*exigüe*

• De plus, le tréma apparaît dans certains mots pour en préciser
la prononciation.

  gageüre (au lieu de *gageure*), *argüer* (au lieu de *arguer*)

Lexique

Les numéros renvoient aux numéros des paragraphes.

■ Les numéros en bleu clair renvoient à la partie *Orthographe d'usage*.
Ex.: abbaye . . . . 110: le paragraphe 110 donne la règle d'écriture de la graphie *bb*, ainsi que d'autres exemples.

---

110 *b* ou *bb* comme **b**aguette ou a**bb**é

• La graphie du son [b] pose moins de problèmes : on écrit en général *b* ; *bb* est en effet très rare. Cette graphie n'apparaît ni à l'initiale ni en finale et elle concerne essentiellement quelques termes religieux.

■ *bb*

abbaye	*rabbin*	*sabbatique*
abbé	*sabbat*	

■ Les numéros en orange renvoient à la partie *Orthographe grammaticale*.
Ex.: accélérer . . . . 330 : le paragraphe 330 donne des indications sur la conjugaison et l'orthographe.

---

330 Verbes en *-é + consonne + er* : *je cède, nous cédons*

Les verbes se terminant par *-é* + consonne + *er* (*céder*, *célébrer*, *régler*...), qui se conjuguent sur le modèle de céder, changent le *é* en *è* :

– aux trois personnes du singulier et à la 3e personne du pluriel du présent de l'indicatif;   *je cède*

– aux trois personnes du singulier et à la 3e personne du pluriel du présent du subjonctif;   *que je cède*

– à la 2e personne du singulier du présent de l'impératif.   *cède*

■ Les numéros en bleu foncé renvoient à la partie *Vocabulaire*.
Ex.: accord . . . . 357 : au paragraphe 357 figurent les homonymes d'*accord*.

---

accord	*l'accord du piano*	accort	*Accort est synonyme d'habile.*
	la signature de l'accord	acore	*la fleur d'un acore*
accore	*une côte accore*		

Abréviations utilisées :

adv = adverbe	inv = invariable	pl = pluriel
f = féminin	m = masculin	sg = singulier

A

a 1 304 313 357
a cap(p)ella 252
a contrario 252
a fortiori 252
à 2 308 357
à-côté(s) **m** 298
à-coup(s) **m** 298
ab intestat 230
abaisse-langue **m** .. 285 298
abaissement 11
abandon 72
abaque **f** 148
abat-jour **m** 285
abats 275
abattage 116
abattement 116
abattis 229
abattoir 175
abattre 352
abbatial 181 289
abbaye 110
abbé 22 110 357
abbesse 110 256
abcéder 330
abcès 179 275
abdication 214
abdomen 15
abdominal 289
abduction 214
abécédaire **m** 11
abeille 98
aberrant 171 230
aberration 171
abîme 32
abject 230
abjection 214
abjuration 214
ablatif 265
ablation 214
ablette 116
ablution 214
abnégation 214
aboiement 224
abois **pl** 275
abolition 214

abolitionniste 166
abominable 163
abomination 214
abondamment 164
abondance 72
abonnement 166
abord 233
abordage 143
aborigène 10
abortif 265
aboutissants **pl** 72
aboutissement 73
aboyer 87 334
aboyeur 97
abrasif 265
abrégé 22
abrègement 10
abréger 328 330
abreuvoir 53
abréviation 214
abri 30
abribus 275
abricot 46 230
abricotier 115
abrogation 214
abroger 328
abrupt 115 230
abruptement 76
abscisse **f** 180
abscons 287
absence 179
absent 109 230
absentéisme 22
absinthe **f** 117
absolu 109
absolument 76
absolution 214
absorption 214
absoudre 346
abstention 72
abstentionnisme 166
abstinence 72
abstraction 214
abstraire 339
abstrait 230
absurdement 76
absurdité 22

abus 229 275
abusif 265
abyssin 34
acabit **m** 35
acacia 1
académicien 63 267
académie 147
académique 147
acadien 147 267
acajou **m** 147
acariâtre 2
accablement 149
accalmie 149
accaparement 149
accapareur 149
accastillage 98
accéder 330
accélérateur 182 264
accélération 214
accélérer 330
accent 73 230
accentuation 214
acceptabilité 182
acceptation 214
acception **f** 214
accès 229 275
accession 215
accessit **m** 178
accessoire **m** 221
accessoiriste 178
accident 73 230
accidentel 260
accidentellement 160
acclamation 149
acclimatation 149
accointances **f pl** 72
accolade **f** 149
accommodation 164
accommodement 164
accompagnateur 264
accompagnement 81
accompli 257
accomplissement 178
accord 233 357
accordéon 22
accordéoniste 22
accordeur 174

accord......... 149 230 357
accostage ᵐ.......... 149
accotement.......... 149
accouchement....... 149
accoucheur.......... 264
accoudoir........... 149
accouplement 149
accourir............. 338
accoutrement........ 149
accoutumance 72
accroc ᵐ............. 149
accrochage 149
accroche-cœur(s) ᵐ.... 285
accroissement 178
accroître 351
accru 257
accu 149
accueil 59
accueillant........ 59 230
acculturation ᶠ........ 149
accumulateur ᵐ 149
accusateur 149 264
accusatif 274
accusation........... 149
acerbe 179
acéré 179
acérer............. 330
acétique......... 148 357
acétone ᶠ............ 179
acétylène ᵐ........... 34
achalandé 257
acharné 257
acharnement 73
achat 9 230
acheminement....... 163
acheter............. 332
acheteur 264
achèvement 10
achever 329
achoppement........ 108
acide............. 179
acidité ᶠ............. 22
acidulé 179
acier 24
aciérer 330
aciérie 220
acné ᶠ........... 22 357

acolyte............... 34
acompte.............. 81
acousticien 204 274
acoustique........... 147
acquéreur 152
acquêt 13 230 357
acquiescement........ 180
acquiescer........... 327
acquisition 214
acquit......... 30 230 357
acquit(s)-à-caution ᵐ .. 285
acquittement 116
âcre............. 2 5 357
acre ᶠ........... 1 5 357
acrimonie 221
acrobate 115
acrobatie........... 181
acropole ᶠ........... 159
acrylique............. 34
actant........... 73 230
acte............... 147
acteur............. 256
actif 265
actinique 147
action.............. 214
actionnaire 166
activement 73
activité............. 22
actualité............. 22
actuariel 260
actuel 260
actuellement 160
acuité.............. 147
acuponcteur 147
acuponcture 223
acupuncture 223
ad libitum 252
adage ᵐ 143
adagio 143
adaptateur 274
adaptation........... 214
additif........... 119 265
addition......... 119 357
additionnel 166 260
adducteur 119
adduction 119
adepte 15

adéquat 230
adhérence 235
adhérent 230 235
adhérer 330
adhésif.......... 235 265
adhésion 235
adieu 53 280
adipeux 54 272
adjacent........... 73 230
adjectif.............. 265
adjoindre............ 345
adjoint 94 230
adjonction........... 214
adjudant 73 230
adjudication 214
adjuger............. 328
adjuvant........... 73 230
admettre 352
administrateur 274
administration 214
admirablement 73
admiratif 265
admissibilité 178
admission 215
admonestation....... 214
adolescence 180
adolescent...... 73 180 230
adoptif.............. 265
adoption ...'........ 214
adorable............. 118
adorateur........... 274
adoucissement....... 178
adoucisseur.......... 178
adrénaline ᶠ........... 165
adresse.............. 178
adroit 86 230
adroitement 73
adulateur............ 264
adulte.............. 225
adultère ᵐ 10
adultérer 330
adultérin 257
adventif 265
adventiste 72
adverbial 289
adversaire 221
adverse 177

adversité 22
aède ^m 10
aération 214
aérer 330
aérien 267
aéro-club(s) ^m 285
aérobie ^m 35
aérodrome 22
aérodynamique 148
aérofrein 65
aérogare ^f 221
aéronaute 43
aéronaval 289
aérophagie 126
aéroport 230
aérosol 177
affable 125
affabulation 125
affaiblissement 125
affaire 11
affaissement 11
affamé 125
affect 125 230
affectation 214
affectif 265
affection 214
affectivité 22
affectueusement 53
affectueux 54 272
afférent 73 230
affermissement 125
affiche 125
affilié 125
affine 125
affinité 22
affirmatif 265
affirmation 214
affixe ^m 125
affliction 214
affliger 328
affluence 72
affluent 73 230
afflux 231 275
affolement 125
affourager 328
affourager 328
affranchissement 125

affres ^f^pl 275
affrètement 10
affréter 330
affreusement 125
affreux 54 272
affriolant 73 230
affront 82 230
affrontement 125
affût 125 230
affûtage 125
afghan 134
aficionado 179
africain 124
africanisation 214
afrikaans 150
afro 42
afro-asiatique 285
agacement 131
agacer 327
agacerie 220
agape ^f 107
agate ^f 115
âge 2 357
âgé 2
agence 72
agencement 143
agencer 327
agenda ^m 1
agenouillement 98
agent 73 230
aggiornamento ^m 143
agglomérat 133 230
agglomération 133
aggloméré 133
agglomérer 330
aggravation 133
agile 143
agilité 22
agio 42
agiotage 115
agissements 275
agitateur 264
agitation 214
agneau 44 277
agneler 331
agnelet 13 230
agnelle 14

agnostique 148
agonie 220
agora ^f 1
agoraphobie 126
agrafe 124
agrafeuse 124
agraire 221
agrammatical 164 289
agrammatisme 164
agrandissement 131
agrandisseur 131
agréable 22
agrégat 1 230
agrégation 131
agrégé 22
agréger 328 330
agrément 73
agrès ^m^pl 275
agresseur 178
agressif 265
agression 215
agressivité 178
agricole 159
agriculture 223
agrippement 108
agronomie 163
agrumes ^m^pl 275
aguets 275
ah! 1
ahuri 235
ahurissement 235
aide 11
aide-mémoire ^m 285
aïe! 97 237 357
aïeul(s) 237
aïeux 237
aigle 11
aigre 11
aigrefin 11
aigrelet 230 263
aigrette 14
aigreur 174
aigrissement 178
aigu 131 266
aiguë 237
aiguière 10
aiguillage 98

aiguille	98	
aiguilleter	332	
aiguillette	14	
aiguilleur	98	
aiguillon	98	
aïkido	150	
ail (pl : ails, aulx)	98 279 357	
aile	11 357	
ailé	257	
aileron	80	
ailette	14	
ailier	24	
ailleurs	98	
ailloli	98	
aimable	11	
aimant	73 230	
aimantation	214	
aîné	22	
aine f	11 357	
aînesse	178	
ainsi	64	
aïoli	237	
air	11 357	
airain	64	
aire	221 357	
airelle	14	
aisance	72	
aise	11	
aisément	11	
aisselle	178	
ajonc	82	
ajournement	142	
ajout	230	
ajusteur	174	
akinésie	150	
akkadien	150	
alacrité	22	
alaise f	11	
alambic	147	
alambiqué	148	
alanguissement	178	
albâtre m	2	
albatros m	275	
albigeois	144 270	
albinos	275	
album	163	
albumine f	163	
albumineux	272	
alcali m	30	
alcalin	257	
alcaloïde m	237	
alcazar	186	
alchimie	220	
alco(o)test	115 230	
alcool m	49	
alcoolémie	220	
alcoolique	148	
alcôve f	45	
alcyon	97	
ale f	159	
aléa m	22	
aléatoire	221	
alémanique	159	
alêne f	10 357	
alentour	72 357	
alentours	357	
aleph	126	
alerte	159	
alésage m	159	
alèse f	10	
aléser	330	
aléseur	58	
alevin	62	
alexandrin	257	
alezan	186	
alfa	1 357	
algarade f	131	
algèbre f	10	
algébrique	22	
algérien	63 267	
algérois	270	
algie	220	
algol	159	
algorithme m	117	
algue f	132	
alias	159	
alibi m	30	
aliboron m	80	
alicante m	72	
aliénabilité	22	
aliénation	214	
aliéné	22	
aliéner	330	
alignement	159	
aligoté	22	
aliment	73	
alimentaire	221	
a posteriori	252	
a priori	252	
à peu près	252	
à-plat(s) m	285	
à-propos m	298	
alimentation	214	
alinéa m	1	
aliquote f	148	
alizé m	186	
allaitement	160 357	
allant	73 230	
allécher	330	
allée	27	
allégation	160	
allège f	160	
allégeance	72	
allégement	160	
alléger	328 330	
allégorie f	220	
allègre	160	
allégrement	160	
allégresse	14	
allegretto adv	160	
allegro adv	160	
alléguer	330	
alléluia	1	
allemand	160	
allène m	160 357	
allergie	220	
allergologie	160	
alliage	160	
alliance	72	
alligator	160	
allitération f	214	
allô!	45 357	
allocataire	221	
allocation	214	
allochtone	151	
allocution	160	
allogène m	160 357	
allongement	160	
allonger	328	
allopathie	117	
allumage	160	

allume-feu ᵐ 285
allume-gaz ᵐ 285
allumette 160
allumeuse 160
allure 223
allusif 265
allusion 187
alluvial 289
alluvionnaire 166
alluvionnement 166
alluvions ᶠ 275
alma mater ᶠ 285
almanach ᵐ 151
aloès ᵐ 10
alogique 159
aloi 85
alors 229
alouette 237
alourdissement 178
aloyau 97 276
alpaga ᵐ 1
alpage ᵐ 143
alpax ᵐ 275
alpha 126 357
alphabet ᵐ 13
alphabétique 126
alphabétisation 214
alphanumérique 163
alpin 257
alpiniste 165
alsacien 63 267
altaïque 237
alter ego 285
altérable 22
altération 214
altercation 214
altérer 330
altérité 22
alternance 72
alternateur 15
alternatif 265
altesse 178
altier 262
altimètre 10
altimétrie 220
altiport 230
altiste 115

altitude ᶠ 115
alto 42
altruisme 237
aluminium 163
alun 67
alunissage 159
alvéole ᵐ ᵒᵘ ᶠ 22
amabilité 163
amadou 163 281
amalgame ᵐ 163
aman 72
amande 72 357
amanite ᶠ 115
amant 73 230 357
amarante ᶠ 72
amaril 257
amarrage ᵐ 171
amarre ᶠ 171
amas 1 275 357
amateur 174
amazone 186
amazonien 63 267
ambages 275
ambassade 72
ambassadeur 72 256
ambassadrice 178
ambiance 72
ambiant 73 230
ambidextre 72
ambigu 266
ambiguïté 237
ambitieux 210 272
ambition 214
ambivalence ᶠ 72
amble ᵐ 72
ambre ᵐ 72
ambroisie ᶠ 220
ambulance 72
ambulancier 24 274
ambulant 73 230
âme 2
amélioration 214
amen 15 357
aménageable 144
aménagement 163
aménager 328
amende 72 357

amendement 73
amène 10 357
amener 329
aménité 22
aménorrhée ᶠ 172
amenuisement 187
amer 15 357
amer ᵐ 15 170 357
amèrement 73
américain 64
américanisation 214
amerloque 148
amerrissage ᵐ 171
amertume ᶠ 163
améthyste ᶠ 117
ameublement 163
ami 274
amiable 237
amiante ᵐ 72
amibe ᶠ 163
amibien 63 267
amical 147 289
amicalement 147
amidon ᵐ 80
amidonnage 166
aminé 22
amine ᶠ 163
amiral 163 278
amirauté 43
amitié 22
amman 72 357
ammoniac 147 357
ammoniaque ᶠ 164 357
ammonite ᶠ 164
ammonium 164
amnésie 220
amnésique 148
amniotique 148
amnistie ᶠ 220
amoindrissement 178
amonceler 331
amoncellement 179
amont 82 230
amoral 163 289
amorçage 163
amorce ᶠ 179
amorcer 327

amorphe 126
amortissement 178
amortisseur 178
amour 170
amour(s)-propre(s) ᵐ . . 285
amourette 14
amourettes 275
amoureux 272
amovible 42
ampérage 72
ampère(s)-heure(s) ᵐ . . 285
ampère ᵐ 72
ampèremètre 72
amphétamine ᶠ 126
amphi 126
amphibie ᵐ 126
amphibologie 126
amphithéâtre 126
amphitryon 34
amphore ᶠ 126
ample 72
amplement 73
ampleur 72
ampli 30
ampliation 214
amplificateur 264
amplitude 72
ampoule 72
amputation 214
amulette ᶠ 163
amure ᶠ 223
amuse-gueule ᵐ 285
amusement 163
amusette 163
amygdale ᶠ 34
amygdalectomie 220
amylacé 34
an 72 357
anabolisant 230
anachorète ᵐ 151
anachronique 151
anachronisme 151
anacoluthe ᶠ 117
anaconda ᵐ 1
anaérobie 220
anagramme ᶠ 164
anal 289 357

analgésie 220
analogie 220
analogue 132
analphabète 126
analphabétisme 126
analyse 34
analytique 34
anamnèse ᶠ 10
anamorphose 126
ananas ᵐ 2
anar 170
anarchie 220
anarcho-syndicalisme ᵐ 285
anarcho-syndicaliste(s) . . . .
. . . . 285
anathème ᵐ 117
anatomie ᶠ 220
ancestral 289
ancêtre 10
anche ᶠ 72 357
anchois 86 275
ancien 267
anciennement 166
ancienneté 22
ancillaire 160
ancrage ᵐ 72
ancre 72 357
andain 64
andalou 281
andante ᵐ 72
andantino 72
andésite ᶠ 72
andin 62
andorran 171
andouille ᶠ 98
andouillette 14
androcéphale 126
androgène 10
androgyne 34
androïde 237
andropause ᶠ 72
âne 2
anéantissement 22
anecdote ᶠ 147
anecdotique 220
anémie 220
anémique 148

anémomètre ᵐ 163
anémone ᶠ 163
anergie 220
ânerie 2
ânesse 14
anesthésie 117
anesthésiste 117
aneth ᵐ 117
anévrisme ᵐ 163
anfractuosité 72
ange 72
angélique 148
angelot 46 230
angélus 72
angevin 62
angine 72
angiome ᵐ 72
anglais 229 270
angle 72
anglican 257
anglicisme 179
anglo-normand(s) 285
anglo-arabe(s) 285
anglo-saxon(s) 285
anglomanie 220
anglophilie 126
anglophobie 126 357
angoisse 178
angora ᵐ 1
angström ᵐ 55
anguille 98
anguillère 98
angulaire 221
anhéler 330
anhydre 235
anicroche ᶠ 165
aniline ᶠ 165
animal 278
animalcule ᵐ 147
animalier 262
animalité 22
animateur 256
animation 214
animiste 163
animosité 163
anis 165
anisette 14

ankylose ^f 150
annales 166 357
annamite 166
anneau 166 277
année 27
année(s)-lumière ^f 285
anneler 331
annelet 166 230
annexe ^f 166
annexion 216
annihilation 235
anniversaire ^m 221
annonce 166
annoncer 327
annonciateur 264
annotation 166
annuaire ^m 221
annuel 260
annuellement 160
annuité ^f 22
annulable 166
annulaire ^m 221
annulation 214
anoblissement 163
anode ^f 165
anodin 257
anomalie 220
anomie 220
ânon ^m 2
ânonnement 166
anonymat 1 230
anonyme 34
anorak 150
anorexie 220
anorexique 148
anorganique 165
anormal 163 289
anse ^f 72 357
antagonique 148
antagonisme 72
antan 72
antarctique 148
antécambrien 267
antécédent 73 230
antéchrist ^m 151
antédiluvien 267
antenne 14

antépénultième 72
antéposition 72
antérieur 174
antérieurement 73
antériorité 22
anthologie 117
anthracite ^m 179
anthrax 117
anthropocentrique 117
anthropoïde 237
anthropologie 117
anthropométrie 117
anthropomorphe 126
anthropophage 126
anthropopithèque 117
antialcoolique 237
antiatomique 237
antibiotique 148
anticipation 214
anticlinal 289
anticoagulant 230
anticonceptionnel . 166 260
anticorps 229 275
anticyclone 34
antidérapant 73 230
antidote ^m 115
antienne ^f 166
antigel 15
antigène ^m 10
antillais 98 270
antilope ^f 107
antimoine ^m 85
antinomie 220
antipathie 117
antiphrase 126
antipode ^m 107
antiquaille ^f 98
antiquaire 148
antique 148
antiquité 22
antirabique 148
antisémite 163
antiseptique 177
antithèse ^f 117
antithétique 117
antivol 159
antonomase ^f 72

antonymie ^f 34
antre ^m 72 357
anus 275
anxiété 22
anxieux 272
aoriste ^m 237
aorte ^f 237
août 230
aoûtien 205 267
apache 107
apaisement 187
apanage ^m 163
aparté ^m 22
apartheid ^m 117
apathie 117
apathique 117
apatride 107
apepsie 107
apercevoir 340
aperçu 179
apéritif 107 265
aperture ^f 223
apesanteur 107
apex 275
aphasie 126
aphone 126
aphorisme ^m 126
aphrodisiaque 126
aphte ^m 126
aphteux 54
api 30
apical 289
apicole 107
apiculture 107
apitoiement 224
apitoyer 87 334
aplanissement 107
aplasie 220
aplat 1 230
aplatissement 107
aplomb 82
apnée ^f 27
apocalypse ^f 34
apocope ^f 107
apocryphe ^m 126
apodictique 107
apodose ^f 107

apogée ^m 27
apolitique 148
apollinien 160 267
apologie ^f 220
apologue ^m 132
apophtegme ^m 126
apophyse ^f 126
apoplexie ^f 220
aporétique 170
aporie ^f 170
apostasie 107
apostat ^m 1
apostolat ^m 1
apostolique 148
apostrophe ^f 126
apothéose ^f 117
apothicaire ^m 221
apôtre 45
apparaître 348
apparat 108 230
apparatchik 150
appareil 98
appareillage 98
apparemment 3 230
apparence 108
apparent 73 230
apparentement 73
appariement 224
appariteur 108
apparition 214
appartement 108
appartenance 72
appas 357
appât 2 230 357
appauvrissement 108
appeau ^m 44
appel 108
appeler 331
appellation 160
appendice ^m 63
appendicite 63
appentis ^m 35
appesantissement 73
appétence ^f 72
appéter 330
appétissant 108 230
appétit 108 230

applaudissement 108
application 214
applique 148
appoggiature 143
appoint 94 230
appointements 275
appontement 108
apport 230
apposition 214
appréciable 179
appréciation 179
appréhension 215
apprenti 30
apprentissage 108
apprêt 13 230 357
apprivoisement 108
approbateur 264
approbatif 265
approbation 214
approche 108
approfondissement 110
appropriation 214
approvisionnement 164
approximation 214
approximativement . . . 107
appui 30
appui(s)-bras ^m 285
appui(s)-tête ^m 285
appuyer 334
âpre 2
après 10 229 357
après-demain 285
après-dîner(s) 285
après-guerre(s) 285
après-midi ^{m ou f} 285
après-ski(s) ^m 285
âpreté 22
aprioriste 221
apte 221
aptitude 115
apurement 107
aquafortiste 148
aquaplaning 148
aquarelle ^f 148
aquarium ^m 163
aquatique 148
aquavit ^m 148

aqueduc ^m 147
aqueux 272
aquicole 159
aquiculture 148
aquifère 124
aquilin 62 357
aquilon 159
aquitain 64
ara ^m 1 357
arabesque ^f 148
arabique 148
arabisant 73 230
arable 225
arabophone 126
arachide ^f 104
arachnéen 151
araignée 27
araire ^m 221
araméen 63
arasement 187
aratoire 221
arbalète ^f 10
arbalétrier 24
arbitraire 221
arbitre 225
arborescence 180
arboricole 110
arboriculture 223
arbre 221
arbrisseau 178 277
arbuste 221
arc 147
arc(s)-boutant(s) ^m 285
arcade 147
arcane ^m 357
arceau 44 277
archaïque 151
archaïsme ^m 237
archange ^m 151
arche 104
archéologie 151
archer 357
archet 230 357
archétype ^m 34
archevêché 22
archevêque 10
archiduc 147

archiépiscopal 289
archimandrite ᵐ 72
archipel ᵐ. 159
architecte 147
architectonique 115
architectural 289
architecture 223
archives ᶠᵖˡ. 275
arçon 179
arctique 148
ardéchois 86 270
ardemment 3 230
ardennais. 166 270
ardent. 73 230
ardeur 174
ardoise. 187
ardoisier 262
ardu 257
are ᵐ 221 357
arène 10
aréopage ᵐ 22
arête. 10
argent. 73 230
argenterie 220
argentin. 257
argile ᶠ. 159
argileux 272
argon 80
argonaute 165
argot. 42 230
argotique. 115
argousin. 187
argument. 73
argumentation 214
argus. 275
argutie 181
aria ᶠ 1
aria ᵐ 1
aridité. 22
ariégeois 144 270
arien. 63 267 357
arioso. 42
aristocratie 181
aristotélicien. 204 267
arithmétique ᶠ. 117
arlequin 62
arlésien 206 267

armada ᶠ. 1
armagnac 147
armateur 174
armature 223
arme. 221
armée. 27
armement. 73
arménien. 63 267
armistice ᵐ 179
armoire 221
armoiries. 275
armoricain 147
armure. 223
arnaque ᶠ 148
arnica ᶠ. 1
aromate ᵐ 115
aromatique. 148
arôme. 357
aronde 80
arpège ᵐ. 10
arpéger 328 330
arpent 73 230
arpenteur 174
arquebuse 148
arrachage 171
arrache-clou(s) ᵐ 285
arrache-pied ⁽ᵈ'⁾ 285
arrachement. 171
arraisonnement 171
arrangement. 171
arranger. 328
arrestation 15
arrêt 230 357
arrêté 171
arrhes ᶠᵖˡ 172 357
arriéré 171
arrière 221
arrière-boutique(s) 285
arrière-cerveau(x) 285
arrière-pensée(s) ᶠ 285
arrière-ban(s). 285
arrière-bouche(s) 285
arrière-cour(s) 285
arrière-garde(s) ᶠ 285
arrière-pays ᵐ 285
arrière-petits-enfants ᵐ ᵖˡ . . .
. . . . 285

arrière-plan(s) ᵐ. 285
arrière-saison(s) 285
arrière-salle(s) ᶠ 285
arrière-train(s) ᵐ 285
arriérer 330
arrimage 171
arrivage 171
arrivant 73 230
arrivée 27
arrogant. 73 230
arroger ⁽ˢ'⁾. 328
arrondi. 171
arrondissement 171
arrosage. 171
arrosoir ᵐ. 171
ars ᵐ 229 357
arsenal. 278
arsenic ᵐ 147
arsouille. 98
art. 230 357
artefact 115 230
artère 10
artériel. 22 260
artériographie 126
artériosclérose. 115
à vau-l'eau. 276
à-valoir ᵐ 285
artésien 206 267
arthrite ᶠ. 117
arthrose ᶠ. 117
artichaut 43 230
article. 225
articulaire 221
articulation. 214
articulatoire 221
articulet. 13 230
artifice 179
artificiel 200 260
artificieux 209
artillerie 98
artilleur 98
artimon 80
artisan 72
artisanat 1 230
artiste. 221
arum ⁽ᵃʳɔᵐ⁾ ᵐ 357
aruspice ᵐ 179

aryen 357
arythmie 34
as 357
ascaris ^m. 275
ascendance 180
ascendant 73 180 230
ascenseur 180
ascension 180 215
ascensionnel . . . 166 180 260
ascèse ^f 180
ascète 180
ascétique 115 357
asepsie 177
aseptique 177
asexué 177
ashkénaze 105
asiatique 187
asile ^m. 159
asocial 179 289
asparagus ^m. 275
aspect. 230
asperge 143
asperger. 328
aspérité 22
aspersion. 215
asphalte ^m 126
asphyxie 126
aspic ^m 147
aspiration 214
aspirine ^f 165
assainissement. 178
assaisonnement. 178
assassin 178
assassinat 178 230
assaut. 43 230
assèchement. 178
assécher. 330
assemblage 72
assemblée 27
assener 329
asséner 330
assentiment 178
asseoir ^(s'). 342
assermenté. 178
assertion 214
asservissement 178
assesseur. 178

assez. 25
assidu. 257
assiduité 22
assidûment 178
assiégeant 144 230
assiéger 328 330
assiette. 116
assiettée 27
assignat 1 230
assignation 214
assimilation 214
assises ^f 275
assistanat 1 230
assistance 178
assistant. 73 230
association 214
associé. 178
assolement 178
assombrissement 81
assommoir 164
assomption 81
assonance 72
assortiment. 178
assoupissement 178
assouplissement 178
assouvissement 178
assurance 72
assurément. 178
assureur. 174
assyrien 34 267
aster ^m 170 357
astérisque ^m 148
astéroïde ^m 237
asthénie. 117
asthme ^m 117
asticot 46 230
astigmate. 115
astragale ^m. 159
astrakan ^m 150
astre ^m 221
astreindre 345
astreinte 65
astringent 73 230
astrolabe ^m 159
astrologie. 220
astronaute. 43
astronomie 42

astrophysique ^f. 126
astuce ^f. 179
astucieux. 209 272
asymétrie 34
asymétrique 34
asymptote ^f. 66
atavisme 115
atèle ^m 115 357
atelier. 24
atemporel 260
atermoiement 224
atermoyer. 87 334
athée 117
athéisme 117
athénée ^m 27
athénien 267
athlète 117
athlétique 148
atlante ^m 72
atlas 275
atmosphère ^f. 126
atmosphérique. 126
atoll ^m. 160
atome. 42
atome(s)-gramme(s) ^m . . . . .
. . . . 285
atomique. 148
atomiseur 174
atonal. 289
atone 165
atonie 220
atours 275
atout. 230
âtre ^m 2
atrium ^m. 163
atroce. 179
atrocement 179
atrocité 179
atrophie. 126
atropine ^f 107
attachant. 116 230
attaché. 116
attaché(s)-case(s) ^m . . . 285
attachement. 116
attaque. 116
atteindre 345
atteint 65 230

atteinte	....	116
attelage	....	116
atteler	....	331
attelle **f**	....	160 357
attenant	....	116 230
attendrissement	....	116
attendu	....	257
attentat	....	1 230
attente	....	72
attentif	....	265
attention	....	214
atténuation	....	214
atténué	....	116
atterrissage	....	178
attestation	....	214
attiger	....	328
attique	....	116
attirail	....	98 279
attirance	....	72
attitré	....	116
attitude	....	116
attorney	....	16
attouchement	....	116
attractif	....	265
attraction	....	214
attraire	....	339
attrait	....	230
attrape	....	116
attrape-mouche(s) **m**	...	285
attrape-nigaud(s) **m**	....	285
attrayant	....	97 230
attribut	....	230
attributif	....	265
attribution	....	214
attroupement	....	116
atypique	....	34
au **(pl : aux)**	....	43
au(l)ne **m**	....	43
au-deçà	....	298
au-dedans	....	298
au-dehors	....	298
au-dessous	....	298
au-dessus	....	298
au-devant	....	230 298
aubade	....	43
aubaine	....	11

aube **f**	....	43
aubépine	....	43
auberge	....	43
aubergine **f**	....	43
aubier	....	24
aucun	....	67
aucunement	....	43
audace	....	179
audacieux	....	209 272
audible	....	225
audience	....	72
audiovisuel	....	260
auditeur	....	264
auditif	....	265
audition	....	214
auditoire	....	221
auge **f**	....	43
augmentation	....	214
augure **m**	....	43
augustin	....	257
augustinien	....	267
aujourd'hui	......'....	235
aulx **pl**	....	43 357
aumône	....	43
aumônier	....	43
aune **f**	....	43
auparavant	....	73 230
auprès	....	229
auquel **(pl : auxquels)**	....	148
aura **f**	....	1
auréole **f**	....	22
auriculaire **m**	....	221
auricule **f**	....	159
aurifère	....	124
aurignacien	....	204 267
aurochs	....	151
aurore **f**	....	43
auscultation	....	214
auspice **m**	....	179 357
aussi	....	178
aussitôt	....	43 230 357
austère	....	10
austérité	....	22
austral **(pl : australs ou austraux)**		289
australien	....	267
australopithèque	......	148
autan **m**	....	72 357

autant	....	73 230 357
autarcie **f**	....	220
autel	....	159 357
auteur	....	43 357
authenticité	....	117
authentique	....	117
authentiquement	......	117
autisme **m**	....	115
auto-accusation(s)	.....	285
auto-allumage **m sg**	.....	285
auto-école(s) **f**	....	285
auto-marché(s) **m**	......	285
auto-stop **m**	....	285
auto-stoppeur(s)	....	285
autobiographie	....	126
autobus	....	275
autocar	....	170
autocélébrer **(s')**	....	330
autochtone	....	151
autoclave **m**	....	221
autocollant	....	160 230
autocratie	....	181
autocritique	....	148
autodafé **m**	....	22
autodestruction	....	214
autodétermination	....	214
autofinancer	....	327
autogestion	....	143
autographe **m**	....	126
autolyse **f**	....	34
automate **m**	....	221
automatique	....	148
automatisation	....	214
automnal	....	164 289
automne	....	164
autonettoyant	.....	116 230
autonome	....	163
autonomie	....	220
autopompe **f**	....	81
autoportrait	....	230
autopsie **f**	....	177
autoradio **m**	....	43
autorail **m**	....	98
autorisation	....	214
autoritaire	....	221
autorité	....	10
autoroute **f**	....	43

autoroutier 262
autos-couchettes 285
autosatisfaction 214
autosuggestion 143
autour 170
autre 43
autrefois 86
autrement 73
autrichien 267
autruche 104
autrui 30
auvent ᵐ 73
auvergnat 1 9 230
auxiliaire 221
auxiliariat 1 9 230
aval 289
avalanche 72
avaleur 264
avance 72
avancée 27
avancement 73
avancer 327
avanie 220
avant 73 230 357
avant(s)-centre(s) ᵐ . . . 285
avant-première(s) ᶠ 285
avant-bras 285
avant-coureur(s) 285
avant-dernier(s) 285
avant-garde(s) ᶠ 285
avant-gardiste(s) ᵐ 285
avant-hier 298
avant-port(s) ᵐ 285
avant-poste(s) ᵐ 285
avant-projet(s) ᵐ 285
avant-propos 285
avant-scène(s) ᶠ 285
avant-toit(s) ᵐ 285
avant-train(s) ᵐ 285
avant-veille(s) ᶠ 285
avantage 72
avantager 328
avantageux 54
avare 221
avarice 179
avaricieux 54
avarie 220

avatar ᵐ 170
avec 147
aven ᵐ 163
avenant 73 230
avènement 73
avenir 170
avent 73 230 357
aventure 223
aventureux 54
aventurier 24 262
avenue 220
averse 15
aversion 215
avertissement 178
aveu 53 280
aveuglement 73
aveuglément 73
aveuglette ⁽ᵃ ˡ⁾ 116
aviateur 256
aviation 214
avicole 159
aviculture 223
avidité 22
avion 80
aviron 80
avis 35 275
avisé 22
avitaminose 187
avocat 1 9 230
avocate 115
avocatier 24
avoine ᶠ 85
avoir 175
avortement 73
avorton 80
avouable 237
avoué 22
avril 159
avunculaire 221
axe ᵐ 221
axial 289
axiologie 220
axiomatique 148
axiome ᵐ 42
axis ᵐ 177
ayant(s) cause 285
ayant(s) droit 230

ayatollah 97
azalée ᶠ 186
azimut ᵐ 186
azote ᵐ 186
aztèque 186
azur ᵐ 186
azuréen 63
azyme ᵐ 34

B

baba ᶠ 1
baba ᵐ 1
babil 159
babillage 98
babines 275
babiole 41
bâbord 233
babouche ᶠ 104
babouin 86
baby ⁽ᵖˡ ⠂ ᵇᵃᵇʸˢ ᵒᵘ ᵇᵃᵇⁱᵉˢ⁾ 34
babylonien 34 267
bac 147
bac(ch)ante 151
baccalauréat 149 230
baccara 149 358
baccarat 1 230 358
bacchanale 152
bâchage 2
bâche 2
bachelier 262
bachi-bouzouk(s) ᵐ 285
bachique 148
bachot 42 230
bachotage 143
bacillaire 221
bacille ᵐ 160
bacillose 160
bâclage 2
bacon 1
bactéricide 179
bactérie ᶠ 220
badaud 43
baderne ᶠ 15
badge ᵐ 143
badigeon 144

badigeonnage......... 144
badin............... 257
badine.............. 165
badinerie........... 220
badminton 163
baffe................ 125
baffle ᵐ.............. 125
bafouillage........... 98
bâfreur.............. 264
bagad.............. 118
bagage 131
bagarre............. 171
bagarreur........... 171
bagatelle 14
bagnard............ 176
bagnole 159
bagou(t)............. 131
baguage............. 132
bague.............. 132
baguette........... 116
bah!.............. 1 358
bahut 230
bai................. 358
baie............. 220 358
baignade 11
baigneur 264
baignoire 221
bail ⁽ᵖˡ : ᵇᵃᵘˣ⁾ 98 358
bâillement........... 98
bailleur............. 98
bâilleur............. 2
bailli 98
bailliage............ 98
bâillon 2
bâillonnement 166
bain................. 64
bain(s)-de-pieds ᵐ..... 285
bain(s)-marie ᵐ 285
baïonnette........... 237
baisemain 64
baiser 187
baisse.............. 178
bajoue 142
bakchich ᵐ........... 150
bal............. 278 358
bal(l)uchon.......... 160
balade 159 358

baladeur 159
baladin............. 159
balafon............. 124
balafre 124
balai 11 358
balai(s)-brosse(s) ᵐ 285
balalaïka ᶠ............ 237
balance 72
balancelle 179
balancement......... 179
balancer............ 327
balancier............ 24
balançoire........... 221
balayer.............. 333
balayette 97
balayeur......... 97 256
balayures........... 275
balbutiement 181
balcon 147
balconnet 166 230
baldaquin 148
baleine.............. 12
baleineau......... 44 277
baleinier 274
balèze.............. 186
balisage ᵐ 177
balistique ᶠ........... 148
baliveau 44 277
baliverne 159
balkanisation 214
ballade 160 358
ballant 160 230
ballast ᵐ............ 115
balle 160 358
ballerine 160
ballet 13 230 358
ballon 160
ballon(s)-sonde(s) ᵐ ... 285
ballonnement........ 166
ballot 42 230
ballotin............ 160
ballottage 116
ballottement......... 116
ballottine........... 116
balnéaire 221
balourd 257
balsa ᵐ................ 1

balte................ 221
baltique 148
balustrade 159
balustre ᵐ 159
balzacien........ 204 267
bambin................ 72
bamboche ᶠ........... 72
bambocheur.......... 72
bambou 72 281
bamboula ᶠ 72
ban.............. 72 358
banal ⁽ᵖˡ ᵉⁿ -ᵃˡˢ ᵒᵘ -ᵃᵘˣ ˢᵉˡᵒⁿ ˢᵉⁿˢ⁾ ...
.... 289
banalisation 214
banalité 22
banane............. 165
bananier 24 262
banc 74 358
bancaire............. 147
bancal 147 289
banco................ 42
bandage............. 72
bande................ 72
bande(s)-annonce(s) ᶠ . 285
bandeau.......... 44 277
bandelette........... 116
banderille 98
banderole 159
bandit............. 35 230
banditisme 115
bandonéon 22
bandoulière.......... 10
bang................. 74
banjo 142
bank-note(s) ᶠ........ 285
banlieue............. 55
banlieusard.......... 176
banni 166
bannière 166
bannissement........ 166
banque............. 148
banqueroute......... 148
banquet.......... 13 230
banqueter 332
banquette 116
banquier 24 256
banquise 187

bans 72 358
bantou 281
baobab ^m 110
baptême 10
baptismal 289
baptiste 221
baquet 13 230
baqueter 332
bar 170 358
baragouin 95
baraka ^f 1
baraque 148
baraquement 148
baratin 62
baratineur 264
baratte 116
barbacane ^f 165
barbant 73 230
barbaque ^f 148
barbare 221
barbaresque 148
barbarie 220
barbe 110
barbeau 44 277
barbecue 147
barbelé 257
barbet 13 230
barbichette 116
barbier 24 256
barbiturique 115
barboteuse 58
barbouillage 98
barbouze ^f 186
barbu 358
barbue 220 358
barcarolle ^f 160
barcasse 178
barda 1
barde ^m 118
bardeau 44 277 358
bardot 46 230 358
barème 10
baréter 330
barge 143
baril 159
barillet 98 230
bariolage 159

bariolé 257
barmaid 11
barman ^(pl en -men ou -man) . . . 282
barnum 163
baromètre 10
baron(ne) 268
baronet 165 230
baronnie 166
baroque 148
baroud 118
baroudeur 264
barouf 124
barque 148
barquette 116
barracuda 171
barrage 143
barre 171 358
barreau 44 277
barrette 171
barreur 264
barricade 171
barrière 10
barrique 171
barrissement 178
bartavelle ^f 160
barycentre ^m 34
baryon 97
baryton 34
bas 287 358
bas ^m 229 358
bas-bleu(s) ^m 285
bas-côté(s) ^m 285
bas-relief(s) ^m 285
bas-ventre(s) ^m 285
basal 187 289
basalte ^m 187
basaltique 148
basané 165
basculant 73 230
bascule 159
base 187
base-ball ^{m sg} 285
basilic ^m 147 358
basilique ^f 148 358
basique 148
basket ^m 150
basketteur 256

basoche ^f 104
basquais 11
basque 259
basque(s) ^f 274
basse(s)-cour(s) ^f 285
basse(s)-fosse(s) ^f 285
basse ^f 178
bassement 73
bassesse 178
basset 13 230
bassin 62
bassine 165
bassinet 165 230
bassinoire 221
basson 178
bast(a)ing 62
basta 1
bastide ^f 115
bastille 98
bastingage 131
bastion 1
bastonnade 166
bastringue ^m 132
bât 2 230 358
bat-flanc ^m 285
bataclan 72
bataille 98
batailleur 264
bataillon 98
bâtard 233
batave 115
batavia ^f 1
bâté 2
bateau 44 277
bateau(x)-mouche(s) ^m . . . . .
. . . . 285
bateau(x)-pompe(s) ^m . . . . . .
. . . . 285
batée 27
batelage 115
bateler 331
bateleur 256
batelier 24 256
batellerie 160
bath 117
bathyscaphe ^m 117
bâti 2

batifoleur. 124
batik ᵐ 150
bâtiment 73
bâtisse 178
bâtisseur 178
batiste 115
bâton 2
bâtonnet 166 230
bâtonnier. 166 256
batracien 204 267
battage. 116
battant 73 230
batte ᶠ 116
battement 116
batterie 116
batteur 264
battoir 116
battre 352
battue 220
baud 43
baudelairien 267
baudet 13 230
baudrier. 24
baudroie ᶠ 86
baudruche. 104
bauge 143
bauger 328
baume ᵐ. 43 358
baumier. 163
bauxite ᶠ 115
bavard 233
bavarois. 86 270
bavette. 116
baveux 54
bavoir. 175
bavure 223
bayadère ᶠ 97
bazar 186
bazooka 150
be-bop(s) ᵐ 285
béant 73 230
béarnais. 270
béat 1 230
béatement. 73
béatitude. 115
beatnik. 150
beau 44 273 358

beau(x)-fils ᵐ 285
beau(x)-frère(s) ⁽ᵒᵘ ᵇᵉᵃᵘᶠ⁽ˢ⁾⁾ ᵐ . .
. . . . 285
beau(x)-père(s) ᵐ. 285
beauceron 268
beaucoup. 233
beaufort. 230
beaujolais 275
beaupré 22
beauté 22
beaux-arts ᵐ ᵖˡ. 285
bébé 22
bec 15
bec(s)-de-cane ᵐ 285
bec(s)-de-lièvre ᵐ 285
bec(s)-fin(s) ᵐ. 285
bécane. 165
bécarre ᵐ. 171 358
bécasse 178
bêchage 10
béchamel ᶠ. 15
bêche 10
bêcheur 264
bêcheveter 332
bécot 42 230
becquée ᶠ. 152
becquet ᵐ. 152
becqueter 332
bedaine 11
bedeau. 44 277
bedon. 80
bédouin 95
bée ᶠ 27 358
beffroi 125
bégaiement. 224
bégayer 333
bégonia ᵐ. 1
bègue 132
bégueule 132
béguin 132
béguine 165
bégum 163
behavio(u)risme 235
beige. 12
beigne ᶠ 12
beignet. 13 230
bel. 15 260 358

bel canto 285
bel(o)uga ᵐ 1
bêlement. 10
belette 116
belge. 15
belgicisme. 179
bélier 159
bélître ᵐ 32
belladone ᶠ. 160
bellâtre ᵐ. 2
belle 14 358
belle(s)-famille(s) ᶠ 285
belle(s)-dame(s) ᶠ. 285
belle(s)-de-jour ᶠ 285
belle(s)-de-nuit ᶠ 285
belle(s)-fille(s) ᶠ 285
belle(s)-mère(s) ᶠ. 285
belle(s)-sœur(s) ᶠ. 285
belles-lettres ᶠ ᵖˡ 285
belliciste 179
belligène 10
belligérance 72
belligérant. 73 230
belliqueux 54
belon ᶠ 159
belote. 115
belvédère 10
bémol ᵐ 159
bénédicité 22
bénédictin. 257
bénédiction. 214
bénéfice 179
bénéficiaire. 192
bénéfique 148
benêt 13 230
bénévolat 1 230
bénévole ᶠ 159
bengali ᵐ 30
béni-oui-oui ᵐ ⁱⁿᵛ 285
bénignité 22
bénin ⁽ᶠ : ᵇᵉ́ⁿⁱᵍⁿᵉ⁾ 62 273
bénisseur 178
bénit. 35 230
bénitier 24
benjamin 62
benne. 166
benoît. 85 230

benoîtement	85	
benzène ᵐ	63	
benzine ᶠ	165	
béotien	205 267	
béquet	148 230	
béqueter	332	
béquille	98	
berbère	10	
bercail	98 279	
berceau	44 277	
bercement	179	
bercer	327	
berceuse	179	
béret	13 230	
bergamote ᶠ	115	
berge	15	
berger	256	
bergerie	220	
bergeronnette	166	
béribéri ᵐ	30	
berline	165	
berlingot	46 230	
berlinois	86	
berlue	220	
bermuda ᵐ	1	
bernard-l'ermite ᵐ ⁱⁿᵛ	285	
berne	15	
bernique ᶠ	148	
bernois	86	
berrichon	268	
besace	187	
besicles ᶠ ᵖˡ	275	
bésigue	132	
besogne	187	
besogneux	54	
besoin	93	
besson	178	
best-seller(s) ᵐ	285	
bestiaire	221	
bestial	289	
bestialement	159	
bestiaux	275	
bestiole ᶠ	159	
bêta	10	
bétail	98 279	
bétaillère	98	
bête	10 358	
bétel	15	
bêtise	10	
bêtisier	22	
béton	80	
bétonnage	166	
bétonnière	166	
bette	14 358	
betterave	116	
beuglant	73 230	
beuglement	53	
beurre	171	
beurrier	171	
beuverie	53	
bévue	220	
bey	16 358	
biais	11	
bibelot	42 230	
biberon	80	
bibi	30	
bibine ᵐ	165	
bible	225	
bibliobus	275	
bibliographie	126	
bibliophile	126	
bibliothécaire	221	
bibliothèque	117	
biblique	148	
bicarbonate ᵐ	163	
bicarré	171	
bicentenaire	221	
bicéphale	126	
biceps	275	
biche	104	
bichromie	151	
bickford	150	
bicolore	221	
bicoque	148	
bicorne	147	
bicyclette	34	
bidasse	178	
bidet	13 230	
bidon	80	
bidonville ᵐ	160	
bidule ᵐ	159	
bief ᵐ	15	
bielle	160	
biélorusse	178	
bien	63	
bien-pensant(e)(s)	257	
bien-aimé(e)(s)	257	
bien-fondé(s) ᵐ	285	
bien-vivre ᵐ	285	
bienfaisance	72	
bienfait	230	
bienfaiteur	264	
bienheureux	235 272	
biennal	166 289	
bienséant	73 230	
bientôt	230 358	
bienveillant	98 230	
bienvenu	257	
bienvenue	220	
bière	10	
biface ᵐ	124	
biffure	125	
bifteck	150	
bifurcation	214	
bigame	131	
bigarré	171	
bigarreau ᵐ	171	
bigarrure	171	
bigleux	272	
bigorneau	44 277	
bigot	230 269	
bigoterie	115	
bigouden	63	
bigoudi ᵐ	30	
bigre	225	
biguine	132	
bihebdomadaire	235	
bijectif	265	
bijection	214	
bijou	281	
bijouterie	115	
bijoutier	256	
bikini ᵐ	150	
bilan	72	
bilatéral	289	
bilboquet	148 230	
bile	159	
bileux	272	
bilharziose	186 187	
biliaire	159	
bilieux	272	

bilingue 132
bill 160
billard 233
bille 98
billet 13 230
billetterie 116
billevesée 27
billion 160
billot 42 230
bimbeloterie 62
bimensuel 260
bimillénaire 160
bimoteur 163
binaire 221
binette 116
bingo 42
biniou 140 281
binocle m 225
binôme 45
biochimie 220
biodégradable 221
bioénergétique 22
bioénergie 22
biographie 126
biologie 220
biophysique 126
biopsie f 177
biosphère f 126
biosynthèse f 66
biothérapie 117
biotope m 107
biotype m 34
bioxyde m 34
bipartite 115
bipartition 214
bipède 118
biplace 179
biplan 72
bipolaire 221
bipolarisation 214
biquet 148 230
biréacteur 22
birman 257
bis 177
bisaïeul 237
bisannuel 260
bisbille f 98

biscaïen 237
biscayen 97
biscornu 257
biscotte 116
biscuit 35 230
biscuiterie 220
bise 187
biseau 44 277
bison 187
bisou 187 281
bisque f 148
bissection 178
bissextile 178
bistouri 30
bistre 225
bistro(t) 42
bit m 115 358
bitension 215
biterrois 171
bitte 116 358
bitter 15
bitume m 115
bitumeux 272
biture f 223
biunivoque 148
bivalence 72
bivouac 147
bizarre 171
bizarrement 171
bizarrerie 171
bizarroïde 237
bizut(h) 186
bl(e)uet 230
blablabla inv 1
black-out m 285
blackboulage 150
blafard 233
blague 132
blagueur 264
blaireau 44 277
blâmable 2
blâme 2
blanc 74 258
blanc(s)-bec(s) m 285
blanc(s)-seing(s) m 285
blanchâtre 2
blancheur 58

blanchiment 73
blanchisserie 178
blanchisseur 256
blanquette 14
blasé 187
blason 187
blasphémateur 126
blasphématoire 221
blasphème 126
blasphémer 330
blastomère m 10
blatérer 330
blatte f 116
blazer 186
blé 22 358
bled 118
blême 10
blêmissement 22
blennorragie 170
blessant 73 230
blessure 178
blet 13 230
bleu 294
bleuâtre 2
bleusaille 98
bleuté 257
blindage 62
blindé 62
blizzard 189
bloc 147
bloc(s)-cylindre(s) m . . . 285
bloc(s)-système(s) m 285
bloc(s)-cuisine(s) m 285
bloc(s)-moteur(s) m 285
bloc(s)-notes m 285
blocage 147
blockhaus 150
blocus 275
blond 82
blondasse 178
blondinet 13 230 263
blondoyer 87 334
blouse f 187
blouson 187
blue-jean(s) m 285
blues m 187
bluette 116

bluff	125	
bluffeur	60	
blutage	115	
boa	1	
bob(sleigh)	134	
bobard	233	
bobèche f	10	
bobinage	165	
bobine	165	
bobo	42	
bocage	147	
bocal	278	
bock	150	
bœuf (pl : bœufs)	54 59	
bog(g)ie m	35	
bogue f	132	
bohème	235	
bohémien	267	
bois	86 275	
boiserie	187	
boisseau	178 277	
boisson	178	
boîte	85	
boiteux	272	
boîtier	24	
boitillement	98	
bol	159	
bolchevik	150	
bolchevique	148	
bolée f	27	
boléro	42	
bolet m	13	
bolide	159	
bolivien	267	
bombance	72	
bombarde	81	
bombardement	81	
bombardier	24	
bombe	81	
bombyx m	34	
bôme f	45 358	
bon	80 268 358	
bon enfant	230	
bon marché	22	
bon sens m	275	
bon(s)-papa(s) m	285	
bonapartiste	259	

bonasse	178 358
bonbon	81
bonbonne	166
bonbonnière	166
bond	82 358
bonde	221
bondé	22
bondieuserie	187
bondissement	178
bonheur	235
bonhomie	41
bonhomme (pl : bonshommes)	41
bonification	214
boniment	73
bonimenteur	264
bonjour	142
bonne	274
bonne(s)-maman(s) f	285
bonnement	166
bonnet	166 230
bonneteau	44 277
bonneterie	115
bonnetière	115
bonnette	116
bonniche	166
bonsoir	175
bonté	22
bonus m	177
bonze	186
bonzesse	178
boogie-woogie(s) m	285
bookmaker	150
booléen	267
boolien	267
boom	163 358
boomerang	163
bootlegger	133
boots m pl	275
boqueteau	44 277
bora f	1
borain	64
borborygme m	34
borchtch m	104
bord	233 358
bordeaux	231
bordée	27
bordel	159

bordelais	11 270
bordereau	44 277
bordure	223
bore m	221 358
boréal (pl en -als ou -aux)	289
borée	27
borgne	225
borique	148
bornage	143
bornoyer	87 334
bortsch m	105
bosquet	13 230
boss	178 358
bosse	178 358
bosseler	331
bosselure	223
bosseur	264
bossu	178
bot	42 230 358
botanique	148
botaniste	165
botte	116 358
botteler	331
botteur	174
bottier	116
bottillon	98
bottin	116
bottine	165
boubou	110 281
bouc	147
boucan	72
boucanier	165
bouche	104
bouche-bouteille(s) m	285
bouche-à-bouche m	285
bouche-trou(s) m	285
bouchée	27
boucher	24 256
boucherie	35
bouchon	80
bouchonné	166
bouchot	42 230
boucle	147
bouclette	14
bouclier	24
bouddha	119
bouddhisme	119

bouderie 35
boudin 62
boudiné 165
boudoir 175
boue 220 358
bouée 27
boueux 54
bouffant 125 230
bouffarde 125
bouffe 125
bouffée 125
bouffi 257
bouffon 125 268
bouffonnerie 166
bougainvillée **f** 27
bougainvillier **m** 27
bouge **m** 143
bougeoir 144
bougeotte 116
bouger 328
bougie 35
bougnat 1 230
bougon 268
bougonnement 166
bougrement 73
bougresse 178
boui(s)-boui(s) **m** 285
bouillabaisse 11
bouillant 73 230
bouille 98
bouilleur 98
bouilli 30 358
bouillie 35 358
bouilloire 221
bouillon 98
bouillon(s)-blanc(s) **m** . . 285
bouillonner 166 230
bouillonnement 166
bouillotte 116
boulanger 256
boulanger 328
boulangerie 35
boule 159
bouleau 44 277 358
bouledogue 132
boulet 13 230
boulette 14

boulevard 176
boulevardier 24
bouleversant 73 230
bouleversement 73
boulier 24
boulimie 35
bouliste 159
boulon 159
boulonnage 166
boulonnais 166
boulot 42 230 358
boum! 163 358
bouquet 13 230
bouquetière 148
bouquetin 148
bouquin 62
bouquineur 165
bouquiniste 165
bourbeux 272
bourbier 24
bourbonnais 166 270
bourde 118
bourdon 80
bourdonnant 166 230
bourdonnement 166
bourg 176 358
bourgeois 144 270
bourgeoisie 35
bourgeon 144
bourgeonnement 166
bourgmestre 131
bourgogne 225
bourguignon 132
bourlingueur 132
bourrache **f** 171
bourrade 171
bourrasque 171
bourratif 265
bourre **f** 171
bourreau 44 277
bourrée 171
bourreler 331
bourrelet 13 230
bourrelier 24 256
bourriche 171
bourrichon 171
bourricot 42 230

bourrin 171
bourrique 171
bourru 257
boursicoteur 264
boursouflé 124
boursouflure 124
bousculade 147
bouse 187
bousillage 98
boussole **m** 178
bout 230 358
bout à bout **m** 285
bout(s)-de-table **m** 285
bout(s)-rimé(s) **m** 285
boutade 115
boutefeu 53 280
bouteille 98
boutique 148
boutiquier 256
bouton 115
bouton(s)-pression **m** . . . 285
bouton(s)-d'or 285
boutonnage 166
boutonneux 272
boutonnière 10
bouturage 115
bouture 223
bouveter 332
bouvier 24
bouvière 274
bouvreuil 98
bovarysme 34
bovidé 22
bovin 257
bowling 233
box **m** 358
box-calf(s) **m** 285
box-office **m sg** 285
boxe **f** 221 358
boxer 170
boy 97
boy-scout(s) **m** 87 285
boyard 97
boyau 97 276
boycott 97 230
boycottage 97
brabançon 268

brabant 73 230
bracelet 13 230
bracelet(s)-montre(s) ^m 285
brachial 151 289
brachycéphale 151
braconnage 166
braconnier. 166
braderie 35
braguette 132
brahmane ^m. 235
brahmanisme 235
braies ^{f pl} 11 358
braillard 176
braille ^m 98
braiment 73
brain-trust(s) ^m. 285
brainstorming ^m 131
braire 339
braise 187
brame. 163
brancard 176
branche 72
branchement 73
branchie. 35
brandade 118
brandebourg. 176
brandon. 72
brandy 34
branlant. 73 230
branle-bas ^m 285
braquage 148
braque 148
braquet 148 230
bras. 1 8
bras-le-corps ^(à) 285
brasero. 42
brasier 24
brassard. 176
brasse. 178
brassée. 27
brasserie 35
brassière 10
bravissimo. 178
bravo 42
bravoure 223
brayer. 333
break 150

brebis 35
brèche 10
bréchet 13 230
bredouille 98
bredouillis 35
bref ^(f : brève) 15 265
brelan. 72
breloque 148
brème ^f. 10
brésilien. 267
bressan. 257
brestois 270
bretelle. 14
breton 268
bretonnant 166 230
bretteler. 331
bretteur 14
bretzel ^{m ou f} 15
breuvage 53
brevet. 13 230
breveté. 22
breveter 332
bréviaire ^m. 221
briard 176
bribe ^f. 110
bric et de broc ^(de) . . . 147
bric-à-brac ^{inv} 147
bricolage 147
bricole 159
bricoleur 264
bridé. 257
bridge. 143
bridger. 328
brie 35 358
briefing 131
brièvement 10
brièveté 10
brigade. 131
brigand. 74
brigantin 62
brillamment 164
brillantine 98
brimade. 163
brin. 62
brindille. 98
bringue ^f. 132
brio 42

brioche. 104
brique. 148 358
briquet. 13 230
briqueter 332
briqueterie 115
briquette 116
bris 35 358
brisant 187 230
brise 187 358
brise-bise ^{m inv} 285
brise-fer. 285
brise-glace(s) 285
brise-jet ^m 285
brise-lames ^m 285
brise-vent ^m. 285
brisées 275
bristol. 159
brisure 187
britannique 166
broc 147
brocante 147
brocanteur 147
brocard 176 358
brocart. 176 230 358
broche 104
brochet 13 230
brochette. 14
brochure 223
brodequin 148
broderie 35
broiement 224
brome. 163
bromure ^m 163
bronche ^f 80
bronchiole 159
bronchite. 115
broncho-pneumonie(s) ^f . . .
. . . . 285
brontosaure 43
bronzage 186
bronze 186
brossage. 178
brosse. 178
brouet 13 230
brouette. 14
brouettée. 27
brouhaha 235

brouillage 98
brouillamini 98
brouillard. 176
brouille. 98
brouillon 98
broussaille. 178
broussailleux. 54
brousse 178
broutille. 98
browning. 233
broyage 97
broyat. 9 87
broyer 87 334
brrr! 171
bruant 73 230
brucellose 160
brugeois. 270
brugnon. 80
bruine 165
bruissement 178
bruit 35 230
bruitage 115
bruiteur 174
brûlant. 73 230
brûle-gueule ᵐ 285
brûle-parfum ᵐ. 285
brûle-pourpoint ⁽ᵃ⁾. 285
brûleur. 174
brûlis 35
brûlot. 46 230
brûlure. 223
brumaire 221
brume 163
brumeux 272
brun 257
brunâtre 2
brunette. 14
brushing 105
brusque. 148
brut. 230 358
brutal 289
brutalement 115
brutalité. 22
brute. 221 358
bruxellois 270
bruyamment. 97
bruyant 97 230

bruyère 97
buanderie 237
bubonique. 165
buccal. 149 289
buccin 182
bûche 104
bûcheron. 80 268
bucolique. 147
budget 230
budgétaire. 221
budgéter 330
budgétisation 214
buée 27
buffet 125 230
buffle 125
bufflonne. 125
buggy 133
bugle ᵐ 131
building 131
buis. 35
buisson 178
buissonneux 272
buissonnier 262
bulbe ᵐ. 110
bulbeux 272
bulgare 131
bull-terrier(s) ᵐ 285
bulldog ᵐ 160
bulldozer 186
bulle 160
bulletin. 160
bungalow. 233
bunker 170
buraliste. 159
bure ᶠ 223
bureau 44 277
bureaucrate. 115
bureaucratie 181
bureaucratisation 214
burette 116
burin. 62
burlesque. 148
burnous 229
bus 275
busard 187
buse 187
business. 178

businessman. 178
busqué. 148
buste. 115
bustier 24
but 115 230 358
butane 115
buté 257
butée 27
buteur 58
butin. 62
butineur. 264
butoir 115 175 358
butor 170
butte. 116 358
buttoir 116 358
buvard 176
buvette. 116
byzantin. 257
byzantinisme 34

C

ça 1 322 359
çà 2 322 359
cabale. 159
cabalistique. 159
caban 72
cabane 165
cabanon. 165
cabaret. 13 230
cabaretier 24 256
cabas 2
cabernet 13 230
cabestan 72
cabillaud 48 359
cabine 165
cabinet. 165 230
câble. 2
câbleur. 274
cabochard 233
caboche 104
cabochon. 80
cabot 42 230
cabotage 165
caboteur 174
cabotin. 257

cabotinage	165	caduc	258	cal ^m		359

cabotinage........... 165
caboulot.......... 46 230
cabri................. 30
cabriole 159
cabriolet 13 230
cacah(o)uète......... 235
cacao 42
cacatoès.............. 10
cacatois 86
cachalot.......... 46 230
cache ^f 359
cache ^m.............. 359
cache-cache ^m........ 285
cache-col ^m 285
cache-misère ^m........ 285
cache-nez ^m........... 285
cache-pot ^m........... 285
cache-poussière ^m 285
cache-sexe ^m.......... 285
cache-tampon ^m....... 285
cachemire ^m 221
cachet 13 230
cacheter.............. 332
cachette.............. 14
cachot 42 230
cachotterie 116
cachottier 116 262
cachou 281
cacique 179
cacophonie 126
cactus............... 275
cadastral 289
cadastre ^m 115
cadavérique 148
cadavre 118
caddie 30 359
caddy 34 359
cadeau 44 277
cadenas 2
cadence 72
cadencer 327
cadet 13 230 263
cadmium............. 163
cadran 72 359
cadre 147
cadre(s)-cible(s) ^m..... 285
cadreur 174

caduc 258
caducée ^m 27
caducité.............. 22
cæcum............... 163
caf'conc' ^m............ 285
caf(e)tan 72
cafard.............. 176
cafardeux............ 54
café................. 19
café(s)-crème ^m 285
café(s)-théâtre(s) ^m.... 285
caféier 24
caféine............... 22
cafétéria 1
cafetière............. 115
cafouillage........... 98
cafouillis 35
cafre 124
cage 143
cageot 144 230
cagibi 30
cagneux 272
cagnotte............. 116
cagoule 159
cahier.............. 235
cahin-caha 147
cahot 230
cahoteux 272
cahute 235
caïd................. 237
caillasse............. 178
caille................ 98
caillebotis 98
cailleter 332
caillot.......... 42 230
caillou 281
caillouteux........... 272
caïman.............. 72
caisse 178
caissette............. 116
caissier............. 256
caisson............. 178
cajolerie............. 142
cajoleur 264
cajou............... 281
cajun............... 67
cake 150

cal ^m 359
calabrais 270
calamine ^f 163
calamité.............. 22
calamiteux............ 272
calandre ^f............ 72
calanque 72
calao................. 42
calcaire 11
calcination 179
calcul 159
calculateur 264
calé................. 22
cale ^f 159 359
cale-pied(s) ^m 285
calebasse............. 178
calèche............. 104
caleçon 179
calédonien 267
calembour........... 72
calembredaine 11
calendes............. 275
calendrier 24
calepin.............. 62
calfatage 124
calfeutrage 53
calibrage 159
calibre 159
calice ^m 179
calicot 42 230
califat 1 230
calife................ 124
californien........... 267
califourchon 159
câlin 257
câlinerie............. 2
calisson............. 178
call-girl(s) ^f 285
calleux 160
calligraphie 160
callipyge............. 34
callosité 160
calmar 170
calme 259
calmement 73
calomniateur 164
calomnie 164

calorie ^f 35
calorifère ^m 124
calorifique. 148
calorifuge 124
calorifuger. 328
calot 42 230
calotin 115
calotte 116
calque ^m 148
calumet 13 230
calvados. 179
calvaire 221
calviniste 165
calvitie 181
calypso ^m 34
camaïeu ^m 237
camarade. 163
camaraderie 35
camarde ^f 163
camarguais 132 270
cambiste 72
cambodgien 267
cambouis. 35
cambrien. 267
cambriolage 72
cambrioleur 174
cambrousse. 178
cambrure. 223
cambuse 187
came ^f. 163
camée ^m 27
caméléon. 22
camélia ^m 1
camelot 46 230
camelote 115
camembert 72 230
caméra. 1
cameraman. 163
camériste 163
camerlingue ^m. 132
camerounais. 163 270
camion. 163
camion(s)-citerne(s) ^m . . . . .
. . . . 285
camionnette 166
camionneur 166
camisard 176

camisole 187
camomille ^f 98
camouflage 124
camouflet 124 230
camp 72 233 367
campagnard 176
campagne 72
campagnol 159
campanile ^m 159
campanule ^f. 159
campêche 10
campement. 73
campeur 174
camphre ^m. 126
camping. 131
campus 275
canadair. 170
canadien 267
canaille 98
canal. 165 278
canalisation 214
canapé 107
canaque. 148
canard 176 359
canari. 30
canasson 178
canasta ^f. 1
cancan 72
cancanier. 24 262
cancer 170
cancéreux 272
cancérigène 10
cancre 147
cancrelat 1 230
candélabre 159
candeur 174
candi ^{inv} 30
candidat. 2 230
candidature. 115
candide 118
cane 165 359
caneton 80
canette. 116
canevas 1 8
caniche 165
caniculaire. 221
canicule 159

canif 124
canin 257
canine 165
caniveau 44 277
cannabis ^m. 166
cannage 166
canne 166 359
cannelé 166
canneler. 331
cannelle. 14
cannelloni 160
cannelure 166
cannibale. 166
canoë 237
canon. 80
canonique 165
canonisation. 214
canonnade 166
canonnière 166
canot 46 230 359
canotage 165
canotier. 24
cantabile ^m. 159
cantal 159
cantaloup 233
cantate ^f. 115
cantatrice 115 256
cantharide ^f 117
cantilène ^f 159
cantine. 115
cantinier. 256
cantique. 148 359
canton 72
cantonade 165
cantonal. 289
cantonnement 166
cantonnier. 166
canular. 170
canularesque 148
canule ^f 159
canut 230
canyon. 97
caoutchouc. 233
caoutchouteux 272
cap 107 359
capable 107
capacitaire 221

capacité 179
caparaçon 179
cape 221 359
capeler 331
capeline 179
capésien 206 267
capétien 205 267
capeyer 335
capharnaüm 126 237
capillaire 160
capillarité 160
capitaine 11
capitainerie 2
capital 289
capital m 159 359
capitale f 159 359
capitalisme 159
capitation 214
capiteux 272
capitole 159
capitonnage 166
capitulaire m 221
capitulation 214
caporal 107 278
capot 46 230
capote 115
câpre f 2 359
capriccio 42
caprice 179
capricieux 272
capricorne m 147
capsule 179
captieux 210
captif 265
captivité 22
capture 223
capuce m 179
capuche 104
capuchon 104
capucin 179
capucine 179
caquelon 148
caquet 148 230
caqueter 332
car 147 170 359
car-ferry m (pl : car ferries) . . . 285
carabin 62

carabine 165
caraco 42
caracole f 159
caractère 10
caractériel 260
caractéristique 148
carafe 124
carafon 124
caraïbe 237
carambolage 72
carambouillage 98
caramélisé 159
carapace 179
carat 1 230
caravane 165
caravaneige m 12
caravaning 131
caravansérail 98 279
caravelle 160
carbonaro (pl : carbonari) . . . 42
carbone 165
carburant 73 230
carburateur 174
carbure m 221
carcan 72
carcasse 178
carcéral 289
cardan 72
cardeur 264
cardiaque 148
cardigan 72
cardinal 278
cardio-pulmonaire(s) . . . 298
cardio-vasculaire(s) 298
cardiogramme 164
cardiologie 2
cardiologue 132
carême 10
carême(s)-prenant(s) m . . . .
. . . . 285
carénage m 22
carence 72
carencer 327
carène f 10
caréner 330
carentiel 199 260
caressant 178 230

caresse 178
cargaison 187
cargo 42
caribou 110 281
caricatural 289
caricature 221
carie 35
carié 257
carillon 98
carillonneur 166
carlingue 132
carmagnole 159
carmel 159
carmélite f 159
carmin 62
carnage 143
carnassier 262
carnation 214
carnaval 278
carnavalesque 148
carnet 13 230
carnivore 221
carolingien 267
carotène m 10
carotide 115
carottage 116
carotte 116
carpe 221
carpette 116
carquois 148
carrare m 171
carré 22 359
carre f 1 171 359
carreau 171 277
carrefour 171
carrelage 171
carreler 331
carrelet 171 230
carreleur 256
carrément 171
carrier 24
carrière 171
carriole 159
carrosse 178
carrosserie 178
carrousel 179
carroyer 87 334

carrure............... 171
cartable.............. 147
carte.......... 147 221 359
carte(s)-lettre(s) f 285
cartel................ 159
carter................ 170
cartésien......... 206 267
carthaginois...... 117 270
cartilage.............. 159
cartilagineux.......... 272
cartographie.......... 126
cartomancie.......... 179
carton................ 80
carton(s)-pâte(s) m 285
cartonnage........... 166
cartoon.............. 165
cartouche(s)-amorce(s) f ...
.... 285
cartouchière.......... 10
caryatide f 97
caryotype m............ 97
cas.................. 1 8
casanier.............. 262
casaque.............. 148
casbah............... 187
cascade.............. 147
cascadeur............ 147
case................. 187
caséine............... 22
casemate............. 187
caserne.............. 187
casernement......... 187
cash................. 359
cash-flow m........... 285
casher............... 105
casier............... 187
casino............... 42
casoar.............. 237
casque.............. 148
casquette............ 148
cassate f 178
cassation............. 214
casse m et f............ 178
casse-cou m.......... 285
casse-croûte m 285
casse-gueule m 285
casse-noisettes m...... 285

casse-noix m......... 285
casse-pieds m........ 285
casse-pipe(s) m....... 285
casse-tête m.......... 285
casserole............. 178
cassette............. 116
casseur.............. 174
cassis............... 275
cassolette............ 178
cassonade........... 165
cassoulet........ 178 230
cassure.............. 178
castagnettes.......... 275
castel................ 159
castillan.............. 257
castor............... 170
castrat............. 1 230
castration............ 214
casuel............... 260
casuistique.......... 148
cataclysme........... 34
catacombes f......... 275
catadioptre m 225
catafalque m.......... 124
catalan............. 159
catalogue............ 132
catalyse.............. 34
catalyseur........... 34
catamaran........... 72
cataphote m.......... 126
cataplasme.......... 115
catapulte f........... 115
cataracte............. 115
catarrhe m........ 172 359
catastrophe.......... 126
catastrophique........ 126
catch................ 104
catcheur............ 264
catéchèse f........... 104
catéchisme.......... 104
catéchumène......... 151
catégorie............. 35
caténaire f........... 221
cathare......... 117 359
cathédrale........... 117
cathétérisme m....... 117
cathode f............. 117

cathodique.......... 117
catholicisme.......... 117
catholique........... 117
catimini.............. 30
catin f................ 62
catogan.............. 72
cauchemar.......... 170
cauchemardesque..... 148
cauchois............. 86
caudal.............. 289
causalité............. 22
cause............... 187
causerie............. 187
causette............. 116
causse m.......... 178 359
causticité............ 179
caustique........... 148
cauteleux............ 272
cautérisation........ 214
caution............. 214
cautionnement........ 166
cavaillon............. 98
cavalcade............ 147
cavale............... 159
cavalerie............. 159
cavalier............. 262
cavalièrement......... 10
caveau........... 44 277
caverne............. 15
caverneux........... 272
caviar............... 170
cavité............... 22
ce.......... 179 309 359
céans............. 74 359
ceci................ 179
cécité............... 10
céder.............. 330
cedex m.............. 15
cédille f.............. 98
cèdre............... 10
c'est-à-dire.......... 298
ceindre............. 345
ceinture............. 65
ceinturon............ 65
cela................. 1
célébration.......... 214
célèbre.............. 10

célébrer	330
célébrité	10
celer	331
céleri	30 359
célesta	1
céleste	179
célibat	1 230
célibataire	221
celle	160 359
celle(s)-ci f	298
celle(s)-là f	298
cellier	160 359
cellophane f	126
cellulaire	160
cellule	160
cellulite	115
celluloïd	237
cellulose f	160
celte	15
celtique	148
celui	179
celui-ci	298
celui-là	298
cément	73
cénacle	225
cendre	72 359
cendrée	27
cendrillon	98
cène f	10 359
cénobite	115
cénotaphe m	126
cens	359
censé	359
censément	179
censeur	179
censitaire	179
censure	179
cent	73 292 359
centaine	11
centaure	223
centenaire	221
centième	10
centigrade	72
centime	163
central	289
centrale	159
centralisation	214

centre	72
centrifuge	143
centrifuger	328
centripète	115
centuple	72
centurion	72
cep m	107 359
cépage	143
cèpe m	10 221 359
cependant	73 230
céphalée f	126
céphalo-rachidien(s)	298
céphalopode m	126
céramique f	148
cerbère m	10
cerceau	179 277
cercle	15
cercueil	59
céréale f	159
céréalier	262
cérébral	289
cérébro-spinal m (pl en -aux)	
	289 298
cérémonial	163 289
cérémonie	163
cérémonieux	163
cerf	179 359
cerf(s)-volant(s) m	285
cerfeuil	98
cerisaie	11
cerise	179
cerne m	179
certain	257
certainement	73
certes	179 359
certificat	1 230
certitude	115
cérumen m	163
cerveau	44 277
cervelas	1 8
cervelet	13 230
cervelle	14
cervical	289
cervidé	22
cervoise	179
ces	179 313 359
césarienne	166

cessation	214
cesse	178
cessez-le-feu m	285
cession	215 359
césure f	187
cet	230 263 312
cétacé m	22 359
ceux	54
ceux-ci	298
cévenol	159
chablis	35
chacal	278
chaconne	166
chacun	257
chagrin	62
chahut	230
chai m	11 359
chaîne	11 359
chaînette	11
chaînon	165
chair f	170 359
chaire f	221 359
chaise	11
chaland	74
chaldéen	151
châle	2
chalet	13 230
chaleur	174
chaleureux	272
châlit m	2
challenge m	160
challenger	170
challenger	328
chaloupe	107
chalumeau	44 277
chalut	230
chalutier	24
chamade f	163
chamailleur	264
chaman m	163
chamarrure	171
chambard	176
chambellan	160
chambranle m	72
chambre	72
chambrée	27
chambrette	14

chaudière 10
chaudron 80
chaudronnier 166
chauffage 125
chauffard 176
chauffe ^f 125
chauffe-biberon(s) ^m . . . 285
chauffe-assiettes ^m 285
chauffe-bain(s) ^m 285
chauffe-eau ^m 285
chauffe-pieds ^m 285
chauffe-plat(s) ^m 285
chaufferette 125
chaufferie 125
chaulage 159
chaumage 43 359
chaume 43
chaumière 10
chausse-trappe(s) ^f 285
chausse-pied(s) ^m 285
chaussée 27
chausses 178
chaussette 116
chausson 178
chaussure 223
chauve(s)-souris ^f 285
chauvin 257
chauvinisme 43
chaux 43 231 359
chavirement 73
chéchia ^f 1
check-list(s) ^f 285
check-up ^m 285
cheddite ^f 119
chef 15
chef(s)-d'œuvre ^m 285
chef(s)-lieu(x) ^m 285
cheftaine 11
cheikh 150 359
chelem 163
chemin 62
chemin de fer ^m 285
chemineau 44 277 359
cheminée 27
cheminement 73
cheminot 46 230 359
chemise 187

chemisette 116
chênaie ^f 220
chenal 165 278
chenapan 72
chêne 10 359
chêne(s) vert(s) ^m 285
chêne(s)-liège(s) ^m 285
chéneau 44 277
chenet 13 230
chenil 159
chenille 98
chenillette 98
chenu 257
cheptel 159
chèque 148 359
chèque(s) barré(s) ^m . . . 285
chèque(s) postal(aux) ^m . . . .
. . . . 285
chéquier 148
cher 359
chercheur 264
chère 10 359
chérer 330
chéri 359
chérot 46 230
cherry 34 359
cherté 22
chérubin 62
chétif 265
cheval 278
cheval fiscal ^m 285
cheval-vapeur ^m 285
chevaleresque 148
chevalet 13 230
chevalière 159
chevalin 257
chevauchée 27
chevaux fiscaux ^{m pl} 285
chevaux-vapeur ^{m pl} 285
chevelure 223
chevet 13 230
cheveu 53 280
cheveu(x)-de-Vénus ^m . . 285
chevillette 98
chèvre 10
chevreau 44 277
chèvrefeuille ^m 98

chevreter 332
chevrette 116
chevreuil 98
chevronné 166
chevrotine 115
chewing-gum(s) ^m 285
chez 25 359
chez-soi ^m 285
chianti 151
chiasme ^m 151
chic 147 359
chicane 165
chichement 104
chichi 104
chichiteux 272
chicorée ^f 27
chicot 46 230
chien 63
chien(s)-loup(s) ^m 285
chiendent ^m 72
chienlit ^f 35
chiffe ^f 125
chiffon 125
chiffonnier 166
chiffre 125
chignole 159
chignon 80
chihuahua 235
chiite 115
chilien 267
chimère 10
chimérique 148
chimie 35 359
chimiothérapie 117
chimiquement 148
chimpanzé 186
chinchilla ^m 1
chinois 270
chinoiserie 35
chiot 46 230
chiourme ^f 97
chipie 35
chipolata ^f 1
chips ^{f pl} 275
chiqué 148
chique ^f 148 359

chiquenaude 43
chiromancie 151
chiropraxie 151
chirurgical 289
chirurgien-dentiste ᵐ . . 285
chistera ᵐ ᵒᵘ ᶠ 1
chlorate ᵐ 151
chlore 151
chloroforme 151
chlorophylle ᶠ 160
chlorure ᵐ 221
choc 147
chochotte ᶠ 116
chocolat 1 230
chocolaté 22
chœur 151 359
choix 86 275
choléra 1
cholestérol 159
chômage 45 359
chômeur 256
chope ᶠ 107
chopine 165
choquant 148 230
choral ᵐ 151 359
chorale ᶠ 151 359
chorégraphie 151
chorizo ᵐ 42
chorus 151
chose 187
chou 281
chou(x)-fleur(s) ᵐ 285
chou(x)-rave(s) ᵐ 285
chouan 72
chouannerie 166
choucas ᵐ 1
chouchou 281
choucroute 147
chouette 14
choyer 87 334
chrême ᵐ 151 359
chrétien 205 267
chrétiennement 166
chrétienté 151
christianisme 163
chromatique 151
chrome 151

chromo ᵐ ᵒᵘ ᶠ 151
chromosome ᵐ 187
chronique 151
chrono(mètre) 151
chronologie 151
chronométrer 330
chronométreur 174
chrysalide ᶠ 34
chrysanthème ᵐ 117
chuchotement 115
chuintement 62
chut ! 115 359
chute 115 359
ci 179
ci-après 298
ci-contre 298
ci-dessous 298
ci-dessus 298
ci-devant 230 298
ci-gît 230 298
ci-inclus(es) 298
ci-joint(es) 298
cible 179
ciboire ᵐ 221
ciboulette 14
ciboulot 46 230
cicatrice 179
cidre 179
ciel ⁽ᵖˡ : ᶜⁱᵉᵘˣ ᵉᵗ ᶜⁱᵉˡˢ⁾ 15 282
cierge 179
cieux 209
cigale 159
cigare 179
cigarette 14
cigarillo 98
cigogne 179
ciguë ᶠ 237
cil 159 359
cilice ᵐ 179 359
cime 179 359
ciment 73
cimenterie 35
cimeterre ᵐ 171
cimetière 10
ciné-club(s) ᵐ 285
cinéaste 22
cinéma 1

cinémathèque 117
cinématographique . . . .
. . . . 126 259
cinéphile 126
cinéraire ᶠ 221
cinglant 73 230
cinq 148 291 359
cinq-à-sept ᵐ 285
cinquantenaire 221
cinquantième 148
cintre ᵐ 62
cirage 179
circoncis 270
circonférence 124
circonflexe 124
circonlocution 214
circonscription 214
circonspect 230
circonspection 214
circonstance 72
circonstanciel 200 260
circonvolution 214
circuit 35 230
circulaire 221
circulation 214
circulatoire 221
cire ᶠ 179 359
cireur 264
cireux 272
cirque 148
cirrhose ᶠ 172
cirrus ᵐ 171
cisaille 98
ciseau 44 277
ciseaux 275
ciseler 331
ciselure 223
cistercien 204 267
citadelle 160
citadin 62
citation 214
cité(s)-dortoir(s) ᶠ 285
cité(s)-jardin(s) ᶠ 285
cité ᶠ 22
citerne 179
cithare ᶠ 117
citoyen 97

citoyenneté........ 87 166	claustral.............. 289
citronnade............ 166	claustrophobie........ 126
citronnelle............ 166	clavecin.............. 62
citrouille 98	claveter 332
cive f 179	clavette 116
civet 13 230	clavicule 159
civette 14	clavier 24
civière 10	clayette 97
civil................. 159	clayonnage 166
civilisation............ 214	clé 22 359
civilité 22	clef 25 359
civique............... 148	clématite f 115
clac!.............. 147 359	clémence.............. 72
clafoutis........... 35 275	clémentine 72
claie f 220 359	clenche f 72
clair 11 359	clepsydre f............. 34
clair(s)-obscur(s) m 285	cleptomanie 35
claire(s)-voie(s) f 285	clerc 15 233 359
clairement............. 73	clergé 22
clairet............ 13 230	clergyman 34
clairière 10	clérical............... 289
clairon 11	clic!............. 147 359
claironnant 166 230	cliché 22
clairsemé............. 257	client 73 230
clairvoyant 97 230	clientèle.............. 10
clamecer 327 329	clignement 73
clameur.............. 174	clignotant 73 230
clan.................. 72	climat.............. 1 230
clandestin 257	climatique 148
clandestinement 73	climatisation.......... 214
clandestinité.......... 22	clin 62
clapet............. 13 230	clinicien.......... 204 267
clapier 24	clinique 148
clapotis 35 275	clinquant......... 148 230
claquage 148	clip m................ 107
claque 148 359	clique 148 359
claqueter............. 332	cliques 148 359
claquette............. 116	cliquet 13 230
clarification........... 214	cliqueter 332
clarinette............. 165	cliquetis.............. 35
clarté 22	clisse f................ 178
classe 178	clitoridien 267
classement 178	clitoris 275
classicisme 179	clivage 143
classique 148	cloaque 237
claudication 214	clochard.............. 176
clause............ 43 359	cloche 104
cloche-pied (a) 285	
clocheton 115	
clochette 14	
cloison............... 187	
cloisonnement........ 166	
cloître................ 85	
clone m............... 163	
clopin-clopant 230 285	
clopinettes 275	
cloporte m 107	
cloque f 148	
clos.............. 47 287	
close-combat m 285	
clôture 45	
clou.................. 281	
clouterie 35	
clovisse f 178	
clown 165	
clownerie 35	
clownesque........... 148	
club.................. 60	
cluse f................ 187	
clystère m............. 34	
coadjuteur............ 237	
coagulation........... 214	
coalisé 22	
coalition.............. 214	
coassement........... 178	
coauteur 237	
cobalt m 115	
cobaye 97	
cobol 159	
cobra 1	
coca f 1	
coca-cola m 285	
cocagne f 147	
cocaïne 237	
cocarde 147	
cocardier 262	
cocasse 178	
cocasserie 35	
coccinelle 182	
coccyx 182	
coche 104	
cocher 24 359	
cochère f 10	
cochon................ 268	

cochon(s) d'Inde ^m 285
cochonnaille 98
cochonnet 166 230
cocker 150
cockpit 150 230
cocktail 150 279
coco 42
cocon 147
cocorico 147
cocotier 24
cocotte 116
cocu 147
coda ^f 1
code 118
codex 275
codicille ^m 160
coefficient 125 230
coercition 214
cœur 59 359
coexistence 237
coffre 125
coffre(s)-fort(s) ^m 285
coffret 125 230
cogérer 330
cogito 42
cognac 147
cognassier 178
cognée 27
cognement 73
cohabitation 235
cohérent 230 235
cohéritier 235 262
cohésion 235
cohorte 235
cohue 235
coi ^(f : coite) 85 147 359
coiffe 125
coiffeur 256
coiffure 223
coin 93 359
coin(s)-de-feu ^m 285
coin-coin ^m 285
coincement 85
coincer 327
coïncidence 237
coing 94 359
coït 230

coke 150 359
col 159 359
col(s)-bleu(s) ^m 285
col(s)-de-cygne ^m 285
colchique ^m 148
coléoptère 22
colère 10
coléreux 272
colérique 148 359
colibacille ^m 160
colibri 30
colifichet 13 230
colimaçon 179
colin 42
colin-maillard ^m 285
colique 159
colis 35 275
colite ^f 115
collaborateur 264
collaboration 160
collage 160
collant 160 230
collatéral 289
collation 214
colle 160 359
collecte 160
collecteur 264
collectif 265
collection 214
collectionneur 166
collectivité 160
collège 160
collégial 97 289
collégien 267
collègue 132
collerette 160
collet 160 230
colleter 332
collier 24
collimateur 160
colline 160
collision 160
colloque 148
collusion 160
collutoire ^m 221
collyre ^m 34
colmatage 115

colombier 159
colon 159 359
côlon 45 359
colonel 165
colonial 289
colonialisme 163
colonie 35
colonisation 214
colonnade 166
colonne 166
colonnette 116
coloquinte ^f 148
colorant 230
coloris 35
colossal 178 289
colosse 178
colporteur 264
colt 115 230
columbarium 163
colza ^m 186
coma 163 359
comateux 272
combat 1 230
combatif 265
combativité 81
combattant 116 230
combattre 352
combien 63
combinaison 163
combinard 176
combine 163
comble 81
combustion 80
comédie 35
comédie(s)-ballet(s) ^f .. 285
comédien 267
comestible 163
comète 10
comices ^m 275
comics ^{pl} 275
comique 148
comité 22
comma ^m 164 359
commandant 73 230
commande 164 359
commandement 164
commanditaire 221

commando 42
commedia dell'arte [f] . . . 285
commémoratif 164 265
commémoration 164
commencement 164
commencer 327
comment 73
commentaire 164
commentateur 256
commérage 164
commerçant 164 230
commerce 164
commercer 327
commercial 289
commère 164
commérer 330
commettre 352
comminatoire 221
commis 164
commis voyageur(s) [m] . . . . .
. . . . 87 274
commis-greffier(s) [m] . . . 285
commisération 214
commissaire 178
commissaire-priseur [m] . 285
commissariat 1 230
commission 215
commissionnaire 166
commissure 178
commode 164
commodément 164
commodité 164
commodore [m] 221
commotion 214
commun 257
communard 176
communautaire 221
communauté 22
commune 164
communicant 73 230
communication 214
communion 164
communiqué 22
communisme 164
commutateur 174
commutation 214
compact 115 230

compagnie 35
compagnonnage 166
comparaison 187
comparaître 348
comparse 179
compartiment 73
comparution 214
compas 1 8
compassé 178
compassion 215
compatibilité 81
compatible 81
compensation 214
compensatoire 221
compère(s)-loriot(s) [m] . 285
compétence 72
compéter 330
compétition 214
compilation 214
complainte 64
complaisamment 164
complaisance 72
complémentaire 221
complet 13 230 263
complet(s)-veston [m] . . . 285
complètement 73
compléter 330
complétive 115
complexité 22
complication 214
complice 179
complicité 22
complies [f pl] 275
compliment 73
compliqué 148
complot 46 230
componction 214
componentiel 199 260
comportement 73
compos(ac)ée 27
composante 72
composite 115
compositeur 256
composition 214
compost [m] 115
compote 115
compotier 115

compréhension 215
compresse 178
compresseur 174
comprimé 22
compromettant . . . 116 230
compromettre 352
compromis 35
compromission 215
comptabilité 220
comptant 73 230 359
compte 81 221 359
compte(s) courant(s) [m] . 285
compte(s) rendu(s) [m] . . 285
compte-fils [m] 285
compte-gouttes [m] 285
compte-tours [m] 285
compteur 81 233 359
comptine 221
comptoir 175
comput 115 230
computer 170
comte 81 359
comté 81 359
comtesse 178
comtois 270
concasseur 178
concaténation 214
concaténer 330
concéder 330
concélébrer 330
concentration 214
concentrationnaire 221
concentré 257
concept 115 230
conception 214
conceptuel 260
concert 230
concerto 42
concession 215
concessionnaire 221
concevoir 340
concierge 179
concile [m] 159
conciliabule 159
conciliaire 221
conciliateur 264
concis 270

concitoyen 97
conclave m 80
concluant 73 230
conclusif 265
concombre 147
concomitant 73 230
concordance 179
concordat 1 230
concordataire 221
concourir 338
concours 229 275
concret 230 263
concrètement 73
concréter 330
concrétion 214
concrétisation 214
concubin 62
concubinage 165
concupiscence 180
concurremment 3
concurrence 171
concurrencer 327
concurrent 171 230
concurrentiel 199 260
concussion 215
condamnation 214
condensateur 72
condensation 214
condescendance 180
condiment 73
condisciple 180
condition 214
conditionnel 166 260
condoléances f pl 275
condor 170
condottiere 116
conducteur 264
conduit 35 230
conduite 115
cône 45
confection 214
confédération 214
confédérer 330
conférence 72
conférencier 179 256
conférer 330
confession 215

confessionnal 166 289
confetti 116
confiance 72
confidence 72
confidentiel 199 260
confins 275
confirmation 214
confiscation 147
confiserie 35
confiseur 187
confisqué 148
confit 230
confiture 223
conflictuel 260
conflit 35 230
conformément 73
conformité 22
confort 230
confrère 10
confrérie 35
confus 270
confusément 73
congé 22
congélateur 174
congeler 331
congénère 221
congénital 289
congère f 10
congestion 214
congestionné 166
conglomérat 2 230
conglomérer 330
congratulation 214
congre 147
congrégation 214
congrès 229 275
congressiste 178
congruence 237
congrûment 73
conifère m 163
conique 165
conjecture 223
conjoindre 345
conjoint 94 230
conjointement 73
conjonction 214
conjonctivite 115

conjoncture 223
conjugaison 131
conjugal 289
conjuration 214
connaissance 166
connaître 348
connecteur 174
connerie 166
connétable 166
connexe 166
connexion 216
connivence 72
connotation 166
connu 257
conque f 148
conquérant 148 230
conquête 10
conquistador m 170
consanguin 257
consanguinité 132
consciemment 3
consciencieux 209
conscient 180 230
conscription 214
conscrit 35 230
consécration 214
consécutif 265
conseil 98
conseiller 24 256
consensus 275
consentement 73
consentir 337
conséquemment 3
conséquence 148
conservateur 264
conservatoire 221
conserve 179
considération 214
considérer 330
consignation 214
consigne 179
consistant 73 230
consistoire m 221
consolateur 264
console f 159 359
consolidation 214
consommation 164

consomption 214
consonance........... 165
consonne............. 166
consort............... 230
consorts.............. 275
constable **m** 225
constance 179
constat............. 1 230
constellation.......... 214
consternation......... 214
constipation 214
constituant 73 230
constitution 214
constitutionnel.... 166 260
constriction 214
construction.......... 214
consul................ 159
consulaire 221
consulat............ 1 230
consultation 214
contact........... 115 230
contagieux............ 272
container **m** 27
contamination 214
conte 80 359
contemplatif.......... 265
contemporain......... 257
contempteur **m** 264
contenance............ 72
content 73 230 359
contentement.......... 73
contentieux........... 210
contention............ 214
contenu 80
contestataire.......... 221
conteur 80 256 359
contextuel............ 260
contigu............... 266
contiguïté 237
continence 72
contingence 143
continuel............. 260
continûment.......... 73
contondant........ 73 230
contorsion............ 215
contorsionniste 166
contour 170

contraceptif 265
contraception........ 214
contraction........... 214
contractuel 260
contradicteur 264
contradictoire........ 221
contraignant....... 73 230
contraindre........... 345
contraint 64 230
contrainte 64
contraire 221
contralto **m**............. 42
contraste 115
contrastif............. 265
contrat............. 1 230
contravention........ 214
contre-amiral(aux) **m**... 285
contre-enquête(s) **f** 285
contre-épreuve(s) **f** 285
contre-espionnage **m sg**. 285
contre-expertise(s) **f** ... 285
contre-indication(s) **f** .. 285
contre-manifestation(s) **f**...
.... 285
contre-offensive(s) **f** ... 285
contre-performance(s) **f**....
.... 285
contre-plongée(s) **f** ... 285
contre-révolution(s) **f** .. 285
contre-torpilleur(s) **m** .. 285
contre-allée(s) **f** 285
contre-appel(s) **m**...... 285
contre-attaque(s) **f**..... 285
contre-chant(s) **m**...... 285
contre-courant(s) 285
contre-écrou(s) **m**...... 285
contre-essai(s) **m** 285
contre-jour(s) **m** 285
contre-pente(s) **f** 285
contre-pied(s) **m**....... 285
contre-plaqué(s) **m**..... 285
contre-réforme(s) **f** 285
contre-sujet(s) **m** 285
contre-ut **m sg**.......... 285
contre-vérité(s) **f** 285
contre-visite(s) **f**...... 285
contre-voie (à) 285

contrebalancer........ 327
contrebande........... 72
contrebas 1 8
contrebasse.......... 178
contrebattre 352
contrecœur............ 58
contrecoup 233
contrée 27
contrefaçon........... 179
contrefaire............ 347
contrefort 230
contremaître.......... 11
contremarque **f**........ 274
contrepartie 35
contrepèterie 115
contrepoids........... 229
contrepoint........ 94 230
contrepoison **m**........ 274
contreprojet **m** 274
contreproposition **f** 274
contresens............ 274
contresignataire **m** 274
contretemps 275
contretype............ 34
contrevenant 73 230
contrevent......... 73 230
contribution 214
contrit 35 230
contrition 214
contrôle............... 42
contrordre **m** 285
controverse **f**.......... 179
contumace **f** 179
contusion 187
convaincant 147 230
convaincre 344
convalescence 133
convalescent...... 180 230
convenance............ 72
conventionnel 166 260
convergence 72
converger 328
conversation.......... 214
conversion 215
converti 30
convertisseur 178
convexe 259

cotonnade........... 166
côtoyer 87 334
cotre ^m 42
cottage.............. 116
cotte ^f 116 359
cou 147 281 359
cou(s)-de-pied ^m 285
couac 147
couard 176
couardise............ 187
couchant 73 230
couche.............. 104
couchette 14
couci-couça 285
coucou.......... 147 281
coudée............... 27
coudoyer 87 334
coudrier.............. 24
couenne ^f............ 166
couette.............. 14
couffin ^m 125
couic!............... 147
couillonnade.......... 98
couinement........... 163
coule ^f........... 159 359
coulée 27
couleur............. 174
couleuvre 58
coulis 35 275 359
coulisse 178
couloir 175
coulomb 81 110 359
coulommiers.......... 164
coup 233 359
coup(s) de pied ^m...... 285
coup(s) de poing ^m..... 285
coupable 107
coupé.............. 107
coupé............ 107 359
coupe-choux ^m 285
coupe-cigares ^m 285
coupe-circuit ^m........ 285
coupe-coupe ^m 285
coupe-feu ^m.......... 285
coupe-file ^m.......... 285
coupe-gorge ^m 285
coupe-jarret(s) ^m 285

coupe-légume(s) ^m 285
coupe-papier ^m....... 285
coupe-vent ^m......... 285
coupée........... 27 359
coupelle............. 14
couperet 13 230
couple ^f 147
couple ^m............. 147
couplet........... 13 230
coupole 159
coupon............. 80
coupure 170
cour ^f 170 359
courage 170
couramment......... 164
courant 73 230
courbatu 115
courbature 170
courée 27
coureur 174
courge 143
courgette 14
courir 338
couronne 166
courrier 24
courroie 86
courroucé 171
courroucer 327
courroux 275
cours ^m 359
course 225
coursive............ 179
court(s)-bouillon(s) ^m .. 285
court(s)-circuit(s) ^m..... 285
court ^m.............. 359
court-vêtu(e)(s)........ 285
courtaud 43
courtier 24
courtisan 72
courtois 270
courtoisie 35
couscous 275
cousette............ 187
cousin.............. 257
cousinage 187
coussin............. 178
coût 230 359

coûtant 73 230
couteau 44 277
couteau(x)-scie(s) ^m ... 285
coutelas.............. 1 8
coûteux 272
coutil ^m.............. 159
coutume 163
coutumier 262
couturier 256
couvée 27
couvent 73 230
couvert.............. 230
couvre-chef(s) ^m....... 285
couvre-feu(x) ^m 285
couvre-lit(s) ^m........ 285
couvre-pied(s) ^m...... 285
cover-girl(s) ^f 285
cow-boy(s) ^m......... 285
coyote ^m............. 97
crabe 110
crac!........... 147 359
crachat............ 1 230
crachin.............. 62
crack.......... 150 359
cracker.............. 150
craie 11 220 359
craindre 345
craintif 265
cramoisi 257
crampe............. 72
crampon 72
cramponné 166
cran 72
crâne 2
crâneur 264
crapaud 43
crapule 159
crapuleux........... 272
craque ^f 148 359
craqueler........... 331
craquelure 148
craqueter 332
crash ^m 105
crasse 178
crasseux............ 272
crassier 24
cratère ^m 10

cravate 115
crawl. 49
crayeux 272
crayon 97
crayon(s)-feutre(s) ᵐ . . . 285
crayonnage 166
créance ᶠ 22
créancier 256
créateur. 264
création. 214
créativité. 22
crécelle 14
crèche 104
crécher 330
crédence ᶠ 72
crédibilité 22
crédit 35 230
créditeur 264
credo 42
crédulité 22
crémaillère 98
crématoire 221
crématorium 163
crème. 10 359
crémer. 330
crémerie 35
crémone ᶠ 163
créneau 44 277
créneler 331
créner 330
créole. 159
crêpe 10
crépine. 165
crépitement 73
crépon 80
crépu 22
crépuscule 159
crescendo 71
cresson. 178
crêt. 13 230 359
crétacé. 22
crête. 10
crétin 62
cretonne 166
creuset 13 230
creux 54
crevaison. 187

crevasse 178
crève-cœur ᵐ 285
crève-la-faim ᵐ. 285
crève-tonneau ᵐ. 285
crever. 329
crevette 116
cri 1
criard 176
crible 225
cric 147 150 359
cricket 230
criée. 27
crime 163
criminel 260
crin. 62 359
crinière 10
crinoline 165
crique. 148 359
criquet 148 230
crise 187
crispation 214
crissement 178
cristal. 289
cristallin. 160
cristallisation 214
critère ᵐ 10
critérium 163
criticisme 179
critique 148
croassement 237
croc 233
croc(s)-en-jambe ᵐ 285
croche ᶠ 104
crochet. 13 230
crocheter 332
crochu 104
crocodile 147
crocus ᵐ 275
croire 339
croisade 187
croisé ᵐ 187
croisée ᶠ 27
croisement 73
croisillon 98
croissance 178
croissant 73 230
croître 350

croix 231 275
croque-mitaine(s) ᵐ . . . 285
croque-monsieur ᵐ 285
croque-note(s) ᵐ 285
croquenot 46 230
croquet 148 230
croquette. 148
croqueur 264
croquignolet 148 230
croquis 35
cross. 178 359
cross-country ᵐ 285
crosse. 221 359
crotale ᵐ. 159
crotte 116
crottin 116
croup ᵐ. 107 359
croupe ᶠ 221 359
croupion 107
croustillant 98 230
croûte. 115
croyance 97
croyant. 97 230
cru 257
cruauté 22
cruchon. 80
crucial 289
crucifix. 179
crucifixion 216
cruciverbiste. 179
crudité 22
crue 220 359
cruel. 260
crûment. 73
crustacé. 22
cryogénie 34
cryothérapie. 34
crypte. 34
cryptogame ᵐ 34
cube 110
cubique 148
cubitus 275
cueillette 98
cui-cui ᵐ. 285
cuiller. 170
cuillère. 10
cuillerée. 220

cuir 170
cuirasse 178
cuisine 187
cuisinier 256
cuisse 178
cuisseau 44 277 **359**
cuisson 178
cuissot 46 230 **359**
cuistot 46 230
cuivreux 272
cul 233
cul(s)-blanc(s) **m** 285
cul(s)-de-basse-fosse **m** . 285
cul(s)-de-jatte 285
cul(s)-de-lampe 285
cul(s)-de-sac **m** 285
cul-de-bouteille 285
culasse 178
culbute 115
culée 27
culminant 73 230
culot 46 230
culotte 116
culpabilité 159
cultivateur 256
culturel 260
cumin 62
cumul 159
cumulatif 265
cumulo-nimbus **m** 285
cumulo-stratus **m** 285
cumulus 275
cupidité 22
cupidon 30
curaçao 179
curare **m** 170
curatif 265
curé **m** 22 **359**
cure-dent(s) **m** 285
cure-ongles **m** 285
cure-pipe(s) **m** 285
curée **f** 27 **359**
cureter 332
curie 35
curieux 272
curiosité 22
curling 131

curriculum 171
curry 34
cursif 265
cursus 275
cutané 257
cuti 30
cuti-réaction(s) **f** 285
cutter 116
cuvée 27
cuveler 331
cuvette 14
cyanure **m** 97
cybernétique 34
cyclamen 34
cycle **m** 34
cyclique 34
cyclo-cross **m** 285
cyclomoteur(s) **m** 34
cyclone 34
cyclope 34
cyclothymique 34
cyclotourisme 34
cygne 34 **359**
cylindre 34
cylindrée 34
cylindrique 34
cymbale **f** 66
cynisme 34
cyprès **m** 34
cyrillique 34
cystite **f** 34
cytologie 34
czar 170

D

dactylographie 34
dadais 229 275
dadaïsme 237
dague 132
dahlia **m** 235
dahoméen 235
daim 62
dais 229 **360**
dalle 160
daltonien 165 267

dam 163
dame 221
dame(s)-blanche(s) **f** . . . 285
dame(s)-jeanne(s) **f** 285
damier 163
damnation 214
damoiseau 187 277
dan 165
dancing 179
dandin 62
dandy 34
danger 143
dangereux 272
dans 72 **360**
danse 72 **360**
dard 233 **360**
datcha **f** 1
date 115 **360**
datte 116 **360**
daube 43
dauphin 126
dauphinois 126 270
daurade 43
davantage 143
de jure 285
dé 22 **360**
de-ci de-là 252
dead-heat **m sg** 285
débâcle 2
déballage 160
débarcadère **m** 221
débarquement 148
débarras 171 275
débat 1 230
débattre 352
débauche 43
débile 159
débilité 22
débit 35 230
déblai 11
déblaiement 224
déblatérer 330
déblayage 97
déblayer 333
déblocage 147
déboire 221
déboisement 187

déboîtement 85
débonnaire 166
débordement 73
débosseler 331
débotté 116
débouché 22
déboulé 22
débours 229
debout 230
débraillé 98
débrayage 97
débrayer 333
débris 35 275
début 230
deçà 2
décacheter 332
décadence 72
décaèdre 22
décaféiné 22
décalcification 214
décalcomanie f 35
décalogue 147
décan 72
décapant 73 230
décapeler 331
décarreler 331
décathlon 117
décéder 330
déceler 331
décélérer 330
décembre 72
décemment 3
décence 72
décennie 166
décentralisation 214
déception 214
décérébrer 330
décerveler 331
décès 229 275
décevant 230
décevoir 340
déchaînement 11
décharger 328
dèche 10
déchéance 72
déchet 13 230
déchiqueter 332

déchirement 73
déchirure 223
décibel 159
décidément 73
décimal 289
décisif 265
déclamatoire 221
déclaration 214
déclaveter 332
déclenchement 73
déclic 147
déclin 62
décliqueter 332
décoction 214
décoincer 327
décolérer 330
décollage 160
décolleté 160
décolleter 332
décombres 275
décommettre 352
décongeler 331
déconnexion 216
déconsidérer 330
décontenancer 327
déconvenue 220
décor 170
décorticage 147
décorum 163
décourager 328
décousu 187
découverte 147
décrépi 30 360
décrépit 30 230 360
decrescendo 360
décret 13 230
décret(s)-loi(s) m 285
décréter 330
décrochez-moi-ça m . . . 322
décroître 351
décryptage 34
décuple 147
dédaigneux 272
dédain 64
dédale m 159
dedans 72
dédicace 179

dédicacer 327
dédit 35 230
dédommagement 164
dédommager 328
déductif 265
déesse 178
défaillance 98
défaire 347
défaite 11
défaut 43 230
défécation 214
défectif 265
défection 214
défectueux 272
défense 72
déféquer 330
déférence 72
déférer 330
défi 30
défiance 72
déficeler 331
déficience 179
déficit 179 230
déficitaire 221
défiger 328
défilé 159
définitif 265
définition 214
définitoire 221
déflation 214
défoliant 73 230
défoliation 214
défoncer 327
défoulement 73
défrayer 333
défroncer 327
défunt 67 230
dégager 328
dégaine 11
dégât 2 230
dégazage 186
dégel 15
dégelée 27
dégeler 331
dégénérer 330
dégénérescence 180
dégingandé 257

déglacer 327
déglutition 214
dégorger 328
dégoût 131 230
dégoûtant 73 230
dégradant 73 230
dégradé 22
dégravoyer 87 334
degré 22
dégressif 265
dégrèvement 10
dégrever 329
dégringolade 159
déguenillé 132
déhanché 235
dehors 235
déicide 179
déiste 22
déjà 2
déjauger 328
déjection 214
déjeuner 53
déjuger (se) 328
delà 2
délacer 327
délai 11
délateur 115
délayage 97
délayer 333
delco 42
délégué 132
déléguer 330
délétère 10
délibérément 22
délibérer 330
délicat 230
délicatesse 178
délice m 179
délices f pl 275
délicieux 209 272
délictueux 272
délinquant 148 230
déliquescence 180
délit 35 230
délivrance 72
déloger 328
déloyal 97 289

delta m 1
déluge 143
déluré 257
démagogie 35
demain 64
demande 72
démangeaison 144
démanger 328
démantèlement 10
démanteler 331
démaquillant 98 230
démarcation 147
démarquage 148
démarrage 171
démêlage 10
démêlé 10
déménager 328
déménageur 256
démence 72
démener (se) 329
démenti 30
démentiel 199 260
démentir 337
démesurément 73
démettre 352
demeure 58
demi 30
demi-douzaine(s) f 285
demi-pensionnaire(s) . . . 285
demi-bas m 285
demi-botte(s) f 285
demi-cercle(s) m 285
demi-clef(s) f 285
demi-deuil m 285
demi-dieu (x) m 285
demi-droite(s) f 285
demi-fin(s) m 285
demi-finale(s) f 285
demi-frère(s) m 285
demi-gros m 285
demi-heure(s) f 285
demi-journée(s) f 285
demi-litre(s) m 285
demi-mal (pl : demi-maux) m . 285
demi-mot (à) 285
demi-pause(s) f 285
demi-pension(s) f 285

demi-queue m 285
demi-sang m 285
demi-sel m 285
demi-sœur(s) f 285
demi-solde(s) m 285
demi-tarif(s) m 285
demi-teinte(s) f 285
demi-ton(s) m 285
demi-tour(s) m 285
demie 35
démissionnaire 221
démocrate-chrétien m . . 285
démocratie 181
démographie 126
démolisseur 178
démolition 214
démoniaque 148
démonstratif 265
démonte-pneu(s) m 285
démoucheter 332
démurger 328
démuseler 331
dénégation 214
déneiger 328
déni 30
denier 24 274
dénivelé 22
déniveler 331
dénivellation 160
dénominateur 163
dénoncer 327
dénouement 224
dénoyer 87 334
denrée 27
dense 72 360
densité 22
dent 73 230 360
dent(s)-de-lion f 285
dent(s)-de-loup f 285
dentaire 221
denteler 331
dentellerie 160
dentelure 159
dentifrice 179
dénué 22
dénuement 224
déodorant 230

déontologie. 22
dépannage 166
dépaqueter 332
dépareillé 98
départ 176 230
départager 328
départir 337
dépeçage. 179
dépecer 327 329
dépêche. 10
dépeindre 345
dépenaillé 98
dépendance 72
dépens ᵐ ᵖˡ 275
dépense. 72
déperdition 214
déphasé 126
dépit 35 230
déplacer. 327
déplafonnement 166
déploiement 224
déployer 87 334
dépositaire 221
déposition 214
déposséder 330
dépossession 215
dépôt 42 230
dépotoir. 175
dépouillement 98
dépourvu 257
dépoussiérer 330
dépréciation 214
dépressif 265
dépression. 215
déprimant 73 230
dépuceler 331
depuis 35
député 22
déraillement 98
dérailleur 98
déranger 328
dérapage 107
dérayer. 333
derby 34
derechef 15
déréglé. 22
déréglement 10

dérégler 330
dérision 187
dérive ᶠ 170
derm(at)ite 115
dernier. 262
dernier(s)-né(s) ᵐ 285
dérogation. 214
déroger 328
déroute 115
derrick 150
derrière 171
derviche 104
des 25 360
désembrayer. 333
dès 10 360
désaccord 149
désagencer 327
désagréger 328 330
désaliéner 330
désaltérer 330
désamorcer. 327
désappointé 108
désargenté 22
désarroi 171
désastreux. 272
désavantager 328
désaveu 53 280
descellement 180
descendance. 180
descente 180
désemparé 72
désempeser 329
désengager 328
désengorger 328
désengrener 329
désenlacer. 327
désennuyer 334
désenrayer 333
désensorceler. 331
désentrelacer 327
désert. 176 230
désertion. 214
désespéré 22
désespérer 330
déshérité 235
déshonneur 235
déshonorant 230 235

déshydrogéner 330
desiderata ᵐ ᵖˡ 275
désinence ᶠ 72
désintégrer 330
désintéressé 178
désinvolture 223
désir 170
désireux. 272
désobéissance 72
désobligeance. 144
désobliger 328
désodorisant. 73 230
désœuvré 59
désopilant 73 230
désordonné. 166
désormais 229
désoxygéner 330
desperado 42
despotisme 115
desquelles ᶠ ᵖˡ 148
desquels ᵐ ᵖˡ 148
dessaisissement 178
dessécher 330
dessein. 65 360
desserrage. 171
dessert 178 230
dessiccation 149
dessin. 178 360
dessinateur 256
dessous 275
dessous(-)de(-)table ᵐ . 285
dessous-de-plat ᵐ 285
dessus 275
dessus-de-lit ᵐ 285
destin. 62
destinée 27
destitution. 214
destroyer 97
destruction 214
désuet 13 230 263
désuétude 22
détail 98 279
détaillant 98 230
détaxe 115
détection 214
déteindre 345
dételer 331

détente. 72
détention. 214
détergent. 73 230
déterger. 328
détérioré. 22
détonateur 165
détonation 165
détour 170
détracteur 264
détrempe. 72
détresse. 178
détriment 73
détritus 275
détroit 86 230
dette. 116
deuil 98
deus ex machina ᵐ. 285
deux 54 291
deux-mâts ᵐ 285
deux-pièces ᵐ 285
deux-roues ᵐ. 285
deux-temps ᵐ 285
deuxième. 188
dévaluation. 214
devancer 327
devant 73 230
devanture 223
déveine 12
développement 108
devers 229
dévêtir 337
déviance 179
déviation. 214
devin 62
devineresse. 178
devinette. 116
devis. 35 275
dévisager. 328
devoir. 341
dévolu 257
dévot 230 269
dévotion. 214
dévouement 224
dévoyer 87 334
dextérité 22
dey 16 360
diabète ᵐ 10

diabétique 259
diable 97
diablotin 62
diabolique 148
diabolo. 42
diabolo menthe ᵐ 285
diachronie. 151
diadème. 10
diagnostic ᵐ 147
diagonal. 289
diagramme ᵐ. 164
dialecte ᵐ. 159
dialectique 148
dialogue. 132
dialyse ᶠ 34
diamant. 73 230
diamantaire 221
diamétralement. 22
diamètre 10
diantre 72
diapason 187
diaphane 126
diaphragme. 126
diapré. 22
diarrhée. 172
diaspora ᶠ. 1
diatribe ᶠ 110
dichotomie ᶠ 151
dictateur 264
dictée. 27
diction 214
dictionnaire 166
dicton. 147
didacticiel 200
didactique 148
dièdre ᵐ 10
dièse ᵐ 10
diesel 159
diéser 330
diète 10
diététicien. 204 267
dieu. 53 280
diffamatoire 125
différemment. 3
différence 125
différenciation 214
différend 74 360

différent. 73 230 360
différentiel 199 260
différer. 330
difficile. 159
difficilement. 159
difficulté 125
difformité 125
diffraction. 214
diffus 270
digérer 330
digeste 221
digital. 289
digitale ᶠ. 159
dignité 22
digression 215
diktat 150 230
dilacérer 330
dilatation. 214
dilatoire 221
dilemme ᵐ. 164
dilettante. 116
diligemment 3
diligence 72
dilution 214
dîme. 32
dimension. 215
diminution 214
dinar ᵐ 170
dindonneau. 166 277
dîner. 24
dingue 62 360
dinosaure ᵐ 221
diocèse ᵐ 10
diode ᶠ 118
diorama. 1
diphtérie 126
diphtongue ᶠ 126
diplodocus 275
diplomate 221
diplôme 45
diptyque ᵐ. 34
dire 349
direct 15 230
direction 214
directionnel 166 260
directoire. 221
dirigeant 144 230

diriger 328
dirimant. 73 230
discernement 180
discipline 180
discobole ᵐ 159
discophile 126
discordance 72
discorde 147
discothèque 117
discourir 338
discours 176 275
discourtois 270
discrédit 35 230
discret 230 263
discrétion 214
discrimination 214
discursif 265
discussion 215
disert 230
disette 116
disgrâce 2
disgracieux 209 272
disjoindre 345
disjoint. 94 230
disparaître. 348
disparate 115
disparité 22
disparition. 214
dispatching 131
dispensaire ᵐ 221
dispense 72
disponibilité 22
dispos. 275
dispute 115
disquaire 148
disque 148
disquette 116
dissection 214
dissemblable. 178
dissémination. 178
dissension 215
disséquer. 330
dissidence 72
dissimulation 178
dissipation. 178
dissociation. 179
dissolu 178

dissolution 214
dissonance 165
dissoudre. 346
dissuasion 187
distance 72
distancer 327
distillerie 160
distinct. 66 230
distinction. 214
distinguo ᵐ 42
distorsion 215
distraction. 214
distraire 339
distrait 230
distrayant 97 230
distribution. 214
district 115 230
dithyrambique 117
diurne 259
diva ᶠ 1
divagation 214
divan. 72
divergent 73 230
diverger 328
divers 229
diversement 177
dividende ᵐ 72
divination 214
divinité. 22
divisibilité 22
divisionnaire. 166
divorce 179
divorcer 327
divulgation 214
dix. 182
dixième 188
dizaine 186
djebel 142
djellaba ᶠ 160
do 42 360
doberman 15
docile 259
docilité. 159
dock 150
docker 150
doctorat. 1 230
doctrinal 289

doctrine. 165
documentaire. 221
dodécaèdre. 22
dodécaphonique 126
dodu. 118
doge 143
dogmatique. 148
dogue 132
doigt. 230
doigté. 22
dolce vita ᶠ ˢᵍ 285
doléances ᶠ ᵖˡ 275
dollar 160
dolmen. 15
dolomite ᶠ 163
domaine 11
domaine(s) public(s) ᵐ . . . .
. . . . 285
domanial 289
dôme 45
domesticité. 22
domestique. 148
domicile. 159
dominance 72
domination 214
dominical 289
dominion ᵐ 163
domino 42
dommage 164
dompteur 233
don 80 360
donataire. 165
donateur 41
donation 214
donation(s)-partage(s) ᶠ . . . .
. . . . 285
donc. 147
donjon 142
donne. 41
donneur. 166
dont 82 230 360
doping 107
dorade 170
dorénavant 73 230
dorien 267
dormeur 264
dorsal. 289

dorso-palatal(e)(s) 298
dorso-vélaire(s) 298
dortoir 175
dorure 223
doryphore ^m 126
dos 42 229 360
dose 187
dossard 176
dossier 178
dot 115 230
dotation.............. 214
douairière 10
douane............... 237
doublet 13 230
douce(s)-amère(s)..... 285
douceâtre 179
douceur 174
douille 98
douillettement 116
douleur 174
douloureux 272
douteux 272
douve ^f 221
doux 272
douzaine 186
douze 186
doyen............... 97
drachme ^f 151
draconien 165 267
dragage 104
dragée 27
dragon 104
dragonnade.......... 166
dragueur 132
drain................. 64
dramaturge........... 143
drame................ 163
drap 233
drap(s)-housse(s) ^m 285
drapeau 44 277
drayer................ 333
dresseur............. 256
dressoir 175
dribble ^m 110
dribbleur 110
drille ^m 98 360
drink ^m 150

drisse ^f 178
drive ^{[draiv] m} 97
drogue 132
droguerie............. 132
droit 86 230
droiture 223
drolatique 159
drôle................. 45
drôlerie 45
drôlesse 178
dromadaire ^m 221
drop 107
dru 257
drugstore............. 221
druide 118
du 118 360
dû ^{m (f due)} 360
dualité 22
duc 147
ducasse ^f 178
duché 22
duchesse 178 274
duel............. 15 260
duelliste 160
duffel-coat(s) ^m........ 285
dulcinée.............. 27
dûment 73
dumping 60
duo 42
duodénum............. 163
dupe 107
duplex 275
duplicata ^{inv} 1
duplicité 179
duquel 148
dur 257
durablement.......... 170
duralumin 62
durant 73 230
durée 27
dureté............... 22
durillon 98
durit ^f 35
duvet 13 230
duveter ^(se) 332
dynamique 34
dynamo ^f 34

dynamométrique...... 163
dynastie.............. 34
dyne ^f 34
dysenterie 34
dysfonctionnement..... 35
dyslexie 34
dystrophie............ 34

E

eau 44 277
eau(x)-de-vie ^f 285 361
eau(x)-forte(s) 285
ébahi 235
ébats................ 275
ébattre ^(s') 352
ébauche.............. 43
ébène ^f 10
ébéniste 22
éberlué............... 22
ébiseler 331
éblouissant 73 230
éblouissement 178
ébonite ^f 165
éboueur 22
éboulis 35
ébrécher 330
ébréchure 223
ébriété 22
ébullition 160
écaille................ 98
écarlate 115
écart 230
écartèlement 147
écarteler 331
ecchymose ^f 149
ecclésiastique......... 149
échafaud 43
échafaudage 143
échalas ^m 1
échalote ^f 115
échancrure 223
échanger 328
échangeur............ 174
échanson 72
échantillon 98

échantillonnage 166
échappatoire f 108
échappée 108
échassier 178
échauffourée f 125
échéance 22
échéant 73 230
échec 147
échelle 160
échelon 159
échelonnement 166
écheveau 44 277
écheveler 331
échevin 62
échine 165
échiquier 148
écho 42 361
échoppe 108
éclaboussure 178
éclair 170 361
éclaircie 179
éclat 1 230
éclectique 148
éclipse f 179
éclisse f 178
éclopé 107
éclosion 187
écluse 187
écœurant 59 230
école 159
écologie 147
économie 163
écope f 107
écorce 179
écorcer 327
écorchure 223
écossais 270
écot 46 230 361
écoute f 147
écoutille 98
écouvillon 98
écran 72
écran(s)-filtre(s) m 285
écrémage 22
écrémer 330
écrêtement 10
écrevisse 178

écrin 62
écrit(s)-parlé(s) m 257
écriteau 44 277
écritoire f 221
écrivain 64
écrou 22 281
écrouelles 275
écru 257
ectoplasme 147
écu 147
écueil 59
écuelle 160
écume 163
écumoire 221
écureuil 98
écurie 35
écusson 178
écuyer 97 256
eczéma 15
edelweiss m 178
éden 15
édification 147
édifice m 179
édile m 159
édit 35 230
éditeur 256
éditorial 278
édredon 80
éducateur 256
effaçable 179
effacer 327
effarant 125 230
effectif 125 265
efféminé 125
effervescence 180
effet 125 230
effeuillage 98
efficace 179
efficience 72
effigie 35
efflanqué 148
effleurement 125
effluve m 125
efforcer (s') 327
effort 230
effraction 214
effraie f 220

effranger 328
effrayant 97 230
effrayer 333
effroi 85
effrontément 125
effroyable 97
effusion 187
égal 289
égalitaire 221
égalité 22
égard 233
égayer 333
égérie 22
égide f 143
églantine f 72
église 187
ego 131
égocentrisme 131
égoïne f 237
égoïste 237
égorger 328
égotisme 115
égout 230
égoutier 24
égouttoir 116
égrainage 165
égratignure 139
égrenage 165
égrener 329
égrillard 98
égruger 328
égyptien 205 267
eh! 25
éhonté 235
eider 170
éjection f 214
élaboration 214
élagage 131
élan 72
élancer 327
élargissement 178
élasticité 179
eldorado 42
électeur 256
électif 265
élection 214
électorat 1 230

électricité 22
électrique 148
électro-aimant(s) ᵐ 285
électroacoustique 22
électrocution 214
électrogène 10
électrolyse ᶠ 34
électron 80
électronique 148
électronucléaire 221
élégamment 164
élégance 72
élégiaque 148
élégie ᶠ 35
élément 73
élémentaire 221
éléphant 126 230
éléphantesque 148
élévateur 264
élève 10
élever 329
elfe ᵐ 15
éligible 143
éliminatoire 221
élision ᶠ 187
élite ᶠ 115
élixir 170
elle 14 357
ellipse 23 357
elliptique 23
élocution 214
éloge ᵐ 143
élogieux 272
élongation 214
élonger 328
éloquence 148
élucubration 214
élytre ᵐ 34
émail 279
émanation 163
émancipation 214
émarger 328
émasculation ᶠ 214
emballage 160
embarcadère 221
embardée 27
embargo 42

embarquement 148
embarras 171 275
embarrassant 171 230
embastiller 326
embattre 352
embauche ᶠ 43
embauchoir 175
embêtant 10 230
emblée ⁽ᵈ'⁾ 27
emblématique 22
emblème ᵐ 10
emboîtement 85
embolie ᶠ 35
embonpoint 94 230
embotteler 331
embouchure 223
embout 230
embrasse ᶠ 178
embrassement 178
embrasure 223
embrayage 97
embrayer 333
embrever 329
embrocation 214
embrouillamini 30
embruns 275
embryon 97
embryonnaire 166
embûche ᶠ 104
embuscade 72
éméché 22
émécher 330
émeraude ᶠ 43
émergence 72
émerger 328
émeri ᵐ 30
émérite 115
émersion 215
émerveillement 98
émetteur 116
émettre 352
émeute 115
émigrant 73 230
émincer 327
éminemment 3
éminence 72
émir 170

émirat 1 230
émissaire 221
émission 215
emmagasinage 164
emmanchure 164
emménagement 164
emménager 328
emmener 329
emment(h)al 164
emmétrer 330
émoi 85
émolument 73
émotif 265
émotion 214
émotionnel 166 260
émoucheter 332
émoulu 257
émoustillant 98 230
empaillage 98
empan ᵐ 72
empaquetage 115
empaqueter 332
empâtement 2 361
empattement 116 361
empêchement 10
empêcheur 264
empeigne ᶠ 12
empennage 166
empereur 274
empeser 329
empêtré 10
emphase ᶠ 126
emphatique 126
empiècement 163
empiéger 328 330
empierrement 171
empiètement 10
empiéter 330
empilement 159
empire ᵐ 221
empiriquement 148
emplacement 73
emplâtre ᵐ 72
emplette 116
emploi 85
employer 87 334
employeur 97

empoisonnement 166
empoissonnement 178
emporte-pièce ᵐ 285
empoussiérer 330
empreindre 345
empreinte ᶠ 65
empressement 178
emprise ᶠ 187
emprisonnement...... 166
emprunt 67 230
émule 159
émulsion 215
en 72 357
en-avant 230 285
énarque 148
encablure ᶠ 221
encager 328
encaisse ᶠ 178
encan 72
encart........... 176 230
encas 275
encasteler ⁽ˢ'⁾ 331
encastrement 147
encaustique ᶠ 148
enceindre 345
enceinte.............. 65
encens 275
encensoir 175
encéphale ᵐ 126
enchaînement 11
enchanteur 264
enchâssement 2
enchère ᶠ 10
enchevêtrement 10
enchifrener 329
enclave ᶠ 72
enclin................ 257
encliqueter 332
enclos............... 275
enclume ᶠ 72
encoche ᶠ 72
encoignure 139
encollage 160
encolure............. 159
encombrant 73 230
encombre ᵐ........... 81
encontre 80

encor(e)............... 72
encorbellement 160
encornet 13 230
encourageant 144 230
encourager 328
encourir............. 338
encrassement........ 178
encre 72 357
encroûtement 72
encyclique ᶠ........... 34
encyclopédie 34
endémique 148
endettement......... 116
endive ᶠ............... 72
endocrinien 267
endoctrinement....... 163
endogamie 35
endogène 10
endommager 328
endossement 178
endroit........... 86 230
enduit........... 35 230
endurance........... 72
endurcissement 179
énergétique........... 148
énergie.............. 165
énergumène 163
énervement 73
enfance 72
enfant........... 73 230
enfantillage 98
enfantin............. 62
enfer................ 170
enfiévrer 330
enfilade 159
enfin............... 62
enflé 22
enflure 223
enfoncer 327
enfreindre 345
enfuir ⁽ˢ'⁾ 339
engageant 144 230
engager 328
engeance ᶠ........... 144
engelure............. 223
engin 62
engoncer 327

engorger 328
engouement 224
engouffrement........ 125
engourdissement...... 178
engrais............. 11 275
engranger 328
engrenage 143
engrener 329
engrumeler........... 331
enharmonie 235
énième................ 10
énigmatique 148
énigme ᶠ............... 22
enivrant 73 230
enjambée 72
enjaveler 331
enjeu 53 280
enjoindre............. 345
enjôleur.............. 42
enjolivure 223
enjoncer 327
enjouement 224
enkysté 150
enlacer............... 327
enlèvement 10
enlever.............. 329
enluminure ᶠ 163
enneigement 166
enneiger 328
ennemi............... 166
ennuager 328
ennui 166
ennuyer 334
ennuyeux......... 98 272
énoncer 327
énonciation........... 214
énorme 163
énormité 163
enquête 148
enrageant 144 230
enrager............. 328
enrayage 97
enrayement 97
enrayer 333
enregistrement........ 73
enrôlement........... 45
enrouement 224

ensauvager 328
enseignant 12 230
enseigne ^f 12
enseigne ^m. 12
ensemble. 72
ensemencement 179
ensemencer 327
ensevelissement 178
ensilage ^m 177
ensoleillement 98
ensommeillé. 164
ensorceler 331
ensorcellement 179
enstérer. 330
ensuite. 177
entaille. 98
entame ^f. 72
enté 361
enténébrer 330
entente 72
entérite ^f 72
enterrement 171
entêté. 10
enthousiasme ^m 117
entier 262
entité 22
entomologie 115
entonnoir 166
entorse ^f. 177
entourage 115
entourloupette. 14
entournure 223
entr'égorger ^(s') 328
entracte 147
entraide 11
entrailles 275
entrain. 64
entraînement 11
entrapercevoir 340
entrave ^f. 72
entre. 72 357
entre-deux ^m 285
entre-deux-guerres ^{m ou f}. . . .
. . . . 285
entre-égorger ^(s') . . . 298 328
entre-haïr ^(s') 298 336
entre-manger ^(s') . . . 298 328

entre-temps ^{adv}. 298
entrebâillement 98
entrebattre ^(s') 352
entrechat. 1 230
entrecôte ^f. 45
entrée 27
entrefaites. 275
entrefilet 13 230
entrejambe ^m 274
entrelacer 327
entrelacs ^m. 229
entremets 229 275
entremetteur 116
entremettre ^(s') 352
entremise 187
entrepont 82 230
entrepôt. 45 230
entrepreneur 165
entreprise 187
entresol ^m 177
entretien 63 205
entrevue ^f 221
entrobliger ^(s') 328
entropie ^f. 72
entrouvert. 230
énucléation. 22
énumération. 214
énumérer 330
envahi 235
envahissant. 230
enveloppe 108
enveloppement 108
envenimé 257
enverger 328
envergure ^f 223
envers 229
envi. 30 361
envie ^f. 35 361
envieux 272
environ 80
environnant 166 230
environnement 166
envisager. 328
envoi 85
envol. 159
envolée 27
envoûtement 73

envoûteur 174
envoyer 87 334
enzyme ^{m ou f} 34
éolien. 267
épagneul 58
épais. 270 361
épaisseur. 174
épaississant. 178 230
épanchement. 73
épandage ^m 72
épanneler 331
épanouissement 178
épargne ^f 139
éparpillement. 98
épars. 361
épate ^f. 115
épaulard 176
épaule 43
épaulette 14
épave 22
épée 27 361
épeire ^f. 12
épeler. 331
éperdument 15
éperon 27
épervier 24
éphèbe ^m 126
éphémère 126
éphéméride ^f. 126
épi 30
épice ^f. 179
épicéa. 1
épicer. 327
épicerie 220
épicier 256
épicurien. 267
épidémie 220
épieu 53 280
épiglotte ^f. 116
épigone ^m. 163
épigramme ^f 164
épigraphe ^f. 126
épilation 214
épilepsie 177
épileptique 148
épilogue ^m 159
épinard. 176

épinceler 331
épincer 327
épinceter 332
épine 165
épine(s)-vinette(s) f 285
épinette 14
épineux 272
épingle 62
épinoche f 165
épiphanie 126
épiphénomène 126
épique 259
épiscopat 1 230
épisiotomie 187
épisode m 187
épissure f 178
épistémologie 220
épistolaire 221
épitaphe f 126
épithète f 117
épître f 32
épizootie 186
éploré 22
éployer 87 334
épluchure 223
éponge 143
épongeage 144
éponger 328
épopée 107
époque 148
épouillage 98
épousailles 275
épouse 187
époussetage 178
épousseter 332
époustouflant 73 230
épouvantail 98 279
épouvante 72
époux 272
épreindre 345
épreuve 58
éprouvette 14
epsilon m 163
épucer 327
épuisant 73 230
épuisette 14
épuration 214

épure f 223
équarrissage 148
équateur 174
équation 214
équatorial 148 289
équerre f 171
équestre 148
équidé 148
équilatéral 289
équilibre 148
équinoxe m 148
équipage 148
équipe 148
équipée 27
équipollence f 160
équipotent 148 230
équitable 148
équitation 214
équité f 148
équivalence 72
équivalent 73 230
équivoque f 148
érable m 22
éraflure 223
éraillé 98
ère f 10 357
érectile 159
érection 214
éreintant 65 230
erg m 131
ergol m 131
ergot 46 230
ergoteur 115
ergothérapie 117
ériger 328
ermitage m 15
ermite 115
érogène 10
éros 177
érosion 187
érotique 148
errance 171
errant 171 230
errata m inv 1
erratique 171
erratum m sg 171
erre f 14 361

errements 275
erreur 171
erroné 171
ersatz m 275
érudit 230
érudition 214
éruptif 257
éruption 214
érythème m 34
ès 10 361
ès lettres 285
ès qualités 285
ès sciences 285
esbroufe f 15
escabeau 44 277
escadre 15
escadrille f 98
escadron 147
escalade 159
escalator m 159
escale 159
escalier 24
escalope f 107
escamotable 147
escampette 14
escapade 147
escarbille f 98
escarboucle f 147
escarcelle f 14
escargot 46 230
escarmouche 147
escarpement 147
escarpin 62
escarpolette f 14
escarre f 171
eschatologie 151
escient 180 230
esclandre m 72
esclavage 147
esclavager 328
esclave 15
escogriffe m 125
escompte m 81
escorte 115
escouade f 237
escrime f 163
escroc 47

escroquerie........... 148
eskimo............... 150
ésotérique............. 22
ésotérisme............ 22
espace 179
espace(s)-temps ᵐ..... 285
espacer 327
espadon.............. 80
espadrille ᶠ............ 98
espagnol 257
espagnolette.......... 14
espalier 24
espèce ᶠ 15
espérance 72
espérer............... 330
espiègle 10
espièglerie............. 10
espion 268
espionnage 166
espionnite............ 165
esplanade 165
espoir................ 175
esprit 35 230
esquif 148 274
esquimau ᵐ (ᶠ : esquimaude) .. 148
esquisse ᶠ............. 148
esquive ᶠ.............. 148
essai 11 23
essaim 23 62
essaimage 11 23
essanger............. 328
essart 23 176 230
essayage........... 23 97
essayer............... 333
essayiste 23 97
esse ᶠ............ 23 31 178
essence ᶠ 23 72
essentiel........ 23 199 260
esseulé............ 23 178
essieu........... 23 53 280
essor........... 23 170
essorage........... 23 170
essoreuse.......... 23 178
essoufflement...... 23 125
essuie-glace(s) ᵐ ... 23 285
essuie-mains ᵐ..... 23 285
essuie-pieds ᵐ...... 23 285

essuyage 23 97
essuyer............. 334
est............... 230 314
est-allemand(e)(s)..... 298
est-ce que 298
establishment........ 105
estafette ᶠ............ 14
estafilade............ 124
estaminet 13 230
estampe ᶠ............ 72
estampille ᶠ........... 98
esthète.............. 117
esthéticien 204 267
esthétique........... 117
estimation........... 214
estime 163
estival.............. 289
estivant 73 230
estoc.............. 147
estocade ᶠ........... 147
estomac............ 233
estompe ᶠ............ 81
estrade............. 15
estragon............. 15
estropié 22
estuaire ᵐ............ 221
estudiantin 257
esturgeon 144
et 27 314 361
et cætera ⁽ᵉᵗᶜ·⁾ 249
étable.............. 22
établi 30
établissement........ 178
étage ᵐ.............. 22
étager............... 328
étagère............. 10
étai ᵐ 11
étaiement 224
étain.............. 64 361
étal 278 361
étalage 143
étalager 328
étale 159 361
étalement 73
étalon.............. 159
étalon-or ᵐ ˢᵍ........ 285
étalonnage 166

étamage.............. 163
étamine ᶠ............. 163
étanche 72
étanchéité............ 22
étançon 179
étang 233
étape 107
état............... 1 230
état(s)-major(s) ᵐ 285
étatique............. 148
étau 43 276
étayer.............. 333
été................. 22
éteignoir 175
éteindre............. 345
éteint 65 230 361
étendard 176
étendue 220
éternel 260
éternellement........ 160
éternité 22
éternuement........ 224
éther................ 117
éthéré............... 117
éthiopien......... 117 267
éthique ᶠ.......... 117 361
ethnarque........... 148
ethnie ᶠ.............. 117
ethnocentrisme....... 117
ethnologie........... 117
éthologie............ 117
éthylène ᵐ 34
éthylisme............ 34
étiage ᵐ 143
étincelant 73 230
étinceler 331
étincelle............. 14
étiolement........... 159
étiologie............ 220
étique 115 361
étiquetage 148
étiqueter 332
étiquette 14
étoffe 125
étoile 159
étoile polaire ᶠ........ 274
étole ᶠ............... 159

étonnamment 166
étonnement 166
étouffée 125
étouffement 125
étouffoir 175
étoupe f 107
étourderie 220
étourdiment 73
étourdissement 178
étourneau 44 277
étrangement 73
étranger 262
étranger 274
étrangeté 22
étranglement 73
étrave f 22
être 10 361
étreindre 345
étreinte 65
étrenne f 14
êtres 10
étrier 24
étrille f 98
étriqué 148
étrivière f 10
étroit 86
étroitesse............ 178
étrusque 148
étude 115
étudiant 73 230
étui 30
étuve f................ 22
étuvée 27
étymologie 34
eucalyptus m 275
eucharistique 151
euclidien 267
eugénique 143
euh! 53 233 361
eunuque 165
euphémisme.......... 126
euphonie............. 126
euphorie 126
eurafricain............ 64
eurasien........ 63 206 267
eurêka! 1
euristique 148

eurodollar 170
européen............. 267
euthanasie f.......... 117
eux 54 361
évacuation 214
évaluation 214
évanescence 180
évangélique........... 148
évangile m 159
évanouissement....... 163
évaporé 107
évasement............ 187
évasif 265
évasion............... 187
évêché 22
éveil 98
événement 73
événementiel 199 260
éventail 98 279
éventaire m 221
éventualité 22
éventuel............. 260
évêque 10
éviction 214
évidement............ 163
évidemment........... 3
évidence 179
évident........... 73 230
évier m 27
évincer............... 327
éviscérer 330
évocation............ 147
évolutif.............. 265
évolution 214
évolutionnisme 166
evzone m 186
ex abrupto........ 252 383
ex æquo.......... 252 383
ex cathedra....... 252 383
ex-voto m inv 285
exacerbation.......... 214
exact............. 115 230
exaction.............. 214
exagération........... 214
exagérément........... 73
exagérer.............. 330
exaltation 214

examen 63
examinateur 264
exaspération.......... 214
exaspérer............. 330
exaucement 179
exaucer 327
excavateur........... 264
excédant 73 230
excédent m 72
excédentaire.......... 221
excéder 330
excellemment......... 160
excellence 160
excellent 160 230
excentrique.......... 148
exception............. 214
exceptionnel...... 165 260
excès 229 275
excessif 265
excipient 73 230
excision 187
excitation 214
exclamation 214
exclu................. 257
exclusif............... 265
exclusivité 22
excommunication 164
excrément............. 73
excrémentiel 199 260
excréter 330
excroissance.......... 178
excursion............. 215
excursionniste 165
excusable 187
exeat m 237
exécrable............. 188
exécrer 330
exécutant 73 230
exécution 214
exégèse f 188
exégète 188
exemplaire 221
exemplarité........... 22
exemple 72
exempt............... 230
exemption........... 214
exercer............... 327

exercice 179
exergue ᵐ 132
exhalaison 235
exhalation 235
exhaussement 235
exhaustif 235
exhéréder 330
exhibition 235
exhibitionnisme 166
exhortation 214
exhumation 235
exigeant 144 230
exigence 72
exiger 328
exigu 266
exiguïté 237
exil 159
existence 179
existentialisme 181
existentiel 199 260
exit ᵐ ⁱⁿᵛ 115
exode ᵐ 15
exogamie 220
exonération 214
exonérer 330
exorbitant 73 230
exorcisme ᵐ 179
exorde ᵐ 15
exotique 148
expansif 265
expansion 215
expansionnisme 166
expatriation 214
expectative 115
expédient 73 230
expéditif 265
expéditionnaire 166
expérience 72
expérimentalement 76
expérimentateur 264
expert 230
expert(s)-comptable(s) . 285
expertise 187
expiatoire 221
expiration 214
explication 214
explicite 179

explicitement 179
exploit 86 230
exploitation 214
exploiteur 264
explorateur 264
exploratoire 221
explosif 265
exponentiel 199 260
exportateur 264
exposant 73 230
exposé 22
exposition 214
exprès ᵃᵈᵛ 10 177 361
express 178 361
expressément 178
expressif 265
expression 215
expressionnisme 166
exprimable 163
expropriation 214
expulsion 215
expurgation 214
expurger 328
exquis 270
exsangue 132
extase ᶠ 187
extenseur 177
extensif 265
extension 215
exténué 22
extérieur 174
extériorité 22
extermination 214
externat 1 230
externe 15
extincteur 174
extinction 214
extirpateur 174
extorqueur 174
extorsion 215
extra 1
extra-dry 285
extra-fin(e)(s) 285
extra-fort(e)(s) 285
extra-légal ⁽ᵖˡ ᵉⁿ ⁻ᵃᵘˣ⁾ 285
extra-muros 285
extra-utérin(e)(s) 285

extraction 214
extradition 214
extraire 339
extrait 11 230
extralucide 179
extraordinaire 237
extrapolation 214
extrasensoriel(le)(s) . . . 260
extravagance 72
extravagant 73 230
extraversion 215
extraverti 30
extrême 10
extrême(s)-onction(s) ᶠ 285
extrême-orient ᵐ ˢᵍ 285
extrême-oriental ⁽ᵖˡ ᵉⁿ ⁻ᵃᵘˣ⁾ . . .
. . . . 289
extrêmement 10
extrémisme 163
extrémité 22
exubérance 72
exulcérer 330
exultation 214
exutoire ᵐ 221

F

fa 1 362
fable 124
fabliau ᵐ 43
fabricant 147 230
fabrication 214
fabrique 148
fabulation 214
fabuleux 272
fabuliste 159
fac-similé(s) ᵐ 285
façade 179
face 179 362
face-à-face 285
facétie 181
facétieux 210 272
facette 14
fâcheusement 2
fâcheux 272
facial 97 289

faciès ᵐ............... 179
facile................ 179
facilité 22
façon 179
faconde 147
façonnage 166
facteur 256
factice 179
factieux 210
faction 214
factoriel 260
factotum 163
facturation 214
facture 223
facultatif 265
faculté 22
fada................. 1
fadaise 11
fade................. 259
fadeur............... 174
fagot 46 230
fagoté............... 115
faible 11
faiblesse............. 14
faïence 237
faille 98
failli 98
faillibilité 22
faillite 115
faim ᶠ............ 62 362
faine ᶠ (ou faîne)...... 11
fainéant 73 230
fainéantise 22
fair(-)play ᵐ.......... 285
faire 347
faire-part ᵐ 285
faire-valoir ᵐ 285
faisable.............. 187
faisan 72
faisanderie 220
faisceau 180 277
faiseur 174
faisselle ᶠ 178
fait............ 11 230 362
faîte ᵐ........... 11 362
faitout............... 230
faix 11 231 362

fakir 150
falaise............... 11
falbala ᵐ............. 1
fallacieux........ 209 272
falot 46 230
falsification.......... 214
famé................ 163
famélique 148
fameux.............. 272
familial.............. 289
familiarité 22
familier 262
famille 98
famine 163
fan............... 72 362
fanal 289
fanatique 165
fane ᶠ........... 165 362
fanfare 124
fanfaronnade 166
fanfreluche ᶠ 104
fange................ 143
fangeux 272
fanion............... 80
fanon 80
fantaisie............. 220
fantasia ᶠ 1
fantasme ᵐ 72
fantasque............ 148
fantassin 178
fantastique 148
fantoche ᵐ........... 72
fantôme............. 45
faon 74
faquin............... 148
far 124 170 362
farad................ 118
faraday.............. 16
faramineux 272
farandole 159
faraud............... 43
farce 179
farci 257
fard 124 176 362
fardeau........... 44 277
farfadet 13 230
farfelu............... 257

faribole ᶠ............ 159
farineux............. 272
farniente 72
farouche 104
fart ᵐ................ 176
fascicule ᵐ........... 180
fascination 181
fascisme............. 180
faseyer.............. 335
faste ᵐ.............. 124
fastidieux........... 272
fastueux............. 272
fat 230 362
fatal................ 257
fatalement........... 76
fatalité 22
fatidique 148
fatigant.......... 73 230
fatigue 132
fatras 1 8
fatuité.............. 22
fatum 163
faubourg 176
faubourien 267
faucheur 264
faucille 98
faucon 147
fauconnerie.......... 166
faufilage............. 159
faune ᶠ.............. 165
faune ᵐ............. 163
faussaire 178
fausset 13 230 362
fausseté 22
faute................ 43
fauteuil.............. 98
fauteur 264
fautif............... 265
fauve............. 43 294
fauvette 14
faux................ 272
faux sens ᵐ 285
faux ᶠ............... 231
faux-monnayeur(s) ᵐ .. 285
faux-bourdon(s) ᵐ..... 285
faux-filet(s) ᵐ 285
faux-fuyant(s) ᵐ 285

faux-semblants ^m 285
favela ^f 159
faveur 174
favori 30 273
favorite 115
fayot 97 230
féal 289
fébrile 159
fébrilité 22
fécal 289
fèces ^f 275
fécond 82
fécondité 22
fécule ^f 159
féculent 73 230
fed(d)ayin 97
fédéral 289
fédération 214
fédéré 22
fédérer 330
fée 27
féerie 220
feignant ^(ou faignant) 11 139
feindre 345
feinte 65
feldspath ^m 117
félibre ^m 124
félicitations 275
félicité 22
félin 257
fellah ^m 160
félonie 220
felouque 148
fêlure 223
femelle 14
féminin 257
féminité 22
femme 3
femmelette 3
fémoral 289
fémur 170
fenaison 187
fendant 73 230
fenêtre 10
fenil 159
fennec ^m 147
fenouil ^m 98

fente 72
féodal 289
féodalité 22
fer 170
fer(s) à cheval ^m 285
fer(s)-blanc(s) ^m 285
ferblanterie 220
férié 257
ferme 15
ferment 73 362
fermeture 223
fermi 30
fermier 262
fermoir 175
féroce 179
férocité 22
ferraille 98
ferrailleur 171
ferrement 73 362
ferreux 272
ferronnerie 171
ferronnier 166
ferroviaire 221
ferrugineux 272
ferrure 223
fertile 159
fertilité 22
féru 257
férule 159
fervent 73 230
ferveur 174
fesse 178
fessée 27
festin 62
festival 278
festivité 15
festoiement 224
feston 80
festoyer 87 334
fêtard 176
fête 10 362
fétiche 104
fétide 115
fétu 22
feu 53 280 362
feuillage 98
feuille 98

feuillée ^f 27 362
feuillet ^m 13 362
feuilleter 332
feuilleton 80
feuillu 257
feutre 53
feutrine 165
fève 10
février 24
fez ^m 275
fi ! 30 362
fiabilité 22
fiacre 225
fiançailles 275
fiancer ^(se) 327
fiasco 42
fiasque ^f 148
fibre 30
fibreux 272
fibrillation 98
fibrome ^m 42
fibule ^f 159
ficelé 159
ficeler 331
ficelle 14
fiche 104
fichier 24
fichu 104
fictif 265
fiction 214
fidéisme 22
fidèle 259
fidélité 22
fiduciaire 192
fief 15
fieffé 125
fiel 15
fielleux 272
fiente ^f 72
fier 262
fièrement 73
fierté 22
fiesta 1
fièvre 10
fiévreux 272
fifre ^m 124
figer 328

fignoleur	264	
figuier	24	
figuratif	265	
figure	223	
figurine	165	
fil	159 362	
fil(s) de fer	285	
fil-à-fil	285	
filaire ᶠ	221	
filament	124	
filandreux	272	
filasse ᶠ	178	
filature	223	
file ᶠ	159 362	
filet	13 230	
filetage	115	
fileter	332	
filial	289	
filiation	214	
filière	10	
filigrane ᵐ	163	
filin	62	
fille	98	
filleul	98	
film	163	
filmothèque	117	
filon	159	
filou	281	
fils	275	
filtre	124 362	
fin	62 362	
fin ᶠ	62	
finale ᶠ	159	
finale ᵐ	159	
finalité	22	
finance	72	
financer	327	
finaud	257	
fine	165 362	
fine(s)-de-claire	285	
finesse	178	
finish	105	
finition	214	
finlandais	270	
finnois	166	
fiole	159	
fioriture	223	

firmament	73	
firme	163	
fisc	147	
fiscalité	22	
fissile	178	
fission	215	
fissure	223	
fixatif	265	
fixe	182	
fjord	98	
flageolet	144 230	
flagorneur	264	
flagrant	73 230	
flair	170	
flamand	74 362	
flamant	73 230 362	
flambant	73 230	
flambeau	44 277	
flambée	27	
flamboiement	224	
flamboyant	97 230	
flamboyer	87 334	
flamenco	42	
flamingant	73 230	
flamme	164	
flammé	164	
flammèche	164	
flan	72 362	
flanc	74 362	
flandrin	62	
flanelle	14	
flânerie	2	
flapi	257	
flaque	148 362	
flash	362	
flash-back ᵐ	285	
flasque	148	
flatterie	116	
flatulence	72	
fléau	43 276	
fléchage	143	
flèche	10	
flécher	330	
fléchette	14	
fléchissement	178	
flegmatique	148	
flegme ᵐ	163	

flemmard	164	
flemme ᶠ	164	
flétrissure	178	
fleur	174	
fleuret	13 230	
fleurette	14	
fleuriste	115	
fleuron	80	
fleuve	58	
flexibilité	22	
flexion	216	
flibustier	24	
flic	147	
flingue ᵐ	132	
flipper	108	
flirt	115 230	
flocage	147	
flocon	147	
floconneux	166	
flopée	27	
floraison	187	
floralies	275	
flore	221	
florentin	257	
florilège ᵐ	10	
florin	62	
florissant	178 230	
flot	42 230	
flottaison	116	
flotte	116	
flottille	98	
flou	281	
fluctuation	214	
fluet	230 263	
fluide	118	
fluidité	22	
fluor	170	
fluorescence	180	
flush	362	
flûte	115	
flûtiste	115	
fluvial	289	
flux	275	
fluxion	216	
foc	147 362	
focal	289	
foehn ⁽ᶠøⁿ⁾ ᵐ	55	

fœtal............. 25 289	forcené............... 257	foudroyer......... 87 334
fœtus................ 25	forceps.............. 179	fouet.............. 13 230
foi ^f.............. 85 362	forcer............... 327	fouettard............ 116
foie ^m........... 86 362	forcing.............. 131	fougasse ^f............ 178
foin.................. 93	forclusion........... 187	fougère............... 10
foire................ 221	forestier............ 262	fougue.............. 132
foire(s)-exposition(s) ^f. 285	foret ^m........... 13 362	fougueux............ 272
foireux.............. 272	forêt ^f............ 13 362	fouille............... 98
fois ^f............. 86 362	forfait............. 11 230	fouilleur............. 98
foisonnement........ 166	forfaiture........... 223	fouillis.............. 35
fol.................. 257	forfanterie........... 220	fouinard............ 176
folâtre............... 2	forge............... 143	fouine.............. 165
folichon............. 268	forger............... 328	fouineur............ 264
folie................. 220	forgeron.............. 80	foulard............. 176
folio................. 42	forjeter............. 332	foule........... 159 362
folklore ^m........... 221	forlancer............ 327	foulée............... 27
folksong............. 150	forlonger............ 328	foulon.............. 159
folle(s)-avoine(s) ^f..... 285	formalité............. 22	foulque ^f........... 148
follement............ 160	format............ 2 230	foulure............. 223
follet............. 230 263	formateur............ 264	four................ 170
follicule ^m............ 160	formel............... 260	fourberie............ 220
foncer............... 327	formica............... 1	fourbi............... 30
fonceur.............. 264	formique............. 148	fourbu.............. 257
foncier.............. 262	formol............... 159	fourche............. 104
fonctionnaire........ 166	formulaire ^m......... 221	fourchette............ 14
fonctionnel....... 166 260	formule.............. 159	fourchu............. 257
fond............. 82 362	fornication........... 214	fourgonnette.......... 166
fondamental......... 289	fors............. 229 362	fouriérisme........... 10
fondateur............ 264	forsythia ^m........... 34	fourmi.............. 30
fondation............ 214	fort............. 230 362	fourmilier........... 159
fonderie............. 220	forte ^{m inv}.......... 115	fournaise............ 11
fondrière............. 10	forteresse............ 14	fourneau......... 44 277
fonds......... 82 275 362	fortin................ 62	fournée.............. 27
fongicide............. 179	fortissimo........... 178	fourni............ 30 362
fontaine.............. 11	fortuit.............. 230	fournil......... 30 159 362
fontanelle ^f............ 14	fortune............. 165	fournisseur........... 178
fonte............... 115	forum............... 163	fourniture........... 223
fonts............. 82 362	fosse........... 178 362	fourrage............ 171
football............. 160	fossé............ 22 362	fourrager............ 328
footing.............. 131	fossette............. 14	fourré............... 171
for.............. 170 362	fossile............. 159	fourre-tout ^m......... 285
forage.............. 143	fossoyer......... 87 334	fourreau......... 44 277
forain............... 64	fossoyeur............ 97	fourrière............ 171
forban.............. 72	fou............. 273 281	fourrure............ 171
forçat............. 2 230	foucade............. 147	fourvoyer ^(se)....... 87 334
force............... 179	foudre............. 221	foutoir............. 175
forcément............ 73	foudroiement......... 224	fox................. 275

fox-terrier(s) **m** 285
fox-trot(s) **m** 285
foyer 97
frac 147
fracas 1 8
fraction 214
fractionnaire 166
fractionnel 166 260
fracture 223
fragile 143
fragilité 143
fragmentaire 221
frai **m** 11 362
fraîchement 11
fraîcheur 174
frais **(f : fraîche)** 11 273 362
fraise 187
framboisier 72
franc 74
franc(s)-bourgeois **m** ... 285
franc(s)-maçon(s) **m** ... 285
franc(s)-comtois **m** 285
franc(s)-parler(s) **m** 285
franc(s)-tireur(s) **m** 285
franc-maçonnerie **f** 285
franc-jeu **m** 285
français 270
franche 259
franchise 187
franciscain 257
francisque **f** 148
franco 42
franco-provençal **m (pl -aux)** ...
.... 285
francophile 126
francophone 126
frange 143
franger 328
frangin 274
frangipane **f** 165
franglais 229
franque 259
franquette 148
frappe **f** 108
frasque **f** 148
fraternel 260
fraternité 22

fratricide 179
fraude 43
frauduleux 272
frayer 333
frayeur 97
fredaine 11
frégate 115
frein 65
frelaté 22
frêle 10
frelon 159
freluquet 13 230
frémissement 178
frêne 10
frénésie 220
frénétique 148
fréquemment 3
fréquence 72
fréquent 73 230
frère 10
fresque 148
fret 115 230 362
fréter 330
frétillant 98 230
fretin 62
freudien 267
freux 275
friabilité 22
friand 74
friandise 187
fric 147
fric-frac **inv** 285
fricandeau 44 277
fricassée 27
friche 104
friction 214
frigidité 22
frigorifique 148
frigorifuger 328
frileux 272
frimas 1 8
frime 163
frimousse 178
fringale 159
fringant 73 230
fringues 275
fripier 107

fripon 80
friponnerie 166
fripouille 98
frise 187
frison 268
frisquet 13 230
frissonnement 178
frite 115 362
friture 223
frivole 159
froc 147
froid 257
froideur 174
froidure 223
froissure 223
frôlement 73
fromage 143
fromager 256
froment 73
fronce 179
froncer 327
frondaison 187
fronde 80
front 82 230
frontal 289
frontalier 262
frontière 10
frontispice **m** 179
fronton 80
frottis 116
froufrou 124 281
froussard 257
fructueux 272
frugal 289
fruit 35 230
fruitier 262
frusques **f** 275
frustration 214
fuchsia **m** 104
fucus 275
fuel 159
fugace 179
fugitif 265
fugue 132
führer 170 237 362
fuir 339
fulgurant 230

full. 160 362
fulminant. 230
fumée. 27
fumerolle ^f. 160
fumet 13 230
fumeur. 264
fumeux. 272
fumigation. 214
fumigène. 10
fumiger 328
fumoir 175
funambule. 159
funèbre 10
funérailles 275
funéraire 221
funeste. 259
funiculaire. 221
fur et à mesure ^(au) 124
furet 13 230
fureter 332
fureteur 115
fureur. 174 362
furibard 176
furibond. 82
furie 220
furieux 272
furoncle. 80
furonculeux 272
furtif. 265
fusain 64
fuseau 44 277
fusée. 27
fuselage 159
fuseler 331
fusible 187
fusil. 233
fusil(s)-mitrailleur (s) ^m . . . .
. . . . 285
fusilier 24
fusillade 98
fusion. 97
fusionnement. 166
fustiger. 328
fût 230
futaie ^f 11
futaille 98
futé 22

futile. 159
futilité 22
futur 170
futurisme. 163
fuyard. 97

g(u)ilde ^f. 132
gabardine 165
gabarit 35 230
gabegie ^f. 220
gabelle 14
gabelou 281
gâchette. 14
gâchis. 35
gadget 115 230
gadoue. 220
gaélique. 259
gaffe 125
gag 131
gaga 1
gage 143
gager. 328
gageure ^{[gaʒyr] f} 144
gagne-pain ^m 285
gagne-petit ^m 285
gagneur 264
gai 363
gaiement 224
gaieté 224
gaillard. 98
gain. 64
gaine. 11
gala. 1
galactique 148
galamment 164
galant 73 230
galanterie 220
galantine 165
galapiat 1 230
galaxie 182
galbe ^m 131
gale. 159 363
galéjade 142
galéjer 330

galène ^f. 10
galère 10
galérer 330
galerie 220
galérien 267
galet 13 230
galetas 1 8
galette 14
galeux. 272
galiléen 63
galimatias 1 8
galion 159
galipette. 14
gallican. 257
gallinacé ^m. 160
gallo-romain(s) 285
gallois. 270
gallon 160 363
galon. 159 363
galop. 47
galopade 107
galopin. 107
galvanisation 214
galvaudage 43
gambade 72
gamberger. 328
gamelle 14
gamète ^m 10
gamin. 257
gaminerie 220
gamma ^m 164
gamme. 164
ganache ^f 165
gandin 62
gandoura ^f. 1
gang ^m. 131 363
ganglion. 80
gangrène 10
gangrener 329
gangster. 15
gangue ^f 132 363
ganse 131
gant. 73 230
garage. 143
garance ^f 179
garancer. 327
garant 73 230

garantie 220
garce 179
garçon 179
garçonnet 166 230
garçonnière 166
garde 131
garde à vue 285
garde(s) du corps ᵐ 285
garde(s)-chiourme(s) ᵐ . . . .
. . . . 285
garde(s)-malade(s) 285
garde(s)-côte(s) ᵐ ⁽ᵃᵍᵉⁿᵗ⁾ . . . .
. . . . 285
garde-à-vous ᵐ 285
garde-barrière(s) 285
garde-boue ᵐ 285
garde-chasse(s) ᵐ 285
garde-côte(s) ⁽ⁿᵃᵛⁱʳᵉ⁾ ᵐ . . 285
garde-fou(s) ᵐ 285
garde-manger ᵐ 285
garde-meuble(s) ᵐ 285
garde-robe(s) ᶠ 285
gardénia 1
gardian 72
gardien 267
gardiennage 166
gardon 80
gare 221
garenne 14
gargarisme 131
gargote 131
gargouille 98
garnement 73
garnison 187
garnissage 178
garniture 223
garrigue 171
garrot 171 230
gars 229 275
gascon 147
gasoil 159
gaspacho 42
gaspilleur 264
gastéropode 107
gastrite 115
gastronomie 220
gâteau 44 277

gâterie 220
gâteux 272
gauche 43
gaucher 24
gauchiste 131
gaucho 43
gaudriole ᶠ 159
gaufre ᶠ 124
gaule 43 159 363
gaullisme 160
gaulois 270
gauss ᵐ 178 363
gave ᵐ 131
gavial 289
gavotte 116
gavroche 104
gaz ᵐ 363
gaze ᶠ 186 363
gazelle 14
gazette 14
gazeux 272
gazoduc 147
gazogène 10
gazole 186
gazon 186
gazouillis 98
geai 11 144 363
géant 230
gecko 150
geindre 345
geisha ⁽ᵍᵉʃᵃ; ᵍᵉᵢʃᵃ⁾ ᶠ 105
gel 15
gélatine 165
gelée 27
geler 331
gélinotte ᶠ 116
gélule 159
gelure 223
gémissement 178
gemme ᶠ 164
gémonies 275
gênant 73 230
gencive 179
gendarme 72
gendre 72
gène ᵐ 10 363
gêne ᶠ 10 363

généalogie 22
général 289
généralité 22
générateur 264
génération 214
générer 330
généreux 272
générosité 22
genèse 10
genêt 13 230 363
génétique 259
genette 14
genévrier 24
génial 289
génie ᵐ 221
genièvre 10
génisse 178
génital 289
géniteur 174
génocide 179
génois 270
génoise 187
génotype 34
genou 281
genouillère 2
genre 72
gens heureux ᵐ 229
gens ᵖˡ ⁽ᵇᵒⁿⁿᵉˢ ᵍᵉⁿˢ ᶠ⁾ . . . 72 363
gent ˢᵍ 73 230 363
gentiane 181
gentil 257
gentilhomme ⁽ᵖˡ : ᵍᵉⁿᵗⁱˡˢʰᵒᵐᵐᵉˢ⁾ . .
. . . . 235
gentilhommière 164
gentillesse 98
gentiment 73
gentleman ⁽ᵖˡ : ᵍᵉⁿᵗˡᵉᵐᵉⁿ⁾ . . 163
gentry ᶠ 34
génuflexion 216
géodésie 22
géographie 126
geôle 144
geôlier 144
géométrie 220
géophysique 126
géorgien 63 267
géothermique 117

gérance 179	gin-fizz ᵐ 285	globe-trotter(s) ᵐ 285
géranium............. 163	gingembre ᵐ 72	globule ᵐ 159
gerbe 15	gingivite............. 115	globuleux............. 272
gerboise............. 187	girafe 124	gloire 221
gercer............... 327	giratoire............. 221	gloria ᵐ................ 1
gerçure.............. 179	girl................. 131	gloriette.............. 14
gérer................ 330	girofle ᵐ 124	glorieux 272
gériatrie............. 220	giroflée.............. 124	gloriole.............. 159
germain............. 257	girolle ᶠ.............. 160	glose ᶠ............... 187
germanique.......... 148	giron ᵐ 80	glossaire ᵐ........... 178
germe............... 143	girondin............. 257	glossolalie 159
germicide 179	girouette 14	glotte 116
germination 214	gisant 73 230	glouglou......... 131 281
gérondif............. 124	gisement 73	gloussement.......... 178
gérontocratie 181	gitan................. 257	glouton.............. 268
gérontologie 220	gîte ᶠ 32	gloutonnerie.......... 166
gésier 187	gîte ᵐ................ 115	glu................. 131
gestaltisme ⁽ᵍᵉˢᵗᵃˡᵗⁱˢᵐ⁾ 131	givre 143	gluant 73 230
gestation 214	glabre............... 225	glucide 179
geste ᶠ................ 143	glace 179 363	glucose 147
geste ᵐ 143	glacer 327	gluten 165
gestion.............. 143	glaciaire........ 11 192 363	glycérine ᶠ 34
gestionnaire 166	glacial ⁽ᵖˡ ᵉⁿ ⁻ᵃˡˢ ᵒᵘ ⁻ᵃᵘˣ⁾ 289	glycine ᶠ............. 34
gestuel 260	glaciation............ 214	glycogène 10
geyser ᵐ.............. 16	glacière 10 193 363	gnangnan............. 72
ghanéen............. 134	glacis 35	gnocchi 151
ghetto.............. 134	glaçon 179	gnognote 115
gibbon 110	gladiateur 174	gnome ᵐ............. 163
gibbosité 110	glaïeul ᵐ............. 237	gnon 80
gibecière 193	glaireux 272	gnose ᶠ.............. 187
gibelotte ᶠ............ 116	glaise 11	gnostique............ 148
giberne.............. 15	glaiseux 272	gnou 131 281
gibet 13 230	glaive 11	go 131
gibier 24	gland 74	goal............. 49 363
giboulée............. 159	glande 72	goal-average(s) ᵐ...... 285
giboyer.......... 87 334	glaneur............. 264	gobe-mouches ᵐ 285
giboyeux 97 272	glapissement 178	gobelet............. 13 230
gibus................ 275	glas 229 275	goberger ⁽ˢᵉ⁾ 328
giclée 27	glaucome............. 43	gobeter 332
gifle................ 124	glauque 148	godet 13 230
gigantesque.......... 148	glèbe............... 10	godiche 104
gigogne 139	gléner............... 330	godille ᶠ............. 98
gigolo 42	glissade 178	godillot.......... 98 230
gigot 46 230	glissando 42	goéland 22
gigue................ 132	glissière 178	goélette 22
gilet............. 13 230	global 289	goémon 237
gin ᵐ 30 143 363	globe............... 221	goguenard............ 257

goguette. 132
goinfrerie. 124
goitre 115
golden ^f 165
golf ^m 124 363
golfe ^m 124 363
gomme. 164
gommeux 164
gonade ^f. 165
gond 82
gondole 159
gonfleur. 124
gong 131
gonocoque ^m. 148
gonzesse 186
gordien. 63
goret. 10 230
gorge 143
gorgée 143
gorger. 328
gorgone ^f 165
gorgonzola 186
gorille. 98
gosier 187
gospel. 159
gosse 178 363
gothique 117
gouache. 237
gouailleur 264
goudron. 80
goudronnage 166
gouffre 125
gouger 328
goujat. 1 230
goujaterie 220
goujon 142
goulache ^{m ou f} 159
goulag. 131
goulasch ^{m ou f} 105
goulée 27 363
goulet. 13 230 363
goulot. 42 230
goulu 257
goulûment. 73
goupil. 107
goupille 98
goupillon 98

gourbi. 30
gourd 176
gourde 131
gourdin 62
gourmand 257
gourme 163
gourmet. 13 230 363
gourmette 14
gourou 170 281
gousse 178
gousset. 178 230
goût 230
goûter. 24
goutte. 116
goutte-à-goutte ^m 285
gouttelette. 116
goutteux 116
gouttière 116
gouvernail. 98 279
gouvernant 230
gouverne ^f 15
gouvernement 73
gouverneur. 174
goyave ^f 97
grabat. 1 230
grabataire 221
grabuge 143
grâce. 221 363
gracieux. 209 272
gracilité 22
gradation. 214
grade 118
gradient 73 230
gradin. 62
graduation. 214
graduel. 260
graffiti. 274
graillon. 98
grain. 64
graine 11
grainetier 262
graisse 178
gramin(ac)ée 163
grammaire. 164
grammatical 289
gramme 164 363
grand 74

grand(s) ensemble(s) ^m. 285
grand(s)-duché(s) ^m. . . . 285
grand(s)-duc(s) ^m 285
grand-angulaire(s) ^m . . . 285
grand-chose (pas) 285
grand-croix 285
grand-maman(s) ^f 285
grand-messe(s) ^f. 285
grand-rue ^f. 285
grand-voile(s) ^f. 285
grandeur 174
grandiloquence 148
grandiose. 187
grands-parents ^{m pl}. . . . 285
grange 143
granit(e) ^m 115
graniteux 272
granulé. 159
graphisme 126
graphite 126
graphologie 126
grappe 108
grappillage. 98
grappin. 108
gras. 270
gras-double(s) 285
grasseyer 335
grassouillet 98 230
gratification 214
gratin 62
gratis 115
gratitude 115
grattage 116
gratte-ciel ^m. 285
gratte-papier ^m 285
grattoir. 116
gratuit. 230
gratuité 22
grau ^m 43 363
gravats 275
grave. 363
graveleux 272
gravelle ^f 14
graves ^m 363
gravide. 259
gravier 24
gravillon. 98

gravitation. 214
gravité 22
gravure. 223
gré. 22 363
grec (f : *grecque*) 258
gréco-romain(e)(s) 298
gréco-latin(e)(s). 298
gredin. 62
gréement. 224
greffe 125
greffier. 125
greffon 125
grégaire 221
grège 143
grégorien. 267
grêle. 159
grêlon. 159
grelot 42 230
grelottant. 116 230
grenade 165
grenadine 165
grenaille. 98
grenat. 1 230
greneler. 331
grener. 329
grenier. 24
grenouillage 98
grenouille 98
grenu 257
grès. 229 363
gréser. 330
gréseux 272
grésil. 159
grésillement 98
grève 10
grever. 329
gréviste 22
gri(s)-gri(s) ᵐ 285
gribouillis 98
grief 15
grièvement 73
griffe. 125
griffon 125
griffonnage 166
grigou. 131 281
grigri. 30
grillade. 98

grillage 98
grillager 328
grille. 98
grille-pain ᵐ. 285
grillon. 98
grimace 179
grimacer 327
grimage 163
grimaud. 43
grimoire ᵐ 221
grimpette. 14
grincer. 327
grincheux 272
gringalet 13 230
griot 46 230
griotte 116
grippe. 108
grippe-sou ᵐ 285
gris 270
grisaille 98
grisâtre. 2
griserie. 220
grisou. 187 281
grive 131
griveler. 331
grivèlerie 220
grivois 86
grivoiserie. 220
grizzli 189
grizzly. 34
groenlandais. 270
grog. 131
groggy 133
grognard 257
grogne 139
grognon. 139
groin. 93
grommeler 331
grommellement. 164
grondement 73
grondin 62
groom [ɢʀᵁᴹ] 163
gros. 42 270 363
gros-porteur(s) ᵐ 285
groseillier 98
grosse. 178
grossesse 178

grosseur. 174
grossier 262
grossièreté. 178
grossissement 178
grosso modo. 42
grossoyer. 87 334
grotesque. 148
grotte 116
grouillant. 98 230
groupe 107 363
groupuscule 159
gruau 43 276
grue 220
gruger. 328
grume ᶠ. 163
grumeau 44 277
grumeler 331
grutier 24
gruyère. 97
guadeloupéen. 63
guano 42
gué 132 363
guéable 22
guenille 98
guenon. 165
guépard 176
guêpe 10
guère(s) 10 363
guéret. 13 230
guéridon 80
guérilla. 1
guérillero. 98
guérison. 187
guérite 115
guerre. 14 363
guerroyer. 87 334
guet. 13 230 363
guêtre ᶠ. 10
guetteur. 14
gueule 58 363
gueuleton 132
gueux 275
gui 30
guichet 13 230
guide. 132
guidon 132
guigne 132

guignol 159
guignolet 13 230
guilledou 98 281
guillemet 98 230
guillemeter 332
guilleret 230 263
guillotine 98
guimauve f 132
guimbarde 62
guinée 27
guingois 86
guinguette 14
guirlande 72
guise 187
guitare 221
gustatif 265
guttural 116 289
gymkhana m 150
gymnase m 34
gymnastique 34
gynécée m 34
gynécologue 34
gypaète m 10
gypse m 34
gyroscope 34

H

*ha! 1 357
habeas corpus m 234
habile 234
habileté 22
habilitation 214
habillage m 98
habit 230
habitacle m 115
habitant 73 230
habitat 1 230
habitude 115
habituel 260
*hableur 2
*hachette 14
*hachis 35 275
*hachure 223

hacienda f 1
*haddock 119
*hagard 176
hagiographie 126
*haie 159
*haïku 237
*haillon 98
*haine 11 357
*haineux 54
haïr 336
*haire f 221 357
*haïssable 237
*haïtien 205 267
*halage 159 364
hâle 2 364
haleine 12 357
*halètement 10 357
haleter 332
*hall 160
hallali 160 234
*halle 160 364
*hallebarde 160
hallucinatoire 221
*halo 159 357
halogène 159 357
*halte 159
haltère m 10
haltérophilie 126
*hamac 147
*hamburger 60
*hameau 44 277
hameçon 179
*hammam 164
*hampe 72
*hamster 15
*han! 72 357
*hanap 107
*hanche 72 357
*handball 160
*handicap 107
*hangar 170
*hanneton 166
*hanse f 177 357
*hantise 72
haoussa 234

hapax 234
*happening m 108
*haquenée 148 357
*hara-kiri(s) m 285
*harangue 132
*haras 1 8 357
*harcèlement 73
harceler 331
*hard-top(s) m 285
*harde f 364
*hardes 364
*hardi 257
*hardiesse 14
*hardiment 73
*hardware m 221
*harem 163
*hareng 74
*hargne 139
*hargneux 272
*haricot 46 230
*harissa m 178
*harki 150
harmonica 1
harmonie 220
harmonieux 272
harmonium 163
*harnachement 73
*harnais 11
*harnois 86
*haro 42
*harpe 107
*harpie 220
*harponneur 166
*hasard 176
*hasardeux 272
*haschi(s)ch 105
*hase f 187
hassidique 178
hassidisme 178
*hâte 2
*hâtif 265
*hauban 72
*haubert 230 357
*hausse 178 364
*haut 43 230 357

* h : h aspiré

haut(s)-commissaire(s) ᵐ...
.... 285
haut(s)-de-chausse ᵐ .. 285
haut(s)-de-forme ᵐ 285
haut(s)-fond(s) ᵐ 285
˙hautain.............. 257
˙hautbois.............. 86
˙hautboïste 237
˙haute(s)-contre ᶠ 285
˙hauteur 174 357
haut-le-cœur ᵐ........ 285
haut-parleur(s) ⁽ᴴᴾ⁾ ᵐ .. 285
˙havane 165
˙havre 221
˙havresac............. 147
hawaiien 63 267
˙hayon................ 97
˙hé!................ 22
˙heaume 44 364
hebdomadaire 221
hébergement 73
héberger 328
hébétement 22
hébéter 330
hébraïque 234
hébreu ᵐ 53
hécatombe ᶠ 147
hectare.............. 221
hédonisme 163
hégélien............ 63 267
hégémonie 220
hégire ᶠ............. 221
˙hein!................ 65
˙hélas!............. 159
héler................ 330
hélianthe ᵐ 117
hélice ᶠ 179
hélicoptère ᵐ.......... 10
hélio-offset ᶠˢᵍ......... 285
héliocentrique 234
héliothérapie ᶠ 234
héliotrope ᵐ 107
hélium 51
hellène.......... 160 234
helvète.............. 10
helvétique............ 22
hématie ᶠ 181

hématique........... 148
hématologie 115
hématome........... 115
hémicycle ᵐ 34
hémiplégie ᶠ 234
hémisphère ᵐ 126
hémistiche ᵐ.......... 163
hémoglobine ᶠ........ 163
hémogramme........ 164
hémophile........... 126
hémorragie 171 234
hémorroïde ᶠ......... 234
˙henné 166
˙hennissement........ 166
hépatique 107
hépatite.............. 115
heptaèdre ᵐ.......... 234
héraldique ᶠ.......... 148
˙héraut........ 43 230 364
herbager 328
herbe 15
herbeux 272
herbicide ᵐ 179
herboriste 234
herbu 234
herculéen 63
hercynien 34 267
˙hère ᵐ........ 10 357
héréditaire 221
hérédité............. 22
hérésie.............. 187
˙hérisson............ 178
héritage 115
hermaphrodite........ 126
herméneutique 163
hermès ᵐ 234
hermétique........... 148
hermine ᶠ........... 163
herminette ⁽ᵒᵘ ᵉʳᵐⁱⁿᵉᵗᵗᵉ⁾..... 14
˙herniaire 221
˙hernie ᶠ............. 220
héroïne 234
héroïque 234
˙héron 80
˙héros............. 47 364
herpès ᵐ............. 177
herpétologie ⁽ᵒᵘ ᵉʳᵖᵉᵗᵒˡᵒᵍⁱᵉ⁾ 224

˙herse........... 177 361
hertz............... 234
hésitation 214
hétaïre ᶠ 234
hétairie 220
hétéroclite............ 22
hétérodoxe 182
hétérogène 10
hétérogénéité......... 22
hétérosexuel 260
hétérozygote........... 34
˙hêtraie 220
˙hêtre........... 10 361
˙heu! 53 361
heur ᵐ............. 58 364
heure ᶠ 223 364
heureux 272
heuristique ⁽ᵒᵘ ᵉᵘʳⁱˢᵗⁱ⁹ᵘᵉ⁾ ...148
˙heurt........... 230 364
˙heurtoir 175
hévéa 1
hexaèdre 234
hexagone............ 165
hexamètre 188
˙hi! 30 364
hiatus ᵐ 234
hibernation........... 214
hibiscus 234
˙hibou 281
˙hic 147
˙hideux 272
hier................. 15
˙hiérarchie 220
hiératique 97
hiéroglyphe ᵐ 126
hilarant 73 230
hilare 221
hilarité.............. 22
hindi................ 30
hindou 281
hindouisme........... 234
˙hippie 108
hippocampe ᵐ 108
hippodrome ᵐ 108
hippophagique........ 126
hippopotame 108
hirondelle 14

hirsute 115
hispanique 165
histogramme 164
histoire. 221
histologie. 220
historien 267
historiette 14
histrion 80
hitlérien. 267
*hit-parade ᵐ 285
*hittite 116
hiver. 15
hivernal 289
*ho! 42 357
*hobby ᵐ 110 364
*hobereau 44 277
*hochet 13 230
*hockey 150 364
*holà! 2
*hold-up ᵐ 285
*holding ᵐ 131
*hollandais 270
holocauste ᵐ 147
hologramme 164
*homard 176
*home ᵐ 163 364
homélie 163
homéopathe. 117
homéopathie 117
homérique 148
homicide ᵐ 179
hominien. 267
hommage ᵐ. 164
hommasse. 178
homme 164 364
homme(s)-grenouille(s) ᵐ . .
. . . . 285
homme(s)-orchestre(s) ᵐ. . .
. . . . 285
homme(s)-
sandwich(s ou es) ᵐ . . 285
homogène. 163
homogénéité 234
homographe. 126
homologation. 214

homologue 132
homonymie 34
homophone 126
homosexualité 22
homosexuel 260
homothétique 117
homozygote 34
*hongrois. 270
hongroyer 87 334
honnête. 166
honnêteté 166
honneur. 166
honni 166
honorable 41
honoraire. 41
honoraires. 234
honorariat. 230
honorifique. 148
honoris causa. 234
*honte 80
*honteux 272
*hop! 107 364
hôpital 278
hoplite ᵐ 115
*hoquet 148 230 364
hoqueter 332
horaire 221
*horde 42
*horion 80
horizon 186
horizontal 289
horizontalement 73
horloge. 234
horloger. 256
horlogerie 234
*hormis 35
hormonal 289
hormone ᶠ 163
horodateur 174 234
horoscope ᵐ 147
horreur 171 234
horrible 171 234
*hors. 176 364
*hors-bord ᵐ 285
*hors-concours ᵐ 285

*hors-d'œuvre ᵐ 285
*hors-jeu ᵐ 285
*hors-la-loi 285
*hors-texte ᵐ 285
hortensia ᵐ 1
horticole 234
horticulteur 256
hosanna ᵐ 166
hospice ᵐ. 179 357
hospitalier. 262
hospitalisation 214
hospitalité. 22
hostie. 220
hostile 234
hostilité 22
*hot dog(s) ᵐ 285
hôte 45 364
hôtel. 159 357
hôtel(s)-Dieu ᵐ 285
hôtellerie. 160 234
hôtesse. 14 256
*hotte. 116 364
*hottentot 230 269
*hou! 234
*houblon 80
*houblonnier 166
*houe ᶠ 221 364
*houille 98 364
*houiller. 262
*houillère ᶠ 98 364
*houlette 14
*houleux 272
*houppe ᶠ 108
*houppelande ᶠ 108
*hourdis ᵐ 35 364
*hourra 160
*housse ᶠ 178
*houx 231 364
hovercraft 60 230
*hublot. 46 230
*hue! 220
*huée 27
*huerta ᶠ 1
*huguenot 230 269
huile 234

* h : h aspiré

huileux 272
*huis clos ᵐ 285
huis ᵐ 30 229 364
huisserie 178
huissier 178
*huit 30 230 364
*huitaine 115
*huitième 10
huître 32
*hulotte 116
hululement ⁽ᵒᵘ ᵘˡᵘˡᵉᵐᵉⁿᵗ⁾ . . 234
*hum! 163
humain 234
humainement 73
humanitaire 221
humanité 22
humanoïde 234
humblement 73
humérus 234
humeur ᶠ 170 234
humide 234
humidité 22
humilité 22
humoriste 163
humour 170 234
humus 234
*hune 165 364
*huppe 108
*huppé 108
*hure ᶠ 223
*hurlement 73
hurluberlu 234
*huron 80
*hurrah 171
*hurricane 171
*hussard 178
*hutte 116 364
hybride 34
hydrate ᵐ 34
hydraulique 148
hydravion 34
hydre ᶠ 34
hydro-électrique(s) 285
hydrocarbure ᵐ 221
hydrocéphale 126
hydrocution 214
hydrofuger 328

hydrogène 10
hydrogéner 330
hydrographique 34
hydrologie 220
hydrolyse ᶠ 34
hydromel 234
hydrothérapie 117
hyène 10 364
hygiène 97
hygiénique 22
hygrométrie 34
hymen ᵐ 34
hyménée ᵐ 27
hymne ᵐ ᵉᵗ ᶠ 164
hyperbole ᶠ 234
hyperglycémie 34
hypermétrope 34
hypertension 215
hypertrophie 126
hypnose ᶠ 187
hypnotique 148
hypocondriaque 148
hypocrisie 147
hypocrite 147
hypogée ᵐ 27
hypoglycémie ᶠ 34
hypophyse ᶠ 34
hypotension 215
hypoténuse ᶠ 187
hypothalamus 117
hypothécaire 221
hypothèque ᶠ 117
hypothéquer 330
hypothèse 117
hypothético-déductif(s) . . . .
. . . . 265 298
hypothétique 117
hystérie 34
hystérique 148

iambe ᵐ 72
ibérique 148
ibidem 163
ibis ᵐ 275

iceberg 179
ichtyologie 151
ichtyosaure 151
ici 30
ici-bas 298
icône ᶠ 45
iconoclaste 42
iconographie 126
ictère ᵐ 10
idéal ⁽ᵖˡ ᶦᵈᵉᵃˡˢ/ᶦᵈᵉᵃᵘˣ⁾ 289
idéalisation 214
idéalisme 22
idée 27
idem 163
identification 214
identique 148
identiquement 73
identité 27
idéogramme 164
idéologie 22
ides ᶠ 30 365
idiomatique 163
idiome ᵐ 163
idiosyncrasie 66
idiot 230 269
idiotie 181
idoine 165
idolâtre 2
idole 159
idylle ᶠ 160
idyllique 160
if 124 364
igloo ᵐ 30
igname ᶠ 163
ignare 221
ignifuge 139
ignifuger 328
ignoble 139
ignominie 220
ignominieux 272
ignorance 72
iguane ᵐ 163
il 159
île 32 364
iliaque 148
illégalité 160
illégitime 160

illettré 160
illicite 160
illicitement 73
illico 42
illisible 160
illogique 160
illumination 214
illusion 187
illusionniste 166
illusoire 221
illustration 214
îlot 46 230
ilote ᵐ 115
image 163
imager 328
imagerie 220
imaginaire 221
imagination 214
imago ᵐ ᵒᵘ ᶠ 42
imam ᵐ 163
imbattable 116
imbécile 259
imbécillité 160
imberbe 62
imbrication 214
imbroglio ᵐ 42
imbu 62
imitateur 264
imitatif 265
imitation 214
immaculé 160
immanence 160
immangeable 144
immanquablement 62
immatriculation 214
immature 164
immédiat 164 230
immédiatement 164
immémorial 164 289
immense 72
immensément 164
immerger 328
immérité 164
immersion 215
immeuble 164

immigration 214
imminence 72
immiscer ⁽ˢ'⁾ 327
immixtion 214
immobilier 262
immobilité 22
immodéré 22
immolation 214
immondices ᶠ 275
immoralité 22
immortalité 22
immortel 260
immuable 164
immunité 164
immunologie 164
impact 62 230
impair 257
imparable 62
imparfait 230
impartial 289
impasse ᶠ 178
impassibilité 178
impatiemment 3
impatience 72
impatient 73 230
impavide 62
impeccablement 149
impécunieux 272
impédance 72
impedimenta ᵐ ᵖˡ 275
impénétrabilité 22
impénitent 73 230
impératif 265
impératrice 179
imperceptible 179
imperfection 214
impérial 289 365
impériale 159 365
impérieux 272
impérissable 178
imperméable 259
impersonnel 166 260
impertinence 72
imperturbable 259
impétigo 42

impétrant 73 230
impétrer 330
impétueux 272
impie 220
impiété 22
impitoyable 97
implacable 147
implant 73 230
implication 214
implicite 179
imploration 214
implosion ᶠ 187
impolitesse 14
impondérabilité 22
impopularité 62
importance 72
importateur 264
importun 257
imposable 187
imposture 223
impôt 45 230
impotence 72
impraticable 147
imprécation 214
imprégnation 214
imprégner 330
imprenable 163
imprésario ᵐ 42
impressionnisme 166
imprévoyance 97
imprimatur ᵐ ⁱⁿᵛ 62
imprimerie 220
impromptu 257
improvisation 214
improviste ⁽ᵃ ˡ'⁾ 62
imprudemment 3
impudence 72
impuissance 178
impulsif 265
impunité 22
imputable 115
imputation 214
imputrescible 180
in partibus 383
in petto 383

* h : h aspiré

in situ 383
in vitro 383
in vivo 383
in-folio 298 383
in-pace 298 383
in-quarto 298 383
inaccessible 182
inaction 214
inadmissible 178
inadvertance 72
inaliénable 165
inamovible 163
inanité [f] 165
inanition 214
inaperçu 179
inappétence 108
inapplicable 108
inapte 259
inattaquable 116
inattendu 116
inaugural 289
inca 1
incandescence 180
incantation 214
incapacité 22
incarcération 214
incarcérer 330
incarnat 1 230
incarnation 214
incartade 147
incendiaire 11
incendie [m] 221
incertitude 115
incessamment 178
inceste [m] 179
incestueux 272
incidemment 3
incidence [f] 72
incident 73 230
incinération 214
incinérer 330
incisif 265
incitation 214
inclinaison 187
inclination 214
inclusif 265
incoercible 237

incognito 42
incohérent 230
incollable 160
incolore 221
incommensurable 164
incompréhension 215
incompressible 178
inconditionnel 166 260
incongru 257
inconsidéré 22
incontrôlable 45
inconvenant 73 230
inconvénient 73 230
incorporation 214
incorrect 171 230
incorrigible 171
incorruptible 171
incrédule 159
incrimination 214
incroyable 97
incrustation 214
incubation 214
inculpation 214
incunable [m] 163
incurabilité 22
incurable 259
incurie [f] 220
incursion [f] 215
indécent 73 230
indécis 270
indéfectibilité 22
indélébile 259
indélébilité 22
indemne 164
indemnisation 214
indemnité 164
indéniable 165
indépendamment 164
indépendant 73 230
index [m] 275
indexation 214
indicateur 174
indication 214
indice [m] 179
indicer 327
indiciaire 192
indicible 179

indifféremment 3
indifférent 73 230
indifférer 330
indigence [f] 72
indigène 10
indigent 73 230
indignation 214
indigne 139
indigo [m] 42
indissoluble 178
individu 62
individualité 22
individuel 62 260
indivis 62
indo-européen(ne)(s) 257 298
indo-afghan(e)(s) . . 257 298
indochinois 285
indolence [f] 72
indolore 42
indu 62
indubitable 62
inducteur 174
inductif 62 265
induction 214
indulgence 72
indûment 73
industrie 35
industriel 159 260
industrieux 54
inédit 35 230
ineffable 23
inefficace 23
inégal 131 289
inéluctable 225
inénarrable 225
inepte 115
ineptie 181
inerte 115
inertie 181
inexact 115 230
inexorable 188
inextinguible 132
inextricable 15
infaillibilité 98
infamant 73 230
infâme 2
infamie 221

infanterie. 30
infantile 72
infarctus ᵐ 179
infatigable 131
infect 115 230
infectieux 210 272
infection 214
inféodation 214
inférence ᶠ 72
inférer 330
inférieur 174
infériorité 22
infernal 62 289
infestation 214
infidèle. 10
infidélité 22
infime. 62
infini 62
infinité 22
infinitésimal 187 289
infinitif 124
infinitude. 62
infirmation 214
infirme. 62
infirmerie 35
infirmier 24 256
infirmité. 22
inflammable 164
inflammation 214
inflation 214
inflationniste 214
inflexion. 216
infliger 328
inflorescence ᶠ 180
influence 72
influencer 327
influx ᵐ 231
informaticien 63 267
information. 214
informatique. 148
infortuné 62
infra 62
infra-son(s) ᵐ 285
infraction. 214
infrarouge 62
infrason 62
infrastructure 223

infructueux 54
infus 229
infusion 187
ingambe. 72
ingénierie 220
ingénieur 174
ingénieux. 54
ingéniosité 22
ingénu 143
ingénuité 22
ingénument 73
ingérence. 72
ingérer 330
ingrat 1 230
ingratitude 62
ingrédient 73 230
inguinal 132 289
ingurgitation. 131
inhabité 235
inhabituel 235 260
inhalateur 235
inhalation 235
inhérence 235
inhérent. 230 235
inhibiteur. 235
inhospitalier 235 262
inhumain. 235
inhumation. 235
inimité 22
ininflammable 164
ininterrompu 14
inique. 148
iniquité. 148
initial 181 289
initiation 181
initiative 181
injecteur 174
injection 214
injonction 214
injurieux 54
inlassable. 178
inné 166
innéité 22
innocemment. 3
innocence 72
innocuité. 22
innom(m)é 166

innombrable. 166
innommable. 166
innovation. 166
inoccupé 149
inoculation 147
inodore 221
inoffensif 125 265
inondation 214
inopiné. 42
inopinément. 73
inopportun 62
inorganisé 187
inoubliable 97
inouï. 237
inoxydable. 182
input ᵐ 62
inquiet 148 263
inquiéter 330
inquisiteur. 148
inquisition. 214
insalubre 221
insane 177
insanité 22
insatiable. 181
inscription. 214
insécable 147
insecte 15
insecticide. 179
insectivore 221
insémination 214
insensé. 72
insérer 330
insertion 214
insidieux 54
insigne ᵐ 139
insignifiance 139
insinuation 214
insipide 177
insistance 72
insolation 214
insolemment 3
insolence 72
insolent 73 230
insolite. 115
insoluble 225
insolvable 225
insomniaque. 148

insomnie 35
insonore 221
insouciance. 72
inspecteur 174
inspection 214
inspectorat 1 230
inspirateur. 174
inspiration. 214
installation 214
instamment 3
instance **f** 72
instant 73 230
instantanément 73
instar de **(à l')**. 170
instaurateur 174
instigateur. 131
instillation 160
instinct. 115 230
instinctif 62 265
instinctuel 62 260
institut 230
instituteur 174
institutionnalisme 181
institutionnel 181 260
instructif 147 265
instruction 214
instruit. 230
instrument 73
instrumental. 72 289
insu **m** 177
insubmersible. 177
insubordination 214
insubordonné. 177
insuffisant 73 230
insulaire. 221
insularité. 22
insuline **f** 177
insulte 177
insulteur 174
insurgé 143
insurger **(s')**. 328
insurrectionnel. . . . 181 260
intact 115 230
intangible 143
intarissable 178
intégral. 22 289
intégration 214

intègre 225
intégrer 330
intégrité. 22
intellect 14 230
intellectualisme 14
intellectuel 14 260
intelligemment. 3
intelligence 14
intelligentsia. 14
intelligibilité 14
intempérie **f**. 72
intempestif 72 265
intendance 72
intendant. 73 230
intense 72
intensément 73
intensification 214
intensité. 22
intention 214
intentionnellement. 14
inter 170
interallié 62
interarmées **inv** 275
interarmes **inv** 275
intercalaire 221
intercéder 330
intercepteur 174
interception 214
intercesseur 178
intercession. 215 365
interclubs **inv** 60
intercommunal . . . 164 289
interdiction 214
interdit. 35 230
intéressement 14
intérêt 13 230
interface **f**. 179
interférence 72
interférer. 330
intérieur 174
intérim 163
intérimaire 221
intériorité 22
interjection 214
interjeter 332
interligne. 139
interlinéaire 221

interlope 42
interloqué 148
interlude **m**. 62
intermède **m** 10
intermédiaire 22
intermezzo 189
intermittence 72
internat 1 230
international. 181 289
interne. 165
internement 73
interpellation 14
interpénétrer **(s')** 330
interphone **m** 126
interpolation. 214
interprétariat 1 230
interprétation. 214
interprète 10
interpréter 330
interrogateur 171
interrogatif 14 265
interrogatoire 221
interroger 328
interruption 214
intersection. 214
intersession **f**. 215 365
interstellaire 14
interstice **m** 179
interstitiel 199 260
interurbain 64
intervalle **m** 160
interventionnisme. 181
interversion 215
intestat. 1 230
intestin. 62
intestinal 289
intime. 163
intimement. 73
intimidation 214
intimité 22
intolérant. 73 230
intonation 214
intoxication. 214
intra-muros. 285
intra-utérin(es) 285
intracellulaire 285
intraduisible 225

intramusculaire 259
intransigeance 144
intransitif 72 265
intraveineux 54
intrépidité 22
intrication 214
intrigant 73 230
intrigue 132
intrinsèque 148
introducteur 174
introductif 124 265
introduction 214
introït m 237
introjection 214
intromission 215
intronisation f 214
introspectif 265
introverti 42
intrus 229
intuitif 124 265
intuition 214
intuitionnisme 181
inusité 187
invaincu 64
invariance 72
invasion 187
invective f 15
inventaire m 221
inventeur 174
inventif 72 265
invention 214
inverse 177
inversement 73
inversion 215
invertébré 62
inverti 62
investigateur 58
investigation 131
investissement 178
investiture 223
invétéré 22
invétérer 330
invincibilité 62
inviolabilité 22
invisible 225
invite f 115
invivable 225

invocation 214
involontairement 73
involution 214
iode m 97
ion 97
ionien 140
ionique 97
iota 97
ipéca m 147
ipséité 22
ipso facto 42
irakien 150 267
iranien 72 267
irascible 180
ire f 170
iris m 177
irisation 187
ironie 35
iroquois 148
irradiation 214
irrationnel 181 260
irréalité 22
irrécupérable 171
irrécusable 171
irrédentisme 171
irréel 171 260
irréligion 143
irrémédiable 225
irréprochable 225
irrespect 115 230
irresponsable 177
irrévérence 72
irréversible 177
irrévocable 147
irrigation 131
irritable 225
irruption 214
isba f 1
islam 163
islamisation 214
isobare f 221
isocèle 179
isolationniste 181
isolement 73
isolément 73
isoloir 175
isomère 10

isomorphe 126
isotherme f 117
isotope m 187
isotrope 187
israélien 63 267
israélite 22
issue 220 365
isthme m 117
italique m 148
item 15
itératif 124 265
itérer 330
itinéraire 221
itinérant 73 230
itou 30
ivoire m 221
ivoirien 72 267
ivraie f 221
ivresse 14
ivrogne 139
ivrognerie 35

J

je-m'en-foutisme m 274 298
ja(c)quemart 152 230
jabot 46 230
jacasseur 178
jachère f 10
jacinthe f 117
jack m 150
jacobin 62
jacquard 152
jacquerie 152
jactance 72
jade m 118
jadis 177
jaguar 132
jaillissement 98
jais 11 363
jalon 80
jalonnement 73
jalousie 35
jaloux 231 272
jam-session(s) f 285

jamaïquain 237
jamais 11
jambage 72
jambière 72
jambon 72
jambonneau 44 277
janissaire 221
jansénisme 177
jante f 72
janvier 24
japonais 229
jappement 73
jaquette 148
jardin 62
jardinet 13 230
jargon 131
jarre 171 366
jarret 13 230
jarretelle 14
jarreter 332
jarretière 10
jars m 229 366
jasmin 62
jatte 116
jauge f 43
jauger 328
jaunâtre 2
jaune 43
jaunisse 178
javel f 159 366
javeler 331
javelot 46 230
jazz 189
jazz-band(s) m 285
je 53 366
je-ne-sais-quoi m 298
jean(s) 36 366
jean-foutre m 285
jeep f 36
jérémiade f 142
jerk 15
jerrican(e) m 14
jersey m 16
jésuite 187
jet 13 230 363
jetée 27 366
jeter 332

jeton 80
jeu 53 280 366
jeun 67
jeune 58 366
jeûne 57 58 366
jeunot 46 230
joaillier 98
jobard 233
jockey 16
jocrisse m 178
jodler 24
jogging 142
joie 86
joindre 345
joint 94 230
jointoyer 87 334
joker 170
joli 142
joliesse 14
joliment 73
jonc 82
joncer 327
jonchée 27
jonction 214
jongleur 174
jonque f 148
jonquille 148
joual 278
joue 220 366
jouet 13 230
joufflu 125
joug 233 366
jouissance 72
joujou 281
joule m 142
jour 142
journal 278
journalier 24 262
journée 27
journellement 73
joute f 142
jouvence 72
jouvenceau 44 277
jouvencelle 14
jovial 289
jovialité 22
joyau 97 276

joyeux 97
jubé 22
jubilaire 221
jubilé m 22
judaïsme 237
judas 229
judéo-allemand(e)(s) . . 298
judéo-espagnol(e)(s) . . . 298
judiciaire 192
judicieux 54
judo 42
judoka 150
juge-commissaire m 285
jugeote 144
juger 328
jugulaire f 131
juif 265
juillet 98 230
jujube m 142
juke-box(es) m 285
julien 63
jumbo-jet(s) 285
jumeau 44 277
jumelage 142
jumeler 331
jumelle 14 366
jument 73
jumping 142
jungle 131
junior 140
junte f 67
jupe 142
jupe(s)-culotte(s) f 285
jurassien 178 206 267
juridictionnel 181 260
juridique 148
jurisprudence 72
jurisprudentiel 199 260
juriste 142
juron 80
jury 34
jus 229 275
jusant 187 230
jusqu'alors 148
jusqu'au-boutisme m 274 298
jusque(s) 148
justaucorps 229

juste 142
juste milieu ᵐ 53
justesse 14
justice. 179
justicier 24
justificatif 147 265
justification. 214
jute ᵐ 142
juteux. 54
juvénat. 1 230
juvénile 159
juxtaposition. 181

k(h)an. 150 367
kabbale ᶠ. 150
kabyle. 34
kakemono 150
kaki. 150
kaléidoscope. 22
kamikaze ᵐ 150
kangourou. 150 281
kantien. 181 205 267
kaolin. 62
kapok 150
karaté. 150
karatéka. 150
karstique 150
kart 150 230
karting 150
kascher ⁽ᶜᵃˢʰᵉʳ ᵒᵘ ᶜᵃᶜʰᵉʳ⁾ 105
kayak 150
kelvin ᵐ 150
kenyan. 97
képi. 150
kératine ᶠ 150
kermesse 150 367
kérosène ᵐ. 10
ketchup 60
khâgneux. 54
khalife ᵐ. 150
khédive 150
khmer. 150
khôl ᵐ 150 359
kibboutz ᵐ. 150

kick-(starter)(s) ᵐ 285
kidnappeur 174
kidnapping 150
kif 150
kif-kif 285
kilo 150
kilométrage. 150
kilométrer. 330
kilotonne ᶠ. 150
kilowatt(s)-heure(s) ᵐ. . 285
kilowatt ᵐ. 116
kilt ᵐ 150
kimono. 150
kinésithérapeute 53
kinésithérapie. 117
kiosque 150
kippour 150
kir 150
kirsch 105
kit ᵐ. 150
kitchenette 221
kitsch 105
kiwi. 30
klaxon 182
kleptomanie 150
knicker. 150
knicker(bocker)s ᵐ. 285
knock-down 285
knock-out ⁽ᴷ.-ᴼ.⁾ 285
knout 150 230
koala ᵐ 150
koinè ᶠ. 85
kolkhoz(e) ᵐ 150
kopeck ᵐ 150
korrigan. 150
kouglof ᵐ 274
koulak. 150
krach ᵐ. 150 359
kraft 150 230
krak. 150
kronprinz. 150
krypton 34
kummel 150
kurde 150
kyrie. 150
kyrielle. 14
kyste ᵐ 150

L

la 1 315 368
là 2 315 368
là contre 285
là-bas 298
là-dedans. 298
là-dessous 298
là-dessus 298
là-haut 230 298
label 10 368
labeur ᵐ 174
labial. 97 289
laborantin 62
laboratoire. 221
laborieux. 54
labour ᵐ 170
labrador. 41
labyrinthe ᵐ 117
lac. 147 368
lacer 327
lacération 214
lacérer 330
lacet 13 230
lâche. 2
lâcheté 22
lacis 35
laconique. 148
lacrymal 34 289
lacrymogène. 34
lacs 229 368
lactaire ᵐ 11
lactation 214
lacté 147
lactique 148
lactose ᵐ 42
lacunaire 221
lacune 147
lacustre 225
lad. 118
ladre 225
lady ⁽ᵖˡ ᵉⁿ -ⁱᵉˢ ᵒᵘ -ʸˢ⁾ 34
lagon 131
lagune 131
lai 11 368
lai ᵐ. 11 368
laïc 258

laïcité 237
laid 11 368
laideron 224
laie ^f 220 368
lainage 11
laine ^f 11
laïque 237
laissé(s)-pour-compte . 285
laisse ^f 11
laisser-aller 285
laissez-passer ^m 285
lait 11 230 368
laiterie 35
laiteux 54
laitier 24 262
laiton 11
laitue 220
laïus 237
lama 1
lambda ^m 72
lambeau 72 277
lambin 72
lambrequin 148
lambris ^m 72
lambswool ^m 109
lame 163
lamelle 14
lamentable 72
lamentation 214
lamento 72
laminoir 175
lampadaire ^m 221
lampe 72
lampée 27
lampion 80
lamproie ^f 86
lance 72
lance-flammes ^m 285
lance-fusées ^m 285
lance-grenades ^m 285
lance-missiles ^m 285
lance-pierres ^m 285
lance-roquettes ^m 285
lance-torpilles ^m 285
lancée 27
lancer 327
lancinant 179 230

landau 43 276
lande 72
langage 143
langagier 131 262
lange ^m 143
langer 328
langoureux 54
langouste 131
langoustine 131
langue 132
langue cible ^f 285
langue mère ^f 285
langue source ^f 285
langue(s)-de-bœuf 285
langue(s)-de-chat . 230 285
languedocien 132 267
langueur 132
langueyer 335
lanière 10
lanoline ^f 42
lanterneau 44 277
laotien 63 205 267
lapalissade 178
lapement 73
lapereau 44 277
lapidaire 221
lapin 62
lapis ^m 229
lapon 80
laps 177
lapsus 177
laquais 11
laqué 148
laque ^f 148 368
larbin 62
larcin 179
lard 233 368
lare ^m 170 368
large 143
largesse 14
largeur 143
largo 131
larme 170
larmoyant 97 230
larmoyer 87 334
larron 171
larve 22

laryngite 66
larynx 66
las 229 368
las! 177 368
lasagne ^f 187
lascar 147
lascif 180 265
laser ^[lazɛʀ] 187
lassitude 178
lasso 178
lastex ^m 15
latence 72
latent 73 230
latéral 22 289
latérite ^f 22
latex 15
latifundium ^(pl : latifundia) . . 163
latin 62
latino-américain(e)(s) . 298
latitude 118
latitudinaire 221
latrines ^f 275
latte 116
lattis 30
laudanum 163
laudatif 43 265
laudes ^f 43
lauréat 1 9 230
laurier 24
lauze ^f 43
lavabo 42
lavallière 160
lavande 72
lavandière 72
lavasse ^f 178
lavatory ^(pl : lavatories) . . 34 224
lave-glace(s) ^m 285
lave-vaisselle ^m 285
lavette 14
lavis 229
lavoir 175
laxatif 115 265
laxisme 182
layer 333
layette 97
lazaret 13 230
lazzi ^m 189

lé 22
leader 36 368
leadership 36
leasing ᵐ 36
lèche 10
lèche-bottes ᵐ 285
lèche-vitrine(s) ᵐ 285
lécher 330
leçon 179
lecteur 174
lecture 15
légal 131 289
légalité 22
légat 1 9 230
légataire 221
légation 214
légendaire 72
légende 72
léger 262
légèreté 224
légiférer 330
légionnaire 221
législateur 174
législatif 265
légitimité 22
legs ᵐ 229
léguer 330
légume 131
leitmotiv 12
lemme ᵐ 14
lemming ᵐ 164
lémures ᵐ 170
lendemain 64
lent 73 230
lenteur 174
lentille 98
léonin 62
léopard 233
lèpre 225
lépreux 54
léproserie 35
lequel ⁽ᶠ : ˡᵃᵠᵘᵉˡˡᵉ⁾ 148
lérot 46 230
les 25 368
lès 229 368
lesbienne 166
léser 330

lésion 187
lésionnel 187 260
lesquels ⁽ᶠ : ˡᵉˢᵠᵘᵉˡˡᵉˢ⁾ 260
lessive 178
lest 115 230 368
leste 115 368
léthargie 117
lettre 14
leu ᵐ ⁽ᵖˡ : ˡᵉⁱ⁾ 12 53
leucémie 53
leucocyte ᵐ 34
leur 58 316 368
leurre ᵐ 58 368
levain 64
levant 73 230
levantin 62
lève-et-baisse ᵐ 285
levée 27
lever 329
levier 24
lévitation 214
lévite 22
levraut 43 230
lèvre 225
levrette 14
lévrier 24
levure 170
lexique 182
lez 25 368
lézard 186
lézarde 186
li 30 368
liaison 11
liane 97
liard 97
liasse 97
libation 214
libelle ᵐ 14
libellule 14
libéral 22 289
libérateur 174
libératoire 221
libérer 330
liberté 22
libertin 62
libidineux 54
libido ᶠ 42

libraire 221
librairie 11
libre 225
libre arbitre ᵐ 285
libre choix ᵐ 285
libre pensée ᶠ 285
libre penseur 285
libre(s)-service(s) ᵐ 285
libre-échange ᵐ ˢᵍ 285
libyen 97
lice ᶠ 30 179 368
licence 72
licenciement 224
licencieux 54
lichen ᵐ 151
licite 179
licol 41
licorne 41
licou 147 281
lido 42
lie 30 220 368
lie-de-vin 298
lied ᵐ ⁽ᵖˡ ˡⁱᵉᵈᵉʳ⁾ 36
liège 143
liégeois 144
liéger . . . . 328 à 330
lien 63
lierre 14
liesse 14
lieu(x) commun(s) ᵐ 285
lieu ᵐ 53 368
lieue ᶠ 53 220 368
lieutenant 53 230
lieutenant(s)-colonel(s) ᵐ . .
. . . . 285
lièvre 225
lift 115 230
lifting 131
ligament 73
ligature 131
lignée 27
ligneux 54
lignite ᵐ 139
ligueur 132
lilas 1 8
limace 179
limaçon 179

limaille	98	literie	35	loi(s)-cadre(s) ᶠ	285
limande	72	lithographie	117	loin	93
limbes ᵐ	62 368	litière	10	lointain	64
lime	163	litige ᵐ	143	loir	175
limier	24	litote ᶠ	41	loisir	187
liminaire ᵐ	221	littéraire	221	lombaire	81
limitatif	265	littéral	22 289	lombard	81
limite	115	littérature	22	lombric ᵐ	81
limitrophe	126	littoral	116 278	londonien	63 267
limogeage	144	liturgie	35	long	233
limoger	328	livarot	46 230	long feu ⁽ᶠᵃⁱʳᵉ⁾	124
limonade	42	lividité	22	long-courrier(s) ᵐ	285
limoneux	54	living	30	longanimité	131
limpide	62	living-room(s) ᵐ	285	longer	328
limpidité	62	livraison	11	longeron	143
lin	62	livre	225	longévité	22
linceul	58	livre d'or ᵐ	285	longitudinal	289
linéaire	221	livrée	27	longtemps	229
linge	143	livresque	148	longue(s)-vue(s) ᶠ	285
linger	328	livret	13 230	longueur	132
lingerie	35	lloyd ᵐ	87 160	look	150
lingot	230	lob	118 368	looping	131
linguistique	132	lobby ᵐ	34	lopin	62
liniment	73	lobe ᵐ	118 368	loquace	148
links ᵐ	150	local	147 289	loque	148 368
linoléum	163	localité	22	loquet	13 230
linotype ᶠ	34	locataire	221	lord	233
linteau	44 277	loch	151 368	lorgnette	14
lionceau	44 277	lock-out ᵐ	285	loriot	46 230
lippe	108	locomotion	214	lorrain	64
liquéfaction	214	locuteur	174	lors	229 368
liqueur	35	locution	214	lorsque	148
liquide	148	loden ᵐ	15	losange	143
liquidité	148	lœss ᵐ	178	lot	46 230 368
liquoreux	54	lof	124	loterie	35
lire	30 170 368	logarithmique	117	lotion	214
lis	177	loge	143	lotissement	178
lisérer	330	loger	328	loto	42
liseron	187	loggia ᶠ	143	lotte	116
lisibilité	22	logiciel	200	lotus ᵐ	177
lisière	187	logicien	63 267	louange	72
lisse	30 178 368	logique	148	louanger	328
liste	177	logis	35	loufoque	148
listing ᵐ	177	logistique	148	loukoum ᵐ	150
lit	35 230 368	logorrhée ᶠ	27	loup	233
lit(s)-cage(s) ᵐ	285	loi	85	loup blanc ᵐ	285
litanie	35	loi(s)-programme(s) ᶠ	285	loup de mer ᵐ	285

loup(s)-garou(s) **m** 285
loupe 107
loupiot 46 230
loupiote 115
lourd............ 233 368
lourdaud 43
loustic 147
loutre **f** 225
louveter 332
louvoyer.......... 87 334
loyal 97 289
loyauté............... 97
loyer................. 97
lubie 35
lubrifiant 73 230
lubrique............. 148
lucarne............. 147
lucidité............... 22
lucratif 124 265
lucre **m** 225
ludique............. 148
luette 14
lueur................. 174
luge................. 143
luger................. 328
lugubre............. 131
lui 159
lumbago **m** 68
lumière 10
lumignon............. 139
luminaire **m** 221
luminescence........ 180
lumineux............. 54
lumpenprolétariat.. 1 9 230
lunaire............. 221
lunatique............ 148
lunch 67
lune................. 165
lunetier 24
lunette 14 368
lunettes 368
lunule **f** 159
lupanar **m** 170
lupin................. 62
lurette 14
luron................. 80
lustral........... 177 289

lustre 225
luth **m** 117 368
luthérien 117 267
lutin 62
lutrin 62
lutte 116 368
lutteur 116
luxation............. 214
luxe........... 182 368
luxuriance........... 72
luzerne **f** 186
lycée................ 34
lymphatique.......... 66
lymphe **f** 66
lymphocyte........... 66
lynchage 66
lynx................. 66
lyre **f** 34 368
lyrique 34
lys **m** 34 368

M

m'as-tu-vu **m** 298
ma................... 1
maboul.............. 159
macabre............. 147
macadam............. 163
macaque............. 148
macareux............. 55
macaron............. 80
macaroni............. 30
macchabée **m** 152
macédoine 182
macération 214
macérer............. 330
mach................ 151
mâche **f** 105
mâchefer **m** 224
machette............. 14
machiavélique 151
mâchicoulis.......... 275
machinal 289
machine............. 104
machine(s)-outil(s) **f** ... 285
machine(s)-transfert(s) **f** . 285

machinerie 35
macho 42
mâchoire............. 221
maçon 179
maçonnerie 35
macramé **m** 22
macreuse............. 53
macrobiotique 148
macrocosme **m** 42
macrophotographie ... 126
madame 163
mademoiselle......... 14
madère.............. 10
madone 42
madras............. 275
madré.............. 22
madrigal 131 289
madrilène 10
maelström........... 237
maestria **f**........... 15
maf(f)ia 97
magasin............. 62
magasinier 24 256
magazine **m** 186
mage **m** 143
maghrébin........... 131
magicien 63 267
magistère **m** 10
magistral 25 289
magistrat......... 25 230
magma **m** 131
magnanimité 139
magnat............. 1 9
magnésie **f**............ 35
magnésium 163
magnétique.......... 148
magnétophone....... 126
magnétoscope 177
magnificat........... 1 9
magnificence 72
magnolia **m** 139
magnum **m** 163
magot............ 46 230
magouille............ 98
magyar............. 34
maharadjah.......... 235
mahométan 235

mai 11 369	malais 11	mammouth 117
maïeutique 237	malaise ᵐ 187	mamours 229
maigre 11	malandrin 62	manade ᶠ 1
maille 98 369	malappris 229	manager 60
maillet 98 230	malaria ᶠ 97	manager 328
maillot 98 230	malcommode 164	manant 73 230
main 65 369	maldonne ᶠ 166	manche ᶠ 221
main-d'œuvre ᶠˢᵍ 285	mâle 2 5	manche ᵐ 221
main-forte ⁽ᵖʳᵉᵗᵉʳ⁾ 285	mâle 2 369	manchette 14
mainlevée 64	malédiction 214	manchon 80
mainmettre 352	maléfice ᵐ 179	manchot 46 230
mainmise 64	maléfique 148	mandarin 62
mainmorte 64	malencontreux 54 272	mandarinat 1 9 230
maint 64 230 369	malentendu 72	mandarine 72
maintenance 72	malfaisant 73 230	mandat 1 9 230
maintenant 73 230	malfaiteur 170	mandat(s)-carte(s) ᵐ . . . 285
maintien 63	malfamé 22	mandat(s)-lettre(s) ᵐ . . 285
maire 11 369	malfrat 1 9 230	mandataire 222
mais 11 369	malgache 131	mandibule ᶠ 72
maïs 237 275	malgré 22	mandoline ᶠ 72
maison 187	malhabile 10	mandragore ᶠ 42
maisonnée 27	malheur 235	mandrin 62
maisonnette 14	malheureux 235 272	manécanterie 35
maître 11 369	malhonnête 235	manège 143
maître mot ᵐ 274	malicieux 54 272	manéger . . . . 328 à 330
maître(s) chanteur(s) ᵐ 274	maligne 139	mânes ᵐ 369
maître(s) couple(s) ᵐ . . 274	malin 273	manette 14
maître(s) d'hôtel ᵐ 285	malingre 62	manganèse ᵐ 131
maître(s)-autel(s) ᵐ 285	malintentionné 181	mangeaille 144
maîtresse 14	malle 369	mangeoire 144
maîtresse femme ᶠ 285	malléabilité 22	manger 328
maîtrise 11	malléole ᶠ 22	mangeur 264
majesté 22	mallette 14	mangouste 72
majestueux 54 272	malmener 329	manguier 132
majeur 170	malotru 42	maniabilité 140
major 142	malouin 95	maniaco-dépressif(s) . 265 298
majoration 214	malsain 64	maniaque 221
majordome ᵐ 42	malséant 73 230	manichéisme 151
majorette 14	malthusianisme 117	manie 35
majoritaire 222	malveillant 98 230	maniement 224
mal ⁽ᵖˡ : ᵐᵃᵘˣ⁾ 1 5 369	malversation 214	maniéré 22
mal-en-point 230 285	mam'zelle 186	manière 97
malabar 170	maman 72	maniérer 330
malade 1	mamelle 14	manifestant 73 230
maladif 125 265	mamelon 224	manifestation 214
maladresse 14	mammaire 11	manifold ᵐ 118
maladroit 86	mammifère ᵐ 164	manigance 72

manigancer 327
manille 98
manioc 140
manipulation 214
manitou 30 281
manivelle 14
manne 166 369
mannequin ᵐ 148
manœuvre 59
manœuvrier 59
manoir 170
manomètre ᵐ 225
manque 148
mansarde 177
mansuétude 177
mante ᶠ 72 369
manteau 44 277
mantille 98
manucure 147
manuel 260
manufacture 147
manuscrit 35 230
manutention 214
maoïste 237
maori 237
mappemonde ᶠ 80
maquereau 148 277
maquette 148
maquettiste 148
maquignon 139
maquillage 98
maquis 35
maquisard 148
marabout 230
maraîcher 24 262
marais 11 369
marasme ᵐ 163
marathon 117
marâtre 2
maraud 43
marbre 225
marbrier 24
marc 369
marcassin 178
marchand 74
marche 104
marché 27

marchepied 224
mare 369
marécageux 54 272
maréchal 278
maréchal-ferrant ᵐ ˢᵍ . . . 285
maréchaux-ferrants ᵐ ᵖˡ 285
maréchaussée 27
marée 27 369
marelle 14
marémoteur 170
mareyeur 97
margarine 131
margelle 14
marger 328
marginal 289
margoulin 62
marguerite 132
marguillier 98
mari 30 369
marigot 46 230
marijuana 1
marin 62
marin(s)-pêcheur(s) ᵐ . 285
marina ᶠ 1
maringouin 95
marinière 11
marionnette 14
maritalement 73
maritime 163
marjolaine 11
mark 150 369
marketing 150
marmaille 98
marmelade 1
marmite 115
marmoréen 63
marmot 46 230
marmotte 116
marneux 54 272
marocain 64 369
maronite 115
maroquinerie 148
marotte 116
marque 148 369
marqueter 332
marqueterie 148
marquis 35 270

marraine 11 369
marre 369
marri 369
marron 294
marron d'Inde ᵐ 285
marronnier 24
mars 177
marseillais 12 270
marsouin 95
marsupial 177 278
marteau 44 277
marteau(x)-pilon(s) ᵐ . . 285
martèlement 73
marteler 331
martial 181 289
martien 181 267
martin(s)-pêcheur(s) ᵐ . . . . .
. . . . 285
martinet 13 230
martingale ᶠ 131
martyr 34 369
martyre ᵐ 221 369
marxisme-léninisme ᵐ . 285
marxiste 182
marxiste(s)-léniniste(s) . . . .
. . . . 285
mas 275 369
mascarade 147
mascotte 42
masculin 62
masochisme 187
masque 148
mass media ⁽ᵒᵘ ᵐᵉᵈⁱᵃˢ⁾ ᵐ . . 285
massacre 178
masse 178 369
massette 14
massicot 178 230
massif 178 265
massue 220
mastic 147
mastication 214
mastodonte 80
mastroquet 148 230
masturbation 214
masure 187
mat 1 230 369
mât 2 230 369

mat ^{inv}................. 1
matador.............. 170
matamore ^m.......... 170
match ^{(pl : match(e)s)}...... 104
matelas.......... 1 8 229
matelot.......... 46 230
matelote.............. 221
matérialité............ 22
matériau.......... 43 276
matériel............. 260
maternellement....... 160
maternité............. 22
math(s).......... 117 369
mathématique........ 117
matheux......... 117 272
matière............... 10
matin.............. 1 369
mâtin.............. 2 369
matinée.............. 27
matou.............. 1 281
matraque............. 148
matriarcal........ 97 289
matriarcat........ 97 230
matrice ^f.............. 179
matricer.............. 327
matriciel......... 200 260
matricule............. 159
matrimonial....... 42 289
matrone............. 131
matronyme........... 34
maturité............. 22
maudit............ 35 230
maure............. 43 369
mausolée ^m............ 27
maussade............ 178
mauvais.......... 11 270
mauve............ 43 294
mauviette............ 14
maxillaire ^m.......... 182
maxillo-facial(aux).... 285
maxima ^{pl ou f sg}........ 182
maximum ^m.......... 163
maya.............. 97 369
mayonnaise........... 97
mazagran............. 186
mazette!.............. 186
mazout........... 186 230

mazurka ^f............. 186
méandre ^m............. 22
méat............. 1 9 230
mec.................. 15
mécanique........... 148
mécano.......... 147 369
mécénat........ 1 9 230
mécène.............. 10
méchamment.......... 3
méchanceté........... 22
mèche............... 10
mécher.............. 330
méchoui.............. 22
mécompte............ 81
méconnaître.......... 348
mécréant.......... 73 230
médaille............. 98
médecin............. 179
médecin(s)-conseil(s) ^m 285
média ^m.............. 97
médian............... 72
médiateur............ 58
médiathèque......... 117
médiatique.......... 148
médiator............. 41
médical.......... 147 289
médicament........... 73
médication.......... 214
médicinal......... 179 289
médico-pédagogique(s)....
.... 259 298
médico-légal ^(pl en -aux). 257 298
médico-social ^(pl en -aux) 257 298
médiéval........ 22 289
médina.............. 30
médiocrité........... 22
médique............. 148
médisance............ 72
méditerranéen........ 72
médium............. 163
médius.............. 97
médullaire........... 11
méduse............. 187
meeting............. 36
méfiance............. 72
mégahertz ^(MHz)........ 285
mégalithe ^m.......... 117

mégalomanie.......... 35
mégalopolis ^f......... 177
mégaphone........... 126
mégarde.............. 131
mégère.............. 131
mégot............ 131 230
méhari ^{m (pl : méharis ou méhara)}..
.... 235
meilleur.............. 58
méjuger............. 328
mélancolie........... 35
mélange............. 131
mélanger............ 328
mélasse............. 177
melba ^{inv}.............. 1
mêlée............... 27
mélèze ^m............. 186
méli(s)-mélo(s) ^m...... 285
mélodieux......... 54 272
mélodrame........... 10
mélomane............ 10
melon............... 80
mélopée ^f............. 27
membrane............ 72
membre............. 72
même............... 10
même ^(moi-même mais ici même, tout de même)............ 163
mémento............ 63
mémoire ^f........... 85
mémoire ^m........... 85
mémorandum........ 51
mémorial......... 97 289
menace............. 179
menacer............ 327
ménager.......... 24 262
ménager............ 328
mendélien........ 63 267
mendicité........... 22
menées.............. 27
mener.............. 329
ménestrel ^m......... 159
ménétrier........... 24
menhir ^m........... 235
méningite........... 131
ménisque ^m......... 148
ménopause.......... 43

ménorragie 171
menotte 116
mensonge 177
mensonger 24 262
menstruation 214
mensuel 260
mensuration 177
mentalité 22
menteur 58 264
menthe 72 369
mention 72 214 369
mentir 337
menton 72
mentor 41
menu 53
menu filé **m sg** 285
menu-gros **m sg** 285
menuet 13 230
menuisier 24 256
méphistophélique 126
mépris 35
mer 15 369
mercantile 159
mercenaire 11
mercerie 35
merci 179
mercure 147
mercuriale **f** 147
merdoyer 87 334
mère 10 369
mère célibataire **f** 285
mère(s)-grand **f** 285
merguez **f** 186
méridien 72 267
méridional 289
meringue 132
merisier 24
méritoire 85
merlan 72
merle 15
merlin 62
merlu(s) 15
mérovingien 72 267
merveille 98
merveilleux 54 272
mes **pl** 54
mésalliance 160

mésange 187
mesdames 25
mesdemoiselles 14
mésentente 72
mésolithique 117
mesquin 148
mesquinerie 148
mess 14 369
messager 24 262
messe 14 369
messianisme 187
messie **m** 35
messieurs 170
mesure 187
métabolique 148
métacarpe **m** 147
métairie 11
métal 278
métallique 160
métalloïde **m** 237
métallurgie 131
métamorphose 126
métaphore **f** 126
métaphysique 34
métastase **f** 187
métatarse **m** 177
métayage **m** 97
météo(rologie) 131
météore **m** 22
météorite **m ou f** 22
métèque 148
méthane **m** 25
méthode 117
méthylène 117
méticuleux 54 272
métier 24
métis **(f : métisse)** 177
métonymie 34
métré 22
mètre 10 369
métrer 330
métrique 148
métro(politain) 64
métronome **m** 41
métropole 41
mets 11 369
metteur 116

mettre 352
meuble 58
meule 58
meunier 58 256
meursault 230
meurt-de-faim 285
meurt-de-soif 298
meurtrier 24 262
meurtrissure 178
meute 58
mexicain 64
mezza voce 189
mezzanine **f** 189
mezzo forte 189
mezzo-soprano **(pl -s ou -i)** . . . .
. . . . 189 385
mi 30 39
mi-août **f sg** 298
mi-carême **f sg** 298
mi-chemin **(à)** 298
mi-clos 298
mi-corps **(à)** 298
mi-côte **(à)** 298
mi-jambe **(à)** 298
mi-temps **f** 298
mi-voix **(à)** 298
miasme **m** 187
miaulement 43
mica 147
miche 221
micheline 221
micmac 147
micro(phone) 126
micro-informatique . . . .
. . . . 148 298
micro-organisme(s) **m** . . 298
microbien 63 267
microclimat 230
microcosme **m** 42
microscope 147
microsillon 177
miction 224
midinette 116
mie 35 369
miel 15
mielleux 54 272
mien 63 267

miette. 116	minoterie. 35	mixtion 214
mieux. 54	minuit **m**. 230	mixture 221
mieux-être **m sg**. 298	minus. 177	mnémotechnique 151
mièvrerie. 10	minuscule 147	mob(ylette). 34
mignon. 139 268	minute 221	mobile 221
migraine 11	minutie 181	mobilier. 24 262
migrateur. 53	minutieux 210 272	mobilisation 214
mijaurée **f** 43	mirabelle 14	mobilité. 22
mijoteuse 42	miracle. 221	mocassin 178
mil **m**. 369	miraculeux 54 272	moche 104
mildiou. 97 281	mirador 235	modal. 289
milice 179	mirage 144	modalité. 22
milieu. 58 280	mire **f** 30 369	mode 221
militaire. 11	mirliton 80	modelage. 144
mille. 291 369	miro(n)ton 80	modèle. 221
mille-pattes **m**. 298	mirobolant 73 230 369	modeler 331
millefeuille **m**. 160	miroir. 85	modéliste 22
millénaire 160	misaine **f** 187	modérateur. 53
millésime. 160	misanthrope. 117	modération. 214
millet 230	mise 187	modérément. 73
milliard 293	misérable. 225	modérer. 330
millibar 160	misère 10	moderne 163
millième 160	miserere **inv** 22	modernité. 22
millier. 293	miséreux 54 272	modestie 35
millionième. 160	miséricordieux. 54	modification. 214
millionnaire 160	misogyne. 34	modique 148
mime **m**. 221	miss 178	modiste 221
mimique 148	missel. 159	module **m**. 221
mimolette 14	missile 221	modus vivendi 63
mimosa **m**. 187	mission **m**. 215	moelle 85
minable 221	missionnaire 11	moelle épinière **f** 285
minaret 13 230	missive. 178	moelleux 54 272
minceur. 179	mistral 159	moellon 85
mine. 221	mitaine **f**. 11	mœurs **f pl**. 59
minerai 11	mitard 233	mohair. 235
minéral 278	mite 30 221 369	moi. 85 369
minet 13 230	miteux 54 272	moignon 139
mineur. 53	mitigé. 144	moindre. 85
miniature. 140	mitiger 328	moine. 85
minier 140 262	mitochondrie(s) **f**. 35	moineau 44 277
minimal. 289	mitose **f** 187	moins. 229
ministère. 10	mitoyen 97	moins-perçu(s) **m**. 298
ministériel. 260	mitraille. 98	moire **f** 221
minitel 159	mitraillette 14	mois 275 369
minium 163	mitre **f**. 221	moisissure. 178
minois 275	mitron 80	moisson. 178
minorité. 22	mixe(u)r. 53	moissonneur. 166 264

moissonneuse(s)-batteuse(s) **f** 285
moiteur 58
moitié 22
moka 22
mol 41 369
molaire 11
mole **f** 221 41 369
môle **f** 45 369
môle **m** 45 369
molécule **f** 221
moleskine 150
moleter 332
molette 116
mollah 233
mollasson 268
mollesse 14
mollet 13 230
molleton 160
mollusque **m** 148
molosse 178
môme 45
moment 73
momentanément 73
momie 35
mon 80 369
monacal 147 289
monade **f** 221
monarchique 148
monarque 148
monastère **m** 10
monastique 148
monceau 179 277
mondain 64
mondanité 22
monde 221
mondial 97 289
monégasque 131
monétaire 11
mongol 159
mongolien 63 267
moniale **f** 221
moniteur 58 256
monitorat 230
monnaie 220
monnayage 97
monnayer 333

monobloc **inv** 147
monocle **m** 225
monoculture 223
monogramme **m** 164
monolithe **m** 117
monologue 132
monôme 45
mononucléaire 222
monopole **m** 221
monosyllabe 34
monotone 221
monotonie 220
monseigneur 58
monsieur **(pl : messieurs)** 14
monstrueux 54 272
mont 82 230 369
mont(s)-de-piété **m** 285
montagnard 233
montagneux 54 272
monte-charge **m** 285
monte-en-l'air **m** 285
montée 27
montgolfière **f** 221
monticule **m** 221
montmartrois 270
montre 225
montre(s)-bracelet(s) **f** .....
.... 285
montreur 58 264
monument 73
moquerie 220
moquette 116
moqueur 58 264
moraine **f** 11
moral 289
moralité 22
moratoire **m** 222
morbide 221
morbleu ! 53
morceau 44 277
morceler 331
morcellement 14
mordancer 327
mordicus 177
mordoré 22
more 221 369
morgue 132

moribond 233
morigéner 330
morille **f** 98
mormon 80
morne 221
morose 221
morphème **m** 126
morphine 126
morphologie 126
morpion 97
mors 275 369
morse 221
morsure 177
mort 230 369
mort(s)-vivant(s) 285
mort-aux-rats **f** 285
mort-né(s) 285
mortadelle 14
mortaise 11
mortalité 22
morte(s)-saison(s) **f** 285
mortel 260
mortier 24
mortuaire 11
morue 220
morutier 24
morveux 54 272
mosaïque 237
mosan 72
mosquée 148
mot 46 230 369
mot à mot 230
motard 233
motel 159
motet 13 230
moteur 58
motion 214
motocross 178
motoculteur 58 264
motocyclette 116
motocycliste 34
mots croisés **m pl** 285
motte 116
motus ! 177
mou 163 281 369
mouchard 233
mouche 225

moucheron 224
moucheter 332
mouchoir. 170
mouclade ᶠ 221
moudjahid ⁽ᵖˡ : *moudjahidin*⁾ . 235
moue 220 369
moufle ᶠ 225
mouflon. 80
mouillage. 98
mouise. 187
moujik 150
moule ᶠ 159
moule ᵐ 159
moulin 62
moulinet 13 230
moulinette 116
moulure. 223
mourir 338
mouron 80
mousquet 148 230
mousquetaire 148
moussaillon. 98
mousse ᶠ. 221
mousse ᵐ. 178
mousseline 178
mousseux 54 272
mousson ᶠ 80
moustache 104
moustiquaire ᶠ 11
moût. 230 369
moutardier 24
moutonnier. 166
mouture. 223
mouvement 73
moyen 63 87
Moyen(-)Âge. 87 285
moyen(s)-
   courrier(s) ᵐ 87 285
moyenâgeux 97 272
moyennant 87 166
moyeu 53 87 280
mucosité 147
mucus 177
mue 220 369
muet. 13 263
muezzin. 189
mufle 225

mufti. 30
mugissement 144
muguet. 132 230
mugueter. 332
mulâtre 2
mulet 13 230
muleta 11
mulot 230
multicellulaire 14
multicolore 221
multinationale 214
multiplex 115
multiplicateur. 58 264
multitude. 221
municipalité 179
munificence ᶠ 179
munition 214
muqueuse 148
mur. 369
mûr. 369
muraille 98
mûre. 223 369
mûrement. 224
murène ᶠ 10
muret 13 230
mûrier 24
mûrissement 178
murmure. 223
musaraigne ᶠ 11
musc. 147
muscadet. 147 230
muscat 230
muscle 147
musculaire 11
musculeux. 54 272
muse. 187
museau 44 277
musée 27
museler 331
muselière. 10
musette 116
musical 289
musicien 204 267
musicothérapie ᶠ 117
musique. 148
musqué 148
mustang. 233

musulman. 72
mutation 214
mutilation 214
mutin 62
mutinerie 35
mutisme 221
mutualité. 22
mutuel 260
mutuellement. 14
mycélien 63 267
mycélium 163
mycénien 34 267
mycologie 34
mycose ᶠ. 42
myélite ᶠ. 97
mygale ᶠ 34
myocarde 97
myopie. 97
myosotis ᵐ. 97
myriade ᶠ 34
myrrhe ᶠ 34 235 369
myrte ᵐ 34
mystère 34
mystérieux 34 272
mysticisme 34
mystificateur 34 264
mythe. 34 369
mythique. 117
mythologie 117
mythomanie. 117
mytiliculteur. 34 256
myxomatose ᶠ. 34

N

n'est-ce pas 298
n'importe laquelle 165
n'importe qui/quoi 165
nabab ᵐ 1
nabot 230
nabuchodonosor 151
nacelle 179
nage 144
nageoire. 131
nager 328
naguère 132

naïade 97
naïf 237 265
nain 64
naissance 178
naître 348
naïveté 237
naja 142
nancéien 63 267
nanisme 177
napalm 1
naphtaline ᶠ 126
naphte ᵐ 126
napoléonien 63 267
napolitain 64
nappe 108
narcisse ᵐ 177
narco-analyse(s) ᶠ 298
narcolepsie 177
narcose ᶠ 42
narcotique 148
narghilé 131
narguilé 132
narine 30
narquois 148 270
narrateur 264
narration 171
narthex ᵐ 117
narval 289
nasal 289
naseau 44 277
nasillard 98
nasse 178
natal 289
natalité 22
natation 214
natif 125 265
nation 214
national-socialisme ᵐ . . 285
nationalité 214
natte 116
naturel 260
naufrage 43
naufrager 328
nauséabond 233
nausée 27
nautique 43
naval ⁽ᵖˡ : navals⁾ 289

navarin 62
navet 13 230
navette 116
navigabilité 131
navigant 73 230
navire 221
navire(s)-école(s) ᵐ 285
navire(s)-usine(s) ᵐ 285
nazi 186
ne 53 370
néanmoins 72
néant 73 230
nébuleux 54 272
nec plus ultra 252
nécessaire 178
nécessité 178
nécessiteux 178 272
nécrologie 35
nécromancie 35
nécropole ᶠ 221
nécrose ᶠ 187
nectar ᵐ 170
néerlandais 11 270
nef ᶠ 125
néfaste 221
nèfle ᶠ 225
néflier 97
négatif 125 265
négligeable 144
négligent 230
négliger 328
négoce 179
négociant 97 230
nègre ⁽ᶠ : négresse⁾ 10
négroïde 237
neige 12
neiger 328
neigeux 54 272
nenni 166
nénuphar 126
néo-natal(e)(s) 257 298
néo-positivisme ᵐ ˢᵍ . 285 298
néo-réalisme ᵐ 285 298
néolithique 117
néologisme 182
néon 80
néophyte 126

néoprène ᵐ 10
néphrétique 126
néphrite ᶠ 126
népotisme ᵐ 115
nerf 233
nerveux 54 272
nervi 30
nervosité 22
nervure 223
net 115 263
netteté 116
nettoiement 224
nettoyage 97
nettoyer 87 334
nettoyeur 97 264
neuf 125 265
neurasthénie 117
neurochirurgie ᶠ 274
neurolinguistique ᶠ 259
neurologie 144
neurologue 132
neurone ᵐ 53
neuroplégique 148
neuropsychiatrie 151
neurovégétatif(s) 265
neutralisation 214
neutralité 53
neutre 225
neutron 53
neuvaine ᶠ 53
névé ᵐ 22
neveu 53 280
névralgie 35
névrite 22
névrose 42
névrotique 148
newton ᵐ 139
nez 25 275 370
ni 30 370
niais 270
niche 104
nichée 27
nickel 150
nickeler 331
niçois 179 270
nicotine 42
nid 30 370

nid(s)-d'abeilles (forme) .. 285
nid(s)-de-poule ᵐ...... 285
nidification 214
nièce.................. 97
nielle ᶠ............... 14
nielle ᵐ.............. 140
nietzschéen............ 63
nigaud 43
nigérian 72
nigérien 63 267
night-club(s) ᵐ 285
nihilisme 235
nimbe ᵐ.............. 163
nippes ᶠ.............. 108
nippon (f : nippon(n)e) ... 80 268
nique 148
nirvana ᵐ.............. 1
nitrate ᵐ.............. 115
nitroglycérine.......... 34
niveau 44 277
nivelage 144
niveler 331
nivellement........... 160
no man's land ᵐ ˢᵍ..... 285
nô 45
nobiliaire 11
noble 225
noblesse.............. 14
noce 179
nocer 327
noceur 179 264
nocif 125 265
noctambule............ 41
nocturne.............. 41
nodal 289
nodule ᵐ.............. 159
noël.................. 237
nœud 55 370
noirâtre 2
noiraud 43
noirceur.............. 85
noise ᶠ................ 187
noisetier 24
noisette 14
noix.................. 231
nom 81
nomade 118

nombreux 54 272
nombril 159
nomenclature.......... 72
nominal 289
nomination........... 214
nommément.......... 164
non................... 80
non (pour les adjectifs) ex. :
  non violent 165
non- (pour les noms) ex. :
  non-fumeur(s) 298
non-conformisme ᵐ ... 298
non-conformiste(s)..... 298
non-contradiction ᶠ 298
non-activité ᶠ 298
non-agression ᶠ........ 298
non-alignement ᵐ 298
non-combattant (s) ᵐ .. 298
non-comparution ᶠ 298
non-conciliation ᶠ 298
non-conformité ᶠ 298
non-engagé(e)(s)....... 298
non-être ᵐ 298
non-exécution ᶠ 298
non-existence ᶠ........ 298
non-intervention ᶠ..... 298
non-lieu(x) ᵐ.......... 298
non-paiement ᵐ 298
non-recevoir ᵐ 298
non-sens ᵐ 298
non-stop 298
non-violence ᶠ......... 298
nonagénaire 11
nonante 72
nonce............... 179
nonchalamment 3
nonchalance.......... 72
nonciature ᶠ 97
nonne.......... 166 370
nonnette 14
nonobstant 73 230
nord 233
nord-africain(e)(s)..... 257
nord-américain(e)(s) ... 257
nord-coréen(ne)(s) 257
nord-est........ 230 285
noria ᶠ................ 1

normal 289
normalien 63 267
normalisation......... 214
normand 233
normatif 125 265
norme ᶠ 41
noroît ᵐ 86 370
nos ᵖˡ................ 42
nosologie............. 35
nostalgie 35
nota bene 252
notabilité............ 115
notaire 11
notamment........... 3
notarial 289
notariat 1 9 230
notation............. 214
note 221
notice............... 179
notion 214
notoire 85
notoriété 22
notre........ 41 225 370
nôtre............. 45 370
nouba................ 1
noueux.......... 54 272
nougat 230
nougatine 131
nouille 98
nourrice............. 171
nourricier 24 262
nourrisson............ 178
nourriture 171
nous 229
nouveau......... 44 277
nouveau-né(s) ᵐ...... 285
nouveau-née(s) ᶠ 285
nouveauté............ 22
nouvel 260
nouvellement........ 14
nouvelliste........... 14
nova ᶠ (pl : novæ) 1
novateur 264
novembre 72
novice 179
noviciat 230
noyade 97

noyau 43 87 276
noyer 87 334
noyer 24 87
nu 165 370
nu-tête 285
nuageux 54 272
nuance 179
nuancer 327
nubile 159
nucléaire 11
nucléique 22
nudité 22
nue 220 370
nue(s)-propriété(s) 285
nuée 27
nuisance 187
nuitamment 3
nuitée 27
nul 159
nullard 233
nullement 160
nullité 160
numéraire 11
numéral 289
numérateur 170
numéro 42 370
numerus clausus 285
numismatique 148
nuptial 181 289
nuque 148
nurse 60
nursery 60
nutrition 214
nyctalope 34
nyctalopie 34
nylon 34
nymphe 66
nymphéa ᵐ 274
nymphomane 66

O

ô 45
oasis ᶠ 177
obédience ᶠ 72
obéissance 72

obélisque ᵐ 148
obérer 330
obèse 187
obésité 187
objection 15
objectivité 15
objet 13 230
objurgation 109
oblation 214
obligation 214
obligatoire 222
obligeamment 144
obligeant 230
obliger 328
oblique 148
oblitération 214
oblitérer 330
oblong 233
obole ᶠ 159
obscène 180
obscénité 180
obscur 109
obscurantisme 72
obscurément 73
obsécration 214
obséder 330
obsèques ᶠ 148
obséquieux 54 272
observateur 264
observatoire 222
obsession 109
obsessionnel 215 260
obsidienne ᶠ 109
obsolète 109
obstacle 109
obstétrique 109
obstinément 109
obstruction 109
obtempérer 330
obtention 109
obturateur 109
obtus 229
obus 275
oc 41
ocarina ᵐ 1
occasion 149
occasionnel 149 260

occident 182 230
occiput 182 230
occitan 182
occlusion 149
occulte 149
occupation 149
occurrence 149
océan 22
océanique 148
ocelot 179 230
ocre 221
octaèdre 10
octane ᵐ 163
octante 72
octave ᶠ 41
octogonal 41 289
octroi 85
octroyer 87 334
octuor 41
oculaire ᵐ 11
oculiste 147
odalisque ᶠ 148
ode ᶠ 42
odelette 116
odéon 80
odeur 170
odieux 54 272
odorat 230
odoriférant 73 230
odyssée ᶠ 34
œcuménique 25
œdème ᵐ 25
œdipien 25 267
œil ⁽ᵖˡ : ʸᵉᵘˣ⁾ 98 282
œil(s)-de-bœuf ᵐ 285
œil(s)-de-perdrix ᵐ 285
œillère 98
œillet 98 230
œnologie 25
œsophage ᵐ 25
œstrogène 25
œuf ⁽ᵒᵉᶠ⁾ ⁽ᵖˡ : ᵒᵉᵘᶠˢ ⁽ᵒᵉ⁾⁾ 59
œuvre d'art ᶠ 285
œuvre ᶠ 221
œuvre ᵐ 221
off ⁱⁿᵛ 125
offense 125

offertoire ^m	125	
office ^m	125	
officiel	200 260	
officier	24	
officieux	54 272	
officine ^f	179	
offrande	125	
offset	125 230	
oflag ^m	131	
ogival	289	
ogive ^f	143	
ogre	42	
ogresse	14	
oh	42 357	
ohé!	235	
ohm	235 364	
ohmmètre	235	
oie	220	
oignon	139	
oïl	237	
oindre	345	
oiseau	44 277	
oiseau(x)-mouche(s) ^m	285	
oiseau(x)-lyre(s) ^m	285	
oiseler	331	
oiseleur	224	
oiseux	54 272	
oisif	125 265	
oisillon	98	
okapi	150	
oléagineux	54 272	
oléiculteur	22 256	
oléoduc	147	
olfactif	125 265	
olibrius	177	
olifant	73 230	
oligarchie	35	
oligo-élément(s) ^m	285	
olivâtre	2	
olive	42	
olivette	14	
olographe	126	
olympiade ^f	66	
olympien	66 267	
ombilical	81 289	
ombrager	328	

ombrageux	81 272	
ombre	81 364	
ombrelle	14	
ombrien	63	
oméga	131	
omelette	14	
omettre	352	
omission	215	
omnibus	177	
omnidirectionnel(le)(s)	260	
omniscient	180 230	
omnium	163	
omnivore	221	
omoplate ^f	42	
on	80 317	
on(c)ques	148	
on-dit ^m	298	
onagre ^m	221	
onanisme	42	
once ^f	179	
oncle	225	
onction	214	
onctueux	54 272	
onde	80	
ondée	27	
ondin	62	
ondoiement	215	
ondoyer	87 334	
ondulatoire	222	
onéreux	54 272	
ongle	225	
onglet	230 371	
onguent	132 230	
onirique	148	
oniromancie	35	
onomatopée ^f	27	
ontique	80	
ontogenèse	115	
ontologique	115	
onyx ^m	34	
onze	186	
opacité	179	
opale ^f	159	
opalescent	180 230	
opalin	62	
opaque	148	

open ^{inv.}	165	
opéra	107	
opéra bouffe ^m	285	
opéra(s)-ballet(s) ^m	285	
opérateur	256	
opération	214	
opérationnel	166 260	
opératoire	170	
opérer	330	
opérette	25	
ophidien	126	
ophtalmie	126	
ophtalmologiste	126	
opiacé	22	
opiacer	327	
opiniâtre	2	
opinion	140	
opiomane	97	
opium	163	
opossum	163	
oppidum	163	
opportun	67	
opportunément	108	
opposition	108	
oppression	108	
opprobre ^m	108	
optatif	125 265	
opticien	204 267	
optimisme	163	
optimum	163	
option	214	
optionnel	132 260	
optique	148	
optométrie	35	
opulence	72	
opulent	73 230	
opus ^m	177	
opuscule ^m	147	
or	364	
oracle ^m	225	
orage ^m	144	
orageux	54 272	
oraison ^f	11	
oral	289	
oralement	73	
orang(s)-outang(s) ^m	285	
orange	144	

orangeade 144
oratoire ᵐ 170
oratorio ᵐ 97
orbite ᶠ 42
orchestre 151
orchidée ᶠ 151
ordalie ᶠ 35
ordinaire 11
ordinal 289
ordinateur 170
ordination 214
ordonnance 166
ordonnancer 327
ordonnateur 166 264
ordonnée ᶠ 27
ordre 221
ordure 223
ordurier 24
orée ᶠ 27
oreille 98
oreiller 98
oreillette 98
oreillon 98
orémus ⁱⁿᵛ 177
ores 364
orfèvre 10
orfraie ᶠ 220
organdi 30
organe 131
organigramme 164
organique 148
organisateur 264
organiste 131
orgasme ᵐ 131
orge ᶠ 144
orgeat 230
orgelet 13 230
orgiaque 148
orgie 35
orgue ᵐ 132
orgueil 59
orgueilleux 54 272
orgues ᶠᵖˡ 132
orient 73 230
oriental 289
orifice ᵐ 179
oriflamme ᶠ 164

origan 72
originaire 11
original 289
origine 42
originel 10 260
oripeau 44 277
ormaie ᶠ 220
orme 41
ormeau 44 277
ornement 73
ornière 97
ornithologie 117
ornithologue 117
ornithorynque ᵐ 66
oronge ᶠ 80
orphelin 126
orphelinat 230
orphéon 126
orphique 126
orque ᶠ 148
orteil ᵐ 12
orthodoxe 117
orthodoxie 117
orthogonal 117 289
orthographe ᶠ 117
orthonormé 117
orthopédie 117
orthophonie 117
ortie ᶠ 35
ortolan 72
orvet 13 230
os ⁽ˢᵍ [ɔs] – ᵖˡ [o]⁾ 357
oscar 170
oscillation 180
oscillomètre 180
oscilloscope 180
oseille ᶠ 98
osier 24
osmose 187
ossature 178
osselet 178 230
ossements 178
osseux 54 272
ossuaire ᵐ 221
ostéite 22
ostensible 177
ostensoir 170

ostentatoire 222
ostracisme 177
ostréiculteur 22 256
ostrogot(h) 233
otage 144
otarie ᶠ 35
otite ᶠ 42
oto-rhino-laryngologie ᶠ . . . .
. . . . 285
ottoman 72
ou 318 364
où 318 364
ouailles 98
ouais ! 11
ouate ᶠ 88 371
oubli 30 371
oubliette ᶠ 97
oublieux 97 272
oued ᵐ 118
ouest ᵐ 115
ouest-allemand(e)(s) . 257 298
ouf ! 125
oui ⁱⁿᵛ 30 371
ouï-dire ᵐ 285
ouïe ᶠ 33 220 371
ouille ! 98 364
ouistiti 177
ouragan 131
ourlet 13 230
ours 177
ourse 177
oursin 62
ourson 80
oust(e) ! 177
out 115 230
outil 159
outillage 98
output 115 230
outrage 144
outrageant 230
outrager 328
outrance 179
outrancier 24
outre 225
outre-mer ⁽ᴰᴼᴹ⁾ 285
outre-tombe 285
outrecuidance 179

outremer ^{m inv} 170
outsider ^m 170
ouverture. 223
ouvrage 144
ouvrager 328
ouvre-bouteille(s) ^m . . . 285
ouvre-boîte(s) ^m 285
ouvrier. 24 256
ovaire ^m 221
ovale. 159
ovation. 214
overdose 187
ovin. 62
ovipare. 221
ovni ^m 30
ovoïde 237
ovovivipare 221
ovulaire 222
ovulation. 214
ovule ^m 159
oxhydrique 235
oxydant 34 230
oxydation 34
oxyde ^m 34
oxygéné 34
oxygène. 34
oxygéner 330
oxyton 34
ozone ^m 186

P

pacage 147
pacager 328
pacemaker 150
pacha 104
pachyderme 104
pacification. 214
pacifique 148
pack 150
pacotille. 98
pacte. 147
pactole ^m 159
paddock. 150
paella ^f 160

paf ! 125
pagaie ^f 215
pagaille 98
paganisme. 131
pagayer 333
page ^f 11
page ^m. 11
pager 328
pagination. 214
pagne 139
pagode 131
paie. 220
paiement 224
païen 63
paillard. 233
paillardise 98
paillasson 178
paille. 98
pailleter 332
paillette 14
paillote. 98
pain. 64 372
pain d'épice ^m 285
pair 372
paire 222 372
pairie 220
paisible 187
paisseler 331
paître 348
paix. 231
pal ^m 372
palabre ^{f ou m} 225
palace ^m 179
palais 11 372
palan 72
palanquin 148
palatal 289
palatin 62
pâle. 372
pale ^f 372
palefrenier 224
palefroi 224
paléolithique 117
paléontologie 35
palestinien 63 267
palestre ^f 225
palet ^m 11 372

paletot 224
palette 14
palétuvier 24
pâleur. 58
pâlichon. 80 268
palier 24
palinodie 220
palissade 178
palissandre ^m. 72
palliatif. 265
palmaire 11 372
palmarès 177
palme. 163
palmeraie 215
palmier 24
palmipède. 118
palois 270
palombe 81
pâlot. 230 269
palourde ^f 118
palpitant 73 230
palpitation. 214
palsambleu! 11
paltoquet. 148 230
paludéen 63
paludisme 177
pâmoison 187
pampa ^f 72
pamphlet. 126 230
pamphlétaire 126
pamplemousse ^m 72
pampre ^m. 72
pan 72 372
panacée ^f. 27
panache ^m 104
panade ^f. 118
panafricain 64
panama 1
panaméricain. 62
panaris ^m 35
pancarte 72
pancrace ^m. 179
pancréas ^m 229
pancréatite ^f 22
panda. 1
pandémonium 163
pandit. 35 230

pandore ᵐ 221
panégyrique ᵐ 34
panel 159
panetière 10
panier 24
panique 148
panne 166 372
panneau 44 277
panneton 166 372
panonceau 44 277
panoplie ᶠ 35
panorama ᵐ 1
panoramique 148
panse 177
pansement 73
pansu 72
pantalonnade 132
pantelant 73 230
panteler 331
panthéisme 117
panthéon 117
panthère 117
pantin 62
pantographe ᵐ 126
pantois ᵐ 86
pantomime ᶠ 72
pantouflard 233
pantoufle ᶠ 72
paon 74 372
papal 289
papauté 43
papaye [papaï] ᶠ 97
pape 107
papelard 233
paperasse 178
paperasserie 35
papeterie 35
papier 24
papier(s)-monnaie(s) ᵐ . . . .
. . . . 285
papier(s)-calque ᵐ 285
papier(s)-filtre(s) ᵐ 285
papille ᶠ 98
papillon 98
papillote 98
papou 107 281
paprika ᵐ 150

papyrus 34
pâque ᶠ 148
paquebot 148 230
pâquerette 148
paquet 148 230
paquetage 148
paqueter 332
par 372
par-ci par-là 298
par-delà 298
par-derrière 298
par-devant 230 298
par-devers 298
parabellum 51
parabole 159
paracentèse ᶠ 72
parachever 329
parachute 104
parade 118
paradigme 131
paradis 275
paradoxal 289
paradoxe ᵐ 182
parafe ᵐ 125
paraffine 125
parafiscal 147 289
parages 144
paragraphe 126
paraître 348
parallaxe ᶠ 160
parallèle 160
parallèlement 160
parallélépipède ᵐ 274
paralogisme 143
paralysie 34
paralytique 34
paramètre 225
paramétrer 330
parangon 72
paranoïa ᶠ 237
parapet 13 230
paraphe ᵐ 126
paraphrase 126
paraplégie 35
parapluie 35
parasite 187
parasitose 187

parasol 177
paratonnerre 14
paravent 73 230
parbleu! 53
parc 147
parc(o)mètre 147
parce que 107
parcellaire 14
parcelle 14
parchemin 62
parcimonieux 54 272
parcourir 338
parcours 10 275
pardessus ᵐ 10
pardi! 30
pardon 80
pardonnable 225
pare-balles ᵐ 285
pare-brise ᵐ 285
pare-cendres ᵐ 285
pare-chocs ᵐ 285
pare-feu ᵐ 285
pare-soleil ᵐ 285
pareil 12 261
parement 73
parent 230
parental 72 289
parenté ᶠ 22
parentéral 72 289
parenthèse 117
paréo 42
paresse 14
paresseusement 14
parfait 11 230
parfaitement 73
parfois 86
parfum 68
parfumerie 35
pari 30
paria 97
parieur 97
parisianisme 187
parisyllabique 259
paritaire 222
parité 22
parjure 142
parking 150

parlement 73
parlementaire 222
parloir 170
parlote 115
parmentier 24
parmesan 187
parmi 30
parnassien 267
parodie 35
paroi 85
paroisse 178
paroissien 206 267
parole 159
parolier 24 262
paronyme 34
paroxysme ᵐ 34
parpaing 233
parquet 13 230
parqueter 332
parrain 64
parrainage 144
parricide 179
parsemer 329
part ᶠ 372
partager 328
partance 179
partenaire 222
parterre ᵐ 14
parthénogenèse 117
parti 30 372
partial 181 289
participe 179
particule ᶠ 159
particulier 24 262
partie 35 372
partiel 199 260
partir 337
partisan 72
partitif 125 265
partition 214
partout 230
parturiente 97
parure 223
parution 214
parvis ᵐ 35
pas 275
pas-de-porte ᵐ 285

paso doble 285
passable 178
passade 178
passage 178
passager 24 262
passant 73 230
passe 178
passé 178
passe-montagne(s) ᵐ . . 285
passe-bande 285
passe-droit(s) ᵐ 285
passe-passe 285
passe-plat(s) ᵐ 285
passe-temps ᵐ 285
passéisme 22
passeport 230
passereau 44 277
passerelle 14
passible 225
passif 125 265
passing-shot(s) ᵐ 285
passion 178
passionnant 73 230
passionnel 166 260
passoire 222
pastel 159
pastèque ᶠ 148
pasteur 170
pastiche ᵐ 104
pastille 98
pastis 177
pastoral 289
pastoureau 44 277
pat ⁱⁿᵛ 115 372
patache ᶠ 104
patachon 80
pataquès 148
patata... ⁱⁿᵛ 1
patate 115
patati... ⁱⁿᵛ 30
patatras ! 177
pataud 43
patauger 328
patchouli ᵐ 104
patchwork ᵐ 150
pâte 2 372
pâté 2 372

pâtée 27 372
patelin 224
patenôtre ᶠ 274
patent 73 230
patente 115
pater 24 372
pater noster 285
patère ᶠ 10 372
paternalisme 170
paternel 260
paternité 22
pâteux 54 272
pathétique 117
pathogène 117
pathologie 117
pathos 177
patibulaire 11
patiemment 3
patience 181
patin 62
patinage 10
patine ᶠ 165
patinette 14
patinoire 222
patio 181
pâtisserie 35
patois 275
patoisant 73 230
patraque 148
pâtre 225
patriarcat 97 230
patriarche 97
patricien 204 267
patrie 35
patrimoine 85
patrimonial 140 289
patriote 97
patron 80
patronage 143
patronat 1 9 230
patronnesse 166
patronyme 34
patrouille 98
patte 116 372
pattemouille ᶠ 274
pattern ᵐ 116
pâturage 10

pâture. 223
paume ^f 43 372
paumelle 43
paumoyer 87 334
paupérisme. 43
paupière 43
paupiette. 43
pause 43 372
pause(s)-café ^f 285
pauvreté 22
pavane ^f 165
pavé 22
pavillon 98
pavlovien. 63 267
pavois. 86 275
pavot 46 230
paye 97
payer 333
payeur 97 264
pays 34
paysager 34
paysan 34
paysannerie 34
péage 143
péan 72
peau 44 277 372
peau(x)-rouge(s) 285
peaufinage. 44
peaussier 44 372
pécari 30
peccadille ^f 98
péché 22
pêche. 104
pêcher 24
pêcheur 264
pêcheur 10
pécore ^f 221
pectoral 15 289
pécule ^m 147
pécuniaire. 11
pédagogie 35
pédale 159
pédalier 24
pédalo 42
pédant 73 230
pédanterie. 35
pédérastie 35

pédestre. 225
pédiatre 225
pédicule ^m 159
pédicure 223
pedigree ^m 27
pédo-psychiatre(s) 298
pédoncule ^m 159
peeling ^m 36
pègre ^f 10
peigne 12
peignoir 170
peinard. 12
peindre 345
peine 12 372
peintre 65
peinture. 65
péjoratif. 10 265
pékinois 150
pelade 131
pelage. 143
pélagien. 63
pêle-mêle 298
peler. 331
pèlerin 62
pèlerinage. 143
pèlerine 131
pélican 72
pelisse 178
pellagre ^f 14
pelle 14
pelle(s)-pioche(s) ^f 285
pelletée 27 372
pelleter 332
pellicule. 14
pelotari 30
pelote. 115
peloton 80
pelouse 187
peluche 372
pelucheux 54 272
pelure 223
pelvis 35
pénal 289
pénalité 22
penalty ^(pl en -ies ou -ys) 34
pénates ^m ^pl 115
penaud. 43

penchant 73 230
pendant 73 230
pendeloque ^f 148
pendentif. 72
penderie 35
pendule ^f 221
pendule ^m 221
pêne ^m 10 372
pénéplaine 64
pénétrer. 330
pénible. 225
péniche 225
pénicilline 160
péninsule. 62
pénis. 177 275
pénitence 72
pénitent. 73 230
pénitentiaire. 195
penne ^f 166 372
pennsylvanien 63 267
penny ^(pl : pennies ou pence) 34
pénombre ^f 81
penon. 80 372
pense-bête(s) ^m 285
pensée 27
pension 215
pensionnaire. 11
pensionnat 230
pensum 163
pentaèdre 225
pentagone. 131
pentathlon 117
pentatonique 148
pente 72 372
pentecôtisme 45
pentu 72
pénultième 10
pénurie 35
péon. 80
pépé ^m 22
pépée ^f 27
pépie ^f. 35
pépiement. 224
pépin 62
pépinière. 221
pépite ^f. 115
péplum ^m 163

péquenot........ 148 230
percale ᶠ.............. 147
perce 179 372
perce-neige ᶠ.......... 285
percée 27
percepteur 179
perceptible 225
perception........... 214
percer............... 327
percevable........... 225
percevoir............. 340
perche 104
perchiste 115
perchman 104
perchoir............. 170
perclus.............. 229
percolateur 170
percussion........... 215
perdant 73 230
perdreau 44 277
perdrix 231
père 10 372
péremption........... 214
péremptoire 72
pérennité............ 166
perfection 214
perfide 118
perfidement 73
perforateur 264
perforation 214
performance.......... 179
perfusion............ 187
pergola ᶠ............. 131
péricarde ᵐ 22
périgée ᵐ 27
périgourdin........... 62
péril 159
périlleux 98 272
périmètre 225
périnée ᵐ 27
périodicité........... 179
périodique........... 148
péripatéticienne 204
péripétie ᶠ 181
périphérie ᶠ 126
périphrase........... 126
périscope ᵐ 147

périssoire ᶠ........... 222
péristyle ᵐ 34
péritoine ᵐ........... 85
péritonite 115
perle.............. 15 372
permanence 72
perméable........... 225
permettre 352
permis 270
permis de conduire ᵐ .. 285
permutation 214
pernicieux........ 209 272
péroné 22
péronnelle........... 14
péroraison........... 11
perpétrer............ 330
perpétuel............ 260
perpétuité 22
perplexité 182
perron 14
perroquet 13 230
perruche 14
perruque 148
pers................. 372
persan 72
perse 177 372
persécution.......... 214
persévérance 179
persévérer........... 330
persienne 166
persiflage............ 143
persil 159
persillé............. 98
persistance 179
persona non grata 285
personnage.......... 143
personnalité 22
personne 166
perspective 15
perspicace........... 177
persuasif 187 265
pertinemment 3
pertinent 73 230
perturbateur.......... 264
pervenche........... 72
pervers........ 270 275
perversion........... 215

perversité 22
pesamment............ 3
pesanteur 170
pèse-personne(s) ᵐ.... 285
pèse-acide(s) ᵐ....... 285
pèse-bébé(s) ᵐ........ 285
pèse-lettre(s) ᵐ....... 285
pesée 27
peser 329
pessaire ᵐ 221
pessimisme........... 23
peste............... 221
pesticide ᵐ........... 177
pestiférer............ 330
pestilence 72
pestilentiel 199 260
pet............... 13 230
pet(s)-de-loup ᵐ....... 285
pétale ᵐ 159
pétanque 148
pétarade 115
pétard............... 10
pétaudière........... 43
pète-sec ᵐ 285
péter............... 330
pétillement 98
pétiole ᵐ............ 181
petit 230
petit vieux ᵐ 285
petit(s)-bourgeois ᵐ ... 285
petit(s)-beurre ᵐ 285
petit(s)-bois ᵐ........ 285
petit(s)-suisse(s) ᵐ..... 285
petit-nègre ᵐ......... 285
petite(s) fille(s) ᶠ....... 285
petitesse 14
pétition 214
petits pois ᵐ ᵖˡ 285
petits-enfants ᵐ ᵖˡ...... 285
pétrel ᵐ.............. 159
pétrin 62
pétrochimie 35
pétrodollar 170
pétrole 159
pétulance 72
pétunia ᵐ 140
peu 280 319 372

peuh!............ 53 372
peul.................. 53
peuple 53
peuplier.............. 53
peur 170
peureux 54 272
peut-être 298
pfennig ^m 166
phacochère ^m 126
phaéton 126
phagocytose ^f 126
phalange 126
phalanstère ^m 126
phalène ^f 126
phalère ^f............. 126
phallique 126
phallocrate 126
phalloïde 237
phallus 126
phanérogame........ 126
phantasme 126
pharamineux 54 272
pharaon.............. 126
phare 126 362
pharisien........ 126 267
pharmaceutique 126
pharmacie............ 126
pharmacien 63 267
pharmacopée ^f........ 126
pharyngite............. 34
pharynx ^m 34
phase................ 126
phénicien 126 267
phénix 22 372
phénol 126
phénoménal...... 126 289
phénomène 10
phénoménologie 35
phénotype............. 34
phi ^m 126 362
philanthrope.......... 117
philatélie 35
philharmonie ^f........ 274
philippine 108
philippique 148
philistin 126
philodendron 63

philologie 126
philosophe 126
philtre 126 362
phlébite 126
phlegmon 126
phobie ^f 126
phocéen.............. 63
phonème ^m 10
phonétique........... 148
phonographe 126
phonothèque 117
phoque........... 148 362
phosphate ^m 126
phosphore............ 221
phosphorescent... 180 230
photo 42
photocomposition ^f.... 274
photocopie 35
photogénique........ 148
photographie 35
photogravure ^f 274
photomaton 80
photon................ 80
photosynthèse 66
phototrope 126
phrase 187
phraséologie........... 35
phratrie 126
phréatique 126
phrénologie 126
phrygien 34 267
phtisique 126
phylactère ^m 221
phylloxéra 182
phylogenèse 126
physicien........ 204 267
physiologie 34
physionomie........... 34
physique 148
physiquement 73
phytoplancton 72
phytothérapie......... 34
pi 30 372
piaillement 98
pian.................. 97
piano 42
piastre ^f 225

pic............... 147 372
pic(s)-vert(s) ^m........ 285
picador.............. 170
picaillons.............. 98
picard............... 233
picaresque........... 148
piccolo 149
pichenette............ 14
pichet............. 13 230
pickles ^{m pl} 150
pickpocket....... 150 230
picotement 73
picotin 62
picrate ^m............. 115
pictural.............. 289
pidgin............... 143
pie............... 35 372
pièce................ 179
pied................. 25
pied(s)-bot(s) ^m 285
pied(s)-de-biche ^m..... 285
pied(s)-de-poule ^m..... 285
pied(s)-noir(s) ^m 285
pied-à-terre.......... 285
piédestal 278
piège................ 143
piéger............. 328 330
piémontais 11 270
pierraille 14
pierre 14
pierre(s) ponce(s) ^f 285
pierreries............. 35
pierrot 230
pietà................. 2
piétaille 98
piété 22
piéter 330
piéton............... 80
piètre 225
pieu........... 53 280 372
pieuvre.............. 225
pieux 54 272 372
pif 125
pigeon 144
pigeonnier........... 144
piger 328
pigment............. 131

pignon 139
pignouf. 139
pilaf 125
pilastre **m** 225
pilchard 233
pile 221
pileux 54 272
pilier. 24
pillage. 98
pillard. 98
pilon. 80
pilonnage. 166
pilori. 30
pilosité 22
pilote 115
pilotis 35
pilou 281
pilule 221
pimbêche **f** 62
piment 73
pimpant. 62 230
pin. 62 372
pin-up **f** 285
pinacle **m** 225
pince. 179
pince(s)-monseigneur(s) **f** . .
. . . . 285
pince-nez **m** 285
pince-sans-rire. 285
pinceau 44 277
pincée 27
pincer. 327
pincette 14
pinçon 179 372
pineau 44 277 372
pinède 10
ping-pong 285
pingouin 95
pingre. 62
pinot. 46 230 372
pinson 177 372
pintade. 115
pintadeau 44 277
pinte **f** 62
pioche 104
piolet 13 230
pion 80

pioncer. 327
pionnier. 166 262
pipe. 107
pipeau 44 277 372
pipeline **m**. 221
piperade 118
pipette 14
piquage 148 372
pique 148 372
pique-assiette(s) 285
pique-feu **m** 285
pique-nique(s) **m** 285
piquet. 13 230
piqueter. 332
piquette. 14
piqûre. 148
piranha. 235
pirate 115
piraterie. 35
pirogue. 132
pirouette 14
pis 30 372
pis-aller 285
piscicole. 180
pisciculture. 180
piscine 180
pisé. 187
pisse-froid **m** 285
pissenlit 178 230
pisseux. 54 272
pistachier 24
piste 177
pisteur 170
pistil **m** 177
pistole **f** 159
pistolet. 13 230
pistolet mitrailleur **m** . . . 285
pistou 177 281
pitance. 179
pitchpin 104
piteux 54 272
pithécanthrope 117
pithiviers 229
pitié 22
piton. 80 372
pitoyable 97

pitre 225
pitrerie. 35
pittoresque 148
pivert 230
pivoine **f** 85
pivot. 46 230
pizza. 189
pizzicato 189
placage. 147 372
placard. 233
place. 179
placebo **m**. 42
placenta **m** 179
placer. 327
placet 13 230
placidité. 179
plafond. 82
plafonnage 166
plafonnier 166
plage. 143
plagiaire 222
plagiat 230
plaid 11 118 372
plaidoirie. 35
plaidoyer 97
plaie 11 220 372
plaignant 73 230
plain(s)-chant(s) **m**. 285
plain-pied **(de)** 285
plaindre 345
plaine 11 372
plainte 64 372
plaisamment. 3
plaisance 11
plaisancier 24 262
plaisantin. 187
plaisir 11
plan. 72 372
plan(s)-film(s) **m** 285
plan **m** 72
planche 72
planchette. 14
plancton 147
planétaire 222
planète **f** 10
planification 214
planisphère **m** 126

planning. 131
planque ^f 148
plant. 73 230 372
plantain 64
plante. 72
plantoir 170
planton 80
plantureux. 54 272
plaquage 148 372
plaque 148
plaqué 148
plaquette. 14
plasma ^m 177
plastic ^m 147 372
plastique 148 372
plastron 80
plat 1 9 230
platane. 1
plate(s)-bande(s) ^f 285
plate(s)-forme(s) ^f 285
plateau 44 277
platée 27
platement 73
platine ^f 165
platine ^m. 163
platitude 115
platonique. 148
plâtras 229
plâtre 225
plâtreux 54 272
plausible 43
play-back ^m 285
play-boy(s) ^m 87 285
plèbe ^f. 10
plébéien. 97 267
plébiscite ^m 180
plectre ^m. 225
pléiade ^f 97
plein 65 372
plein-emploi ^m 285
plénier 24
plénitude 22
pléonasme ^m 187
pléthore ^f 117
pleur 170
pleure-misère 285
pleurésie 53

pleureur 53 264
pleutrerie. 53
plèvre ^f 10
plexiglas. 182
plexus ^m 182
pli 30 372
plie ^f 30 220 372
plinthe ^f 62 372
pliocène. 10
plissement. 178
pliure 237
plomb. 233
plombier 81
plombières ^f 81
plongée 27
plongeon 144
plonger 328
plouf ! 125
ployer 87 334
pluches ^{f pl} 372
pluie 220
plumard 233
plume. 163
plumeau. 44 277
plumet 13 230
plupart 230
pluralité 22
pluriel. 97
plus. 177
plus-que-parfait ^{m sg}. . . . 285
plus-value(s) ^f 285
plusieurs 229
plutonium ^m 163
plutôt 45 230 372
pluvieux. 54 272
pluviosité. 187
pneu 53 280
pneumatique 148
pneumonie 53
pneumothorax ^m 53
pochard 233
poche 104
poche(s)-revolver(s) . . . 285
pochette 14
pochette(s) surprise(s) ^f . . . .
. . . . 285
pochoir 170

podium 163
podologue. 132
poêle ^f. 372
poêle ^m 10 372
poêlon 10
poème 10
poésie. 22
poète 10
poétesse. 256
pogrom(e) ^m 163
poids. 86 275 372
poids lourd ^m. 285
poids mort ^m. 285
poids plume ^m. 285
poignant 85
poignard 233
poigne ^f 86
poignée ^f 27 372
poignet ^m 11 372
poil 372
poil-de-carotte ^m 285
poilu 85
poinçon 179
poinçonneur. 179 264
poindre 345
poing 94 372
point. 94 230 372
point de vue ^m. 285
point mort ^m 285
pointe(s) sèche(s) ^f 285
pointeau 44 277
pointilleux. 98 272
pointu. 85
pointure 223
poire. 222
poireau. 44 277
pois. 86 275 372
pois chiche ^m. 285
poison 187
poissard 178
poisse ^f. 178
poisseux. 178 272
poisson 178
poisson(s)-scie(s) ^m. . . . 285
poissonnerie. 166
poissonneux 54 272
poitevin 53

poitrail 98 279
poitrinaire 11
poitrine 165
poivre 225
poivron 80
poix ^f 372
poker 150
polaire 222
polarité 22
polaroïd 237
polder ^m 159
pôle 45
pôle Nord ^m 107
pôle Sud ^m 107
polémique ^f 148
polenta ^f 63
poli 30
police 179
policer 327
polichinelle ^m 14
policier 179 256
poliment 73
poliomyélite ^f 107
polissage 178
polisson 178 268
polissonnerie 166
polit(ic)ologie 147
politesse 14
politicard 233
politicien 179 267
politique 148
polka ^f 150
pollen ^m 63
pollueur 170
pollution 214
poltronnerie 166
polyamide ^m 274
polychrome 151
polyclinique 34
polycopié 34
polyculture 34
polyèdre 97
polyester ^m 97
polyéthylène 274
polygamie 34
polyglotte 34
polygone ^m 34

polymère 34
polymorphe 126
polynésien 187 267
polynôme ^m 45
polype ^m 34
polyphonie 126
polypore 221
polysémie 34
polystyrène 34
polytechnique 151
polythéisme 22
polyvalent 34 230
polyvinyle ^m 34
pommade 164
pomme 164 372
pommeau 44 277
pommelé 164
pommeler ^(se) 331
pommette 164
pompe 81
pompéien 81 267
pompeux 54 272
pompier 81
pompon 81
ponant 73 230
ponce ^f 179
poncer 327
poncho 104
poncif 179 265
ponction 214
ponctualité 147
ponctuel 147 260
pondaison 11
pondérer 330
poney 16
pont 82 230
pont(s)-levis ^m 285
ponte 80
pontife 80
pontificat 147 230
pontonnier 166
pool ^m 372
pop 107
pop-corn ^m 285
pope 107
popeline ^f 221
popote 41

populace 179
popularité 22
population 214
populeux 54 272
porc 372
porc(s)-épic(s) ^m 285
porcelaine 11
porcin 62
pore ^m 221 372
poreux 54 272
pornographie 126
porphyre ^m 126
porridge ^m 171
port 230 372
portail 98 279
portatif 125 265
porte 170
porte(s)-fenêtre(s) ^f 285
porte-enseigne(s) ^m 285
porte-à-faux 285
porte-à-porte 285
porte-avions ^m 285
porte-bagages ^m 285
porte-bonheur ^m 285
porte-carte(s) ^m 285
porte-clef(s) ^m 285
porte-couteau(x) ^m 285
porte-drapeau(x) ^m 285
porte-jarretelles ^m 285
porte-malheur ^m 285
porte-monnaie ^m 285
porte-parole ^m 285
porte-revues ^m 285
porte-savon(s) ^m 285
porte-serviette(s) ^m 285
porte-voix ^m 285
portée 27
portée ^(hors de) 27
portefaix 231
portefeuille ^m 98
portion 214
portique 148
portraire 339
portrait 11 230
portrait(s)-robot(s) 285
portuaire 222
portugais 131 270

pose 42 372
posément 187
positif 187 265
position 214
positivité 22
posologie 187
posséder 330
possessif 178 265
possession 215
post-partum 285
post-scriptum (PS) 298
poste 177
postérieur 170
postériorité 22
postérité 22
postface f 177
posthume 117
postiche m 104
postillon 98
postulat m 1
posture f 221
pot 46 230 372
pot(s)-de-vin m 285
pot(s)-pourri(s) m 285
pot-au-feu m 285
potable 225
potache m 104
potage 143
potager 24 262
potasse f 178
poteau 42 277
potée 27
potelé 224
potence f 179
potentat 230
potentialité 181
potentiel 199
potentiomètre 181
poterie 35
poterne f 165
potiche f 104
potier 24
potin 62
potinier 24
potion 214
potiron 80
pou 107 281 372

pouah ! 372
poubelle 14
pouce 179 372
poudre 225
poudreux 54 272
poudrier 24
poudrière 221
poudroiement 224
poudroyer 87 334
pouf 125
pouilleux 98 272
poujadisme 142
poulailler 98
poulain 62
poulbot 46 230
poule 372
poulet 13 230
poulette 14
pouliche 104
poulie 35
poulpe m 159
pouls 275 372
poumon 80
poupard 372
poupe f 107
poupée 27
poupin 62
pouponnière 166
pour 170
pourboire m 222
pourceau 44 277
pourcentage 143
pourlécher (se) 330
pourparlers 275
pourpoint 86
pourpre 221
pourquoi 148 372
pourrissement 178
pourriture 171
poursuite 177
pourtant 73 230
pourtour 170
pourvoi 85
pourvu 170
pourvu que 107
poussa(h) 178
pousse 178 372

pousse-café m 285
poussée 27
poussette 14 372
poussier 24 372
poussière 10
poussiéreux 54 272
poussif 178 265
poussin 62
poutre 225
poutrelle 14
pouvoir 170
pouvoir 338
præsidium 163
prag(u)ois 131
pragmatique 148
praire f 221
prairie 11
praliné 22
praline f 165
praticable 225
praticien 179 267
pratique 148
praxis f 182
pré 22 372
pré(s)-salé(s) m 285
préacheter 332
préalable 225
préambule m 72
préau 43 276
préavis 275
prébende f 72
précaire 147
précarité 22
précaution 214
précautionneux 54 272
précédemment 3
précédent 73 230
précéder 330
précepte 179
précepteur m 170
prêche m 10
précieux 54 272
précipice m 179
précipitamment 3
précis 270
précisément 187
précision 187

précoce 179
préconçu 179
précontraint 64 230
précurseur 177
prédateur 170
prédécesseur 178
prédestination 214
prédicable 225
prédicat 230
prédiction 214
prédilection 147
prédominance 179
prééminence 179
préemption f 22
préface 179
préfacer 327
préfectoral 147 289
préfecture 147
préférence 179
préférentiel 199 260
préférer 330
préfet 13 256
préfète 10
préfixe 182 372
prégnance f 98
préhensible 235
préhistoire 235
préjudice m 179
préjudiciable 179
préjugé 142
préjuger 328
prélat 1 9
prélèvement 73
prélever 329
préliminaire 222
prélude m 22
prématuré 22
prémices f 372
premier 24
premier(s)-né(s) 285
premièrement 10
prémisse f 178 372
prémonition 214
prémonitoire 222
prenant 73 230
prénatal 289
preneur 264

prénom 81
préoccupation 181
préparation 214
préparatoire 222
prépayer 333
prépondérance 179
préposé 187
préposition 214
prépuce m 179
prérégler 330
prérogative 131
près 372
présage 144
présager 328
presbyte 34
presbytère 34
presbytérien 63 267
presbytie 181
prescience 180
prescription 214
préséance 177
présélection 177
présence 187
présent 187 230
présentateur 256
présentement 73
présentoir 170
préservateur 264
préservatif 187
présidence 179
président 73 230
présidentiel 199 260
présidium 163
présomptif 81
présomption 81
présomptueux 81 272
presqu'île f 148
presque 148
presse 221
presse-bouton 285
presse-citron m 285
presse-fruits m 285
presse-papiers m 285
presse-purée m 285
pressentiment 14
pressentir 337
pressing 178

pression 215
pressoir 170
pressurisé 178
prestance f 179
prestation 214
preste 115
prestement 73
prestidigitateur 256
prestidigitation 214
prestige 143
prestigieux 54 272
presto 42
présure f 187
prêt 10 230 372
prêt(s)-à-porter m 285
pretantaine (ou prétentaine) . . 72
prétendant 73 230
prétendument 73
prétentaine (ou pretantaine) . . 72
prétentieux 210 272
prétention 214
prétérit 115 230
prétérition 214
prêteur 264
prétexte 115
prétoire m 222
prêtre 225
prêtre(s)-ouvrier(s) m . . 285
prêtresse 14
prêtrise 187
preuve 53
preux 54
prévarication 214
prévenant 73 230
préventif 125 265
prévention 214
préventorium 163
prévenu 22
prévisionnel 166 260
prévôt 45 230
prévôté 45
prévoyance 97
prie-Dieu m 285
prière 221
prieur 97 264
prieuré 22
primaire 222

primat 230
primate ^m 115
primauté 22
prime 163
primesautier 224 262
primeur ^f 170
primevère 221
primipare 221
primitif 125 265
primo 42
primogéniture 143
primordial 289
prince 179
prince-de-galles ^m 298
princeps ^inv 177
princesse 14
principal 179 289
principalement 73
principauté 43
printanier 62 262
printemps 275
priorat 230
prioritaire 222
priorité 22
prise 187
priseur 170
prisme 187
prisonnier 187 262
privatif 125 265
privation 214
privatisation 214
privauté 43
privé 27
privilège 143
prix 275
probabilité 22
probable 225
probant 73 230
probation 214
probatoire 222
probité 22
problématique 148
problème 10
procédé 22
procéder 330
procédure 223
procédurier 24 262

procès 229
procès-verbal ^m (pl -aux) . . . . .
. . . . 278 285
processeur 178
procession 215
processionnaire 166
processus 178
prochain 64
prochainement 73
proche-oriental ^m (pl -aux) . 298
proclamation 214
procréateur 264
procurateur 170
procuration 214
procureur 256
prodigalité 131
prodige 143
prodigieux 54 272
prodigue 132
prodrome ^m 42
productif 147 265
production 214
productivité 147
produit 230
proéminence 22
profanation 214
profane 165
proférer 330
professeur 178 256
profession 215
professionnel 178 260
professorat 1 9
profil 159
profit 230
profiterole ^f 221
profiteur 264
profond 82
profondément 22
profondeur 170
profusion 187
progéniture ^f 143
progestatif 265
progestérone ^f 143
programmateur 164
programmation 214
programme 164
progrès 275

progressif 178 265
progression 215
prohibitif 235 265
prohibition ^f 235
proie 220
projectile 159
projection 214
projectionniste 166
projet 13 230
projeter 332
prolapsus ^m 275 383
prolégomènes ^m 275
prolétaire 222
prolétariat 97 230
prolétarien 63 267
prolifération 214
proliférer 330
prolifique 148
prolixité 182
prologue 132
prolongation 131
prolonger 328
promenade 118
promener 329
promeneur 264
promenoir 170
promesse 14
prométhéen 117
prometteur 14 264
promettre 352
promiscuité 147
promontoire ^m 222
promoteur 170
promotion 214
promotionnel 181 260
prompt 230
promulgation 214
prône 45
pronom 81
pronominal 289
prononçable 179
prononcer 327
prononciation 214
pronostic 147
pronostiqueur 148
pronunciamiento 63
propagande 131

propagateur 264
propagation 214
propager 328
propane ^m 163
propédeutique ^f 148
propension ^f 215
propergol 131
prophète 126
prophétesse 126
prophétie 181
prophylactique 34
prophylaxie 34
propice 179
propitiatoire 181
proportion 214
proportionnalité 181
proportionnel 181 260
propos 47
proposition 214
propositionnel 181 260
propre 221
propre(s)-à-rien ^m 285
propreté 22
propriétaire 97
propriété 22
propulseur 177
propulsion 215
propylée ^m 34
prorata 1
prorogatif 131 265
proroger 328
prosaïque 237
proscenium 180
proscrit 147 230
prose 187
prosélytisme 34
prosodie 42
prospecteur 170
prospectif 125 265
prospection 214
prospective 147
prospectus 177
prospère 221
prospérer 330
prospérité 22
prostate ^f 115
prosternation 214

prostitution 214
prostration 214
protagoniste 131
prote ^m 115
protecteur 264
protection 214
protection-mémoire ^f . . 285
protectionnisme 181
protectorat 1 9
protège-cahier(s) ^m 285
protège-dents ^m 285
protège-tibia(s) ^m 285
protéger 328 330
protéine ^f 22
protestant 73 230
protestataire 222
protestation 214
protêt 13 230
prothèse ^f 117
protide 115
protocolaire 222
protocole ^m 147
proton 80
protoplasme ^m 187
prototype ^m 34
protozoaire ^m 186
protubérance 179
prou 107 372
proue 220 372
prouesse 14
provenance 179
provençal 179 289
provende ^f 72
proverbial 289
providence 179
providentiel 199 260
province 62
provincial 62 289
provincialisme 177
proviseur 187 256
provisionnel 187 260
provisoire 222
provisoirement 85
provisorat 1 9
provocant 147 230
provocateur 264
provocation 214

proxénète 182
proxénétisme 115
proximité 182
prud'homal(le) 235
prud'homie 35
prud'homme 164
prude 118
prudemment 3
prudence 179
prudent 73 230
pruderie 35
prune 165
pruneau 44 277
prunelle 14
prunier 24
prurigineux 54
prurit ^m 35
prytanée ^m 34
ps(it)t! 117
psalmodie 35
psaume 43
psautier 43
pseudonyme 53
psi 177
psittacisme 177
psittacose 177
psoriasis ^m 177
psychanalyse 34
psychanalytique 34
psyché ^f 34
psychédélique 151
psychiatre 151
psychiatrie 151
psychisme 104
psychodrame 151
psychologie 151
psychologue 132
psychomoteur 151 264
psychopathe 151
psychose ^f 151
psychosomatique 177
psychothérapeute 117
psychothérapie 151
psychotique 151
ptérodactyle 34
ptôse 187
puanteur 72

pub 60
pubère 221
pubertaire 222
puberté 22
pubescent 180 230
pubien 72 267
pubis 35
public 147
publicain 64
publication 214
publicitaire 222
publicité 179
publiquement 148
puce 179
puceau 44 277
pucelage 143
pucelle 14
puceron 179
pudding 119
pudeur 170
pudibond 82
pudibonderie 35
pudicité 22
puéricultrice 179
puériculture 223
puéril 159
puerpéral 15 289
pugilat 1 9
pugnace 131
puîné 22
puis 30 372
puisque 148
puissamment 3
puissance 178
puissant 73 230
puits 30 275 372
pull 160
pull-over(s) ᵐ 285
pullman 160
pullulement 160
pulmonaire 222
pulpeux 54 272
pulque ᵐ 148
pulsation 214
pulsion 215
pulsionnel 177 260
pulvérisateur 187

pulvérisation 214
puma ᵐ 1
punaise 11
punch ᵐ 104
punique 148
punissable 225
punitif 125 265
punition 214
pupille [pypij] 98
pupille [pypij] 160
pupitre 225
pur 170
pur-sang ᵐ 285
purée 27
purement 224
pureté 224
purgatoire ᵐ 222
purge 143
purger 328
purgeur 144
purification 214
purin 62
purisme 177
puritain 64
puritanisme 177
purulence 72
pus 229
pusillanimité 160
pustule ᶠ 159
pustuleux 54 272
putain 64
putatif 125 265
putois 86 275
putréfaction 214
putrescible 180
putridité 22
putsch ᵐ 105
puy 34 372
puzzle ᵐ 189
pygmée 34
pyjama 34
pylône 34
pyramidal 34 289
pyramide 34
pyrénéen 63
pyrex 15 275
pyrite ᶠ 34

pyrogravure 34
pyrolyse 34
pyromane 34
pyromanie 34
pyrotechnie 151
pyrotechnique 151
pythagoricien 117 267
pythie ᶠ 117
python 34 372
pythonisse 117

qu'en-dira-t-on ᵐ 320
quadragénaire 148
quadrangulaire 148
quadrant 148 230 359
quadrature 148
quadrichromie 148
quadriennal 148 289
quadrige ᵐ 148
quadrilatère 148
quadrillage 98
quadrille ᵐ 98
quadripartite 148
quadrumane 148
quadrupède 148
quadruple 148
quai 148
quaker 60
qualificatif 148 265
qualitatif 148 265
qualité 148
quand 74 320 367
quant 73 320 367
quanta ᵐᵖˡ 148
quantième 10
quantification 148
quantique 148 359
quantitatif 148 265
quantité 148
quantum 163
quarantaine 148
quarante 148
quart 148 230 359

quart d'heure ^{m} 285
quart(s)-de-pouce ^{m} . . . 285
quarte 148
quarté 148
quarteron 148
quartette ^{m} 14
quartier 24
quartier(s)-maître(s) ^{m} . 285
quarto 148
quartz ^{m} 148
quasi 148
quasiment 148
quater 148
quaternaire 148
quatorze 186
quatorzième 186
quatrain 64
quatre 148 291
quatre-cent-vingt-et-un ^{m} $^{(jeu)}$
. . . . 298
quatre-quarts ^{m} 298
quatre-saisons ^{f} 285
quatre-temps ^{m} 285
quatre-vingts 293 298
quattrocento 148
quatuor 148
que 148
québécois 148 270
quel 148 321
quelconque 148
quelqu'un 148
quelque 148 373
quelque chose 148
quelquefois 148
quelques-uns 298
quémandeur 148 264
quenelle 148
quenotte ^{f} 148
quenouille 98
querelle 14
question 148
questionnaire ^{m} 221
questure 223
quête 10
quêteur 10
quetsche ^{f} 148
queue 55 373

queue leu leu $^{(à la)}$ 285
queue(s)-d'aronde ^{f} 285
queue(s)-de-cheval ^{f} . . . 285
queue(s)-de-rat ^{f} 285
queux 54 373
qui 148 367
qui est-ce qui ? 148
quiche 148
quiconque 148
quidam 148
quiétude 148
quignon 139
quille 98
quincaillerie 148
quincaillier 24
quinconce ^{m} 147
quine ^{m} 148
quinine ^{f} 148
quinquagénaire 148
quinquennal 148 289
quinquet 148 230
quintal 148 278
quinte 148
quintessence 148
quintette ^{m} 14
quinzaine 186
quinze 186
quiproquo 42
quittance 179
quittancer 327
quitte 148
quitus 148
quoi 85 148 359
quoique 148 373
quolibet 148 230
quorum ^{m} 51
quota ^{m} 148
quote(s)-part(s) ^{f} 285
quotidien 63 267
quotient 181 230
quotité ^{f} 148

ra 1 374
rab(e) ^{m} 110

rabâchage 2
rabâcheur 2 264
rabais 11
rabatteur 264
rabattre 352
rabbin 110
rabelaisien 63 267
rabiot 46 230
rabique 148
râble 225
rabot 46 230
raboteux 54 272
rabougri 131
racaille 131
raccommodable 164
raccord 149
raccourci 149
raccroc 149
race 179
racé 22
rachat 1 9 230
racheter 332
rachever 329
rachidien 63 267
rachis ^{m} 177
rachitique 148
racial 179 289
racine 179
racket $^{[Rakɛt]}$ ^{m} 150 374
raclée 27
raclement 147
raclette 14
racolage 143
racoleur 264
racontar 170
radar 170
rade 118
radeau 44 277
radian 72 374
radiateur 170
radiation 214
radical 147 278
radicelle 14
radiesthésie 117
radieux 54 272
radin 62
radio 42

radioactif 265
radioactivité 22
radiodiffusion 187
radioélément ᵐ 274
radiographie 126
radiologie 35
radioscopie 35
radiothérapie 117
radis 275
radium ᵐ 163
radius ᵐ 177
radjah 15
radoub ᵐ 110
rafale 159
raffermissement 178
raffinerie 125
raffut 125 230
rafiot 46 230
rafistolage 143
rafle 225
rafraîchissement 11
rage 143
rager 328
raglan ᵐ 131
ragondin 131
ragot 46 230
ragoût 230
ragoûtant 131 230
ragtime ᵐ 131
rai ᵐ 11 374
raid 11 374
raide 11 374
raidillon 98
raie 220 374
raifort ᵐ 11
rail ᵐ 98
raillerie 98
railleur 98 264
raineter 332
rainette 11 374
rainure 11
raire 339
raisin 11
raison 11
raisonnable 11
raisonnement 11
rajeunissement 178

rajout 230
raki ᵐ 150
râle ᵐ 2
ralentissement 178
ralliement 224
rallonge 143
rallonger 328
rallye ᵐ 34
ramadan 72
ramage 143
ramassage 178
ramassis 35
rambarde 72
ramdam ᵐ 131
rame 163
rameau 44 277
ramener 329
ramequin 148
rameur 264
rami ᵐ 30 374
ramier 24
ramification 214
ramille ᶠ 98
ramonage 143
rampe 72
rancard 374
rancart 230 374
rance 179
ranch 104
rancœur ᶠ 59
rançon ᶠ 179
rancune 165
rancunier 24 262
randonnée 27
rang 233
rang d'oignon(s) ⁽ᵉⁿ⁾ 285
rangée 27
ranger 328
rapace 179
rapatriement 224
râpe 2
râpeux 54 272
raphia ᵐ 126
rapiat 1 9 230
rapidité 22
rapiéçage 179
rapiécer 327

rapiécer 327 330
rapiéceter 332
rapière 221
rapine ᶠ 165
rappel 159
rappeler 331
rapport 230
rapprochement 108
rapt 115 230
raquette ᶠ 148 374
rare 221
raréfaction 214
rarement 73
rareté 224
rarissime 178
ras 1 229 374
rasade 187
rascasse ᶠ 178
rase-mottes ᵐ 285
rasoir 170
rassemblement 73
rasseoir ⁽ˢᵉ⁾ 342
rasséréner 330
rassis 35 287
rasta 177
rastaquouère ᵐ 148
rat 1 230 374
rata ᵐ 1
ratafia ᵐ 1
ratatouille 98
rate 115
raté 22
râteau 44 277
râteler 331
râtelier 24
ratification 214
ration 214
rationalisme 181
rationnel 181 260
ratissage 143
raton 80
raton laveur ᵐ 285
rattachement 116
rattrapage 116
rature 223
rauque 43 374
ravager 328

ravalement	73	recéder	330	reconnaître	348
ravaudage	43	recel	159	reconsidérer	330
ravier	24	receler	331	reconversion	215
ravigote ^f	131	recéler	330	record	374
ravin	62	receleur	170	recordman	163
ravine	165	récemment	3	recorriger	328
ravioli	30	recensement	177	recoupement	73
ravissement	178	recension	215	recourir	338
ravitaillement	98	récent	73 230	recours	229
rayer	333	recéper	330	recréation	214
rayon	97	récépissé	178	récréation	214
rayonnage	97	réceptacle	225	recroître	351
rayonne	97	récepteur	264	recru	147 374
rayure	97	réception	214	recrû	374
raz	275 374	réceptionniste	214	recrudescence	180
raz(-)de(-)marée ^m	285	récession	215	recrue	220 374
razzia ^f	189	recette	14	recrutement	73
ré	72 374	receveur	170	rectangle	131
réaction	214	recevoir	340	rectangulaire	222
réactionnaire	214	rechanger	328	recteur	256
réadmettre	352	rechapage	143	rectification	214
réajustement	73	rechargeable	144	rectiligne	139
réaléser	330	recharger	328	rectitude	147
réalisateur	264	réchaud	43	recto	147
réalité	22	réchauffement	43	recto verso	42
réaménager	328	rêche	10	rectorat	230
réamorcer	327	rechute	115	rectum	163
réapparaître	348	récidive	179	reçu	179
réarranger	328	récif	179	recueil	59
réassortiment	178	récipiendaire ^m	221	recueillement	59
rébarbatif	125 265	récipient	73 230	recul	147
rebattre	352	réciprocité	179	récupération	214
rebec ^m	147	réciproque	148	récupérer	330
rebelle	14	récit	230	récurage	143
rébellion ^f	14	récital	179 278	récurrence ^f	179
reblochon	104	réclame	163	récursif	177 265
rebond	82	reclus	270	recyclage	34
rebondissement	178	réclusion	187	rédacteur	256
rebord	233	recoin	85	rédactionnel	214 260
rebours	229	récolte	42	reddition	214
rebouteux	54 275	recommandation	214	redéfaire	347
rebuffade	118	recommencer	327	rédempteur	11
rébus ^m	177	recomparaître	348	redéployer	87 334
rebut	230	récompense	81	redevance	179
recacheter	332	réconciliation	214	redevoir	341
récapitulation	214	recongeler	331	rédhibitoire	235
recarreler	331	reconnaissance	178	rédiger	328

redingote 131
redire 349
redite 115
redondance 179
redoute 115
redoux 275
redressement 14
réducteur 264
réduit 230
réécriture 22
réédition 22
réel 22 260
réélection 22
réemploi 22
réemployer 87 334
réengager 328
réensemencer 327
réessayer 333
refaire 347
réfection 214
réfectoire ᵐ 222
référé ᵐ 22
référence 179
référencer 327
referendum ⁽ᵒᵘ référendum⁾ . . . . .
. . . . 163
référentiel 199 260
référer ⁽ˢᵉ⁾ 330
reflet 13 230
refléter 330
reflex 15 275 374
réflexe 182 374
réflexion 216
reflux 182 272
reforger 328
réformateur 264
réforme 163
refoulement 73
réfractaire 222
refrain 64
réfréner 330
réfrigérateur 170
réfrigérer 330
réfringence 143
refroidissement 178
refuge 143
réfugié 143

refus 275
réfutation 214
regain 64
régal 131 278 374
régalien 63 267
regard 233
régate ᶠ 131
regeler 331
régence 179
régénérer 330
régent 73 230
reggae ⁽ʳᵉᵍᵉ⁾ ᵐ 133
régicide 143
régie 35
régime 143
régiment 73
régional 289
régisseur 256
registre 225
réglage 143
règle 225
règlement 73
réglementaire 222
réglementation 214
régler 330
réglette 14
réglisse ᶠ 178
règne 10
régner 330
regorger 328
régression 215
regret 13 230
regrettable 14
régularité 22
réhabilitation 235
réimpression 22
rein 65
réincarcérer 330
réincarnation 22
reine 12 374
reine(s)-claude(s) ᶠ 285
reine(s)-marguerite(s) ᶠ . . . .
. . . . 285
reinette 14 374
réinsérer 330
réinsertion 177
réintégration 214

réintégrer 330
réinterpréter 330
réitérer 330
reître ᵐ 225
rejet 13 230
rejeter 332
rejeton 80
rejoindre 345
rejointoyer 87 334
réjouissance 22
relâche ᶠ 1
relais 11
relance 179
relancer 327
relation 214
relativité 22
relaxation 181
relaxe 182
relayer 333
relégation 214
reléguer 330
relent 73 230
relève 10
relever 329
relief 125
religieux 54 272
religion 10
reliquaire ᵐ 148
reliquat 148 230
reliure 223
reloger 328
rem ᵐ 163
remake ⁽ʳⁱmɛk⁾ ᵐ 150
rémanence 179
remanger 328
remaniement 224
remarquable 148
remblai ᵐ 11
remblaiement 224
remblayer 333
rembourrage 170
remboursement 73
remède 10
remembrement 73
remener 329
remerciement 224
remettre 352

réminiscence 180
remise 187
rémission. 215
rémittent. 73 230
remmener. 329
remodeler 331
rémois 86 270
remonte-pente(s) **m**. . . . 285
remontoir 170
remontrance. 179
remords 229
remorqueur 148
rémoulade. 22
rémouleur. 170
remous. 229
rempailleur 98 264
rempaqueter. 332
rempart 230
rempiéter 330
remplacer 327
remplissage. 178
remployer 87 334
remuement 224
rémunération. 214
rémunérer. 330
renaissance. 178
renaître 348
rénal. 289
renard 233
rencard 233
renchérisseur 178
rencontre 225
rendement 73
rendez-vous **m**. 285
rêne **f** 10 374
renégat. 1 9
renflouement 224
renforcer 327
renfort 230
rengager 328
rengaine. 11
rengorger **(se)** 328
rengrener 329
rengréner 330
reniement 224
renifleur. 170
renne **m**. 166 374

renom 81
renommée 164
renoncer 327
renonciation. 214
renoncule **f** 147
renouveau. 44 277
renouvelable. 225
renouveler. 331
renouvellement 14
rénovateur 264
renseignement. 12
rentable. 225
rente. 72
rentier 24
rentraire. 339
rentrayer 333
rentrée. 27
renvoi. 85
renvoyer 87 334
réopérer 330
repaire **m** 11 374
repaître **(se)**. 348
reparaître. 348
réparation 214
repartager 328
repartie 35
repartir 337
répartition. 214
repas. 8 275
repassage. 178
repayer 333
repêchage 10
repeindre. 345
repentir 72
repentir **(se)** 337
repérage. 10
repercer. 327
répercussion. 215
repère. 10 374
repérer 330
répertoire 170
répéter 330
répétiteur 264
répétition 214
repincer. 327
répit 35 230
replacer 327

replet 13 263
repli 30
réplique. 148
replonger. 328
reployer. 87 334
répondant 73 230
répons **m** 229
réponse 177
report. 230
reportage. 143
reporter. 24
repos 47 275
repose-pied **m** 285
repose-tête **m** 285
repoussoir. 170
répréhensible. 235
représailles 275
répression 215
réprimande. 72
repris de justice **m** 285
reprise 187
réprobation. 214
reproche 10
reproduction. 214
reprographie. 126
reps **m** 177
reptation 214
reptile. 159
républicain 64
république. 148
répugnance. 139
répulsion 215
réputation. 214
requête 10
requiem **m** 148
requin. 148
requin pèlerin **m** 285
réquisition. 214
réquisitoire **m** 170
rescapé. 147
rescousse. 178
réseau 44 277
réséda **m** 187
resemer **(ou resemer)** 329
réséquer 330
réservation 214
réserve. 187

réservoir 170
résident 73 230 374
résidentiel 199 260
résidu 187
résignation 214
résiliation 97
résille f 98
résine 187
résineux 54 272
résistance 179
résolument 73
résolution 214
résonance 179
résorption 107
résoudre 346
respect 230
respectif 147 265
respectueux 54 272
respiration 214
respiratoire 170
responsabilité 22
resquilleur 98
ressac 147
ressaisissement 178
ressayer 333
ressemblance 72
ressemelage 178
ressemeler 331
ressemer (ou resemer) 329
ressentiment 178
ressentir 337
resserrement 14
ressort 178 230
ressortir 337
ressortissant 178 230
ressource 178
ressourcer (se) 327
ressuyer 334
restaurant 43 230
restauration 43
restitution 214
restoroute m 42
restreindre 345
restriction 214
resucer 327
résultat 1 9
résumé 22

résurgence 72
résurrection 214
retable m 225
rétablissement 178
retard 233
retardataire 221
reteindre 345
rétention 214
retentissement 178
retenue 220
réticence f 179
réticule m 147
rétif 125 265
rétine 165
retors 10
rétorsion 215
retouche 104
retour 170
retracer 327
rétractation 214
rétractile 159
retraire 339
retrait 11 230
retraite 11
retranchement 73
retransmettre 352
rétrécissement 177
rétreindre 345
rétribution 214
rétro 42
rétroactif 22 265
rétrocéder 330
rétrograde 131
rétrospective 147
retrouvailles 275
rétroviseur 187
rets m 374
réunion 140
réussite 178
revalorisation 214
revanchard 233
revanche 72
rêve 10
revêche 10
réveil 98
réveille-matin m 285
réveillon 98

révélation 214
révéler 330
revendicatif 147 265
revenu 53 374
réverbération 214
réverbère 221
réverbérer 330
révérence 179
révérend 74
révérer 330
rêverie 220
revers 275
réversible 225
revêtement 10
revêtir 337
rêveur 10 264
revient 63 230
revirement 53
révisionnel 166 260
réviviscence 180
révocation 214
révolte 41
révolu 42
révolution 214
révolutionnaire 222
revolver 170
revue 220
révulsif 177 265
révulsion 215
rewriter m 60
rez-de-chaussée 285
rhapsodie 172
rhénan 172
rhéostat m 172
rhésus m 172
rhétorique 172
rhinite 172
rhino-pharyngite(s) f . . . 285
rhinocéros 172
rhizome m 172
rhô 45 374
rhodanien 267
rhododendron 172
rhubarbe 172
rhum [ʀɔm] 172
rhumatisme 172
rhume [ʀym] 172

ria f 97
ribambelle f 72
ribonucléique 22
ribote f 115
ric-rac 285
ricanement 147
richard 233
riche 225
richesse 14
ricin 62
ricochet 13 230
rictus 177
ride 118
rideau 44 277
ridelle 14
ridicule 147
riemannien 72 267
rien 72
riesling 224
rieur 264
rififi 30
rifle m 225
rigidité 22
rigole f 131
rigolo (f : rigolote) 131
rigorisme 131
rigoureux 54 272
rigueur 132
rillettes f 98
rimailleur f 98
rime f 163
rimmel 164
rinçage 179
rince-bouche m 285
rince-bouteilles m 285
rince-doigts m 285
rincer 327
ring m 131
ripaille 98
ripolin 62
riposte f 41
riquiqui (ou rikiki) 148
rire 221
ris 35 374
risée 27
risette 14
risible 225

risotto 42
risque 148
risque-tout m 285
ristourne f 177
rite m 115
ritournelle 14
rituel 260
rituellement 14
rivage 143
rival 278
rivalité 22
riverain 64
rivet 13 230
rivetage 143
riveter 332
rivière 221
rixe f 182
riz 30 275 374
rizière 186
robe 110 374
robinet 13 230
robinetterie 14
robot 46 230
robotisation f 214
robustesse f 14
roc 147 374
rocade 147
rocaille 98
rocailleux 54 272
rocambolesque 148
roche 225
rocher 24 374
rocheux 54 272
rock 150 374
rock and roll (rock'n roll) m . . 285
rocker 150
rocking-chair m 285
rococo 147
rodage 143
rodéo 42
rôdeur 45 264
rogatoire 222
rogne 98
rognon 98
rognure f 98
rogue 132
roi 85

roitelet 13 230
rôle 45
romain 64
roman 72 374
roman m 72 374
romance 179
romancer 327
romanche m 72
romancier 24 256
romand 74 374
romanesque 148
romanichel 104
romantique 148
romantisme 72
romarin 62
rombière f 221
rompu 81
romsteck 150
ronce f 179
ronchonneur 170
rond 82
rond(s)-de-cuir m 285
rond(s)-point(s) m 285
ronde 80
rondeau 44 277 374
rondelet 13 263
rondelle 14 374
rondeur 170
rondin 62
rondo 42 374
ronéo 42
ronflement 73
ronger 328
rongeur 143
ronronnement 166
röntgen 15
roque m 148 374
roquefort 148 230
roquet 13 230
roquette f 14
rosace f 187
rosaire m 221
rosâtre 225
rosbif 125
rose 187 294
rosé 187 374
roseau 44 277

rosée. 27 374
roséole ^f. 187
roseraie 220
rosette 14
rosière 221
rosse. 178
rosserie 178
rossignol 178
rostre ^m 225
rot. 46 230 374
rôt. 45 230 374
rotary. 34
rotatif. 125 265
rotation 214
rote ^f 41 374
rôti 30 374
rôtie 30 220 374
rotin 62
rôtisserie 178
rôtisseur 170
rôtissoire 222
rotonde 80
rotor ^m 170
rotule ^f 42
roturier 24 262
rouage ^m. 143
roublard. 233
rouble ^m 225
roucoulade 147
roucoulement. 73
roue 220 374
rouelle. 14
rouerie. 220
rouet. 13 230
rouge 143
rouge(s)-gorge(s). 285
rougeâtre. 144
rougeaud 144
rougeoient. 144
rougeole. 144
rougeoyer 87 334
rouget. 13 230
rougeur 143
rouille. 98
rouissage ^m 178
roulade. 118
rouleau. 44 277

roulement 73
roulette 14
roulis 35
roulotte 116
roumi 30
round 118
roupie. 220
rouquin 148
rouspéter. 330
roussâtre 225
roussette 178
rousseur. 178
roussin. 178
routage. 143
route. 131
routier 24 262
routine. 165
routinier 24 262
roux 272 374
royalement 97
royalties ^f 97
royaume 97
royauté. 97
ru 374
ruade 118
ruban 72
rubato 42
rubéole 41
rubicond 82
rubis 35
rubrique. 148
rucher 24
rude 118
rudement 73
rudesse 14
rudimentaire 221
rudiments 275
rudoiement. 224
rudoyer 87 334
rue 220 374
ruée 27
ruelle 14
ruf(f)ian 72
rugby 34
rugbyman 34
rugissement 178
rugosité 131

rugueux 132 272
ruine. 165
ruineux 54 272
ruisseau. 54 277
ruisseler. 331
ruissellement 178
rumba ^f. 163
rumeur. 170
ruminant 73 230
rumination 214
rumsteck 163
rupestre 225
rupin. 62
rupture. 223
rural 289
ruse 187
rush 105
russe. 178
rustaud 43
rustine 177
rustique. 148
rustre 225
rut ^m 115
rutabaga ^m. 131
rythme. 34
rythmique. 34

s(c)hako. 105
s(é)ismique. 148
s(é)ismologie 22
sa 1 322 359
sa(pa)jou 281
sabayon. 97
sabbat 1 9 230
sabbatique 148
sabir 170
sable. 225
sablier 24
sablière 221
sablonneux 54 272
sabordage 143
sabot 46 230
sabotage 143
saboteur 170

sabra	1	
sabre	1	
sac	147	
saccade	149	
saccage	10	
saccager	328	
saccharine	152	
saccharose ^m	152	
sacerdoce ^m	177	
sacerdotal	177 289	
sachem	104	
sachet	13 230 375	
sacoche	41	
sacramentaire	222	
sacramental	72 289	
sacre	225	
sacrement	73	
sacrément	22	
sacrifice ^m	179	
sacrificiel	200 260	
sacrilège ^m	143	
sacripant	73 230	
sacristain	64	
sacro-iliaque(s)	259 298	
sacro-lombaire(s)	259 298	
sacro-saint(s)	257 298	
sacrum	163	
sadique	148	
sadomasochisme ^m	274	
safari ^m	30	
safran	72	
saga ^f	131	
sagace	179	
sagacité	177	
sagaie ^f	220	
sage	143	
sage(s)-femme(s)	285	
sagesse	14	
sagittaire	222	
sagouin	95	
saharien	235 267	
sahélien	235 267	
sahraoui	235	
saie ^f	220	
saignée	11	
saignement	11	
saillie	98	

sain	64 359	
saindoux	275	
sainement	11	
saint	64 230 359	
saint-honoré ^m	285	
saint-marcellin ^m	285	
saint-nectaire ^m	285	
saint-paulin ^m	285	
sainte-barbe ^f	285	
sainte-nitouche ^f	285	
sainteté	22	
saisie	220	
saisie(s)-exécution(s) ^f	285	
saisie(s)-arrêt(s) ^f	285	
saisissement	178	
saison	187	
saisonnier	24 262	
saké ^m	150	
salace	179	
salade	118	
saladier	24	
salaire	222	
salaison	11	
salamalecs ^m	147	
salamandre ^f	225	
salami	30	
salariat	1 9 230	
salaud	43	
sale	375	
salement	73	
salésien	72 267	
saleté	22	
salière	10	
saligaud	43	
salin	62	
saline	165	
salinité	22	
salique	148	
salissure	178	
salivaire	222	
salive	221	
salle	375	
salmigondis ^m	35	
salmis	35	
saloir	170	
salon	80	

saloon	51	
salopard	10	
salope	41	
salopette	14	
salpêtre ^m	225	
salpingite	62	
salsifis ^m	35	
saltimbanque	62	
salubre	225	
salubrité	22	
salut	230	
salutaire	222	
salutation	214	
salve	159	
sam(o)uraï	237	
samaritain	64	
samba ^f	72	
samovar ^m	170	
sampan(g)	74	
sana(torium)	163	
sancerre	14	
sanctification	214	
sanction	214	
sanctuaire ^m	221	
sanctus	72	
sandale	72	
sandalette	14	
sandow ^m	233	
sandwich	89	
sang	74 359	
sang-mêlé ^{m et f}	285	
sanglant	73 230	
sangle ^f	225	
sanglier	24	
sanglot	46 230	
sangria ^f	97	
sangsue ^f	74	
sanguin	132	
sanguinaire	132	
sanguine	132	
sanguinolent	132 230	
sanhédrin	235	
sanitaire	222	
sans	72 323 359	
sans-abri ^{m et f}	285	
sans-cœur ^{m et f}	285	
sans-culotte(s) ^m	285	

sans-façon ᵐ 285
sans-fil 285
sans-gêne 285
sans-logis ᵐ ᵉᵗ ᶠ 285
sans-soin ᵐ ᵉᵗ ᶠ 285
sans-souci 285
sanscrit 35 230
sanskrit 150 230
sansonnet 13 230
santal 72 289
santé 22
santon 80 359
saoudien 63 267
saoul 375
sape ᶠ 107
saperlipopette! 170
sapeur 170
sapeur(s)-pompier(s) ᵐ . . . .
. . . . 285
saphique 126
saphir ᵐ 126
sapidité 22
sapience ᶠ 72
sapin 62
sapinière 97
sapristi! 30
sarabande 72
sarbacane ᶠ 147
sarcasme ᵐ 147
sarcastique 148
sarcelle 14
sarcloir 170
sarcome ᵐ 42
sarcophage ᵐ 126
sardane ᶠ 165
sarde 118
sardine 165
sardinier 24
sardonique 148
sari ᵐ 30
sarment 73
sarrasin 187
sarrau 43 276
sarriette 14
sas 177
satané 22
satanique 148

satellisation 14
satellite ᵐ 14
satiété 181
satin 62
satinette 14
satire ᶠ 30 221 375
satirique 148 375
satisfaction 214
satisfaire 347
satisfecit ᵐ ⁱⁿᵛ 147
satrape ᵐ 115
saturation 214
saturnales ᶠ 275
saturnisme 177
satyre ᵐ 34 375
satyrique 148 375
sauce 43
saucer 327
saucière 43
saucisse 43
saucisson 43
sauf 43 265
sauf-conduit(s) ᵐ 285
sauge ᶠ 43
saugrenu 43
saule ᵐ 375
saumâtre 43
saumon 43
saumoné 43
saumure 43
sauna ᵐ 43
saupoudrage 143
saur ᵐ 41 375
sauret 13 230
saurien 63 267
saurisserie 43
saut 43 230 375
saute 43 375
saute-mouton ᵐ ˢᵍ 285
sauterelle 14
sauterie 220
sauternes ᵐ 229
sauteur 264
sautillement 98
sautoir 170
sauvage 43
sauvagement 43

sauvageon 144
sauvagerie 220
sauve-qui-peut ᵐ 298
sauvegarde 43
sauvetage 43
sauveteur 170
sauvette 43
sauveur 264
sauvignon 139
savamment 3
savane 165
savant 73 230
savarin 62
savate 115
savetier 24
saveur ᶠ 170
savoir 170
savoir-faire ᵐ 285
savoir-vivre ᵐ 285
savon 80
savonnette 221
savonneux 54 272
savoureux 54 272
savoyard 97
saxe ᵐ 182
saxhorn 235
saxifrage ᶠ 182
saxo 182
saxon 182 268
saxophone 182
saynète ᶠ 16
sbire ᵐ 221
scabreux 54 272
scalaire 222
scalène 10
scalp 147
scalpel 147
scandale 147
scandaleux 54 272
scandinave 72
scanner ⁽ˢᶜᵃⁿⁿᵉᵘʳ⁾ 170
scanographie 126
scansion 215
scaphandre ᵐ 126
scapulaire 222
scarabée ᵐ 27
scarification 214

scarlatine. 147
scarole 41
scatologie 220
sceau 44 277 375
scélérat 180 230
scellement. 180
scellés 180
scénario. 180
scène 180 359
scénique 180
scepticisme. 180
sceptique. 180 375
sceptre ᵐ 180
schéma 105
schématisation. 105
schème ᵐ. 105
scherzo 151
schilling 105
schismatique 105
schisme 105
schiste 105
schisteux 272
schizoïde 237
schizophrène 151
schizophrénie. 151
schlague ᶠ. 105
schlitte ᶠ 105
schnaps 105
schooner 105
schuss ᵐ 105
sciage. 180
sciatique 180
scie 180 359
sciemment 3
science. 180
scientifique 180
scierie 220
scieur 180 375
scintillement. 180
scion. 180 359
scission 215
scissiparité 180
sciure 180
sclérose 187
scolaire 222
scolarisation. 214
scolarité. 22

scolastique ᶠ 148
scoliose ᶠ 187
scolopendre ᶠ 225
scoop [skup] ᵐ 107
scooter [skutœʀ ; skutɛʀ] 170
scorbut ᵐ 115
score. 221
scorie ᶠ 35
scorpion. 97
scotch. 104
scout. 115 230
scoutisme 177
scrabble. 225
scraper. 170
scribe ᵐ 110
scribouillard 98
script ᶠ 115
script ᵐ. 115
scriptural. 289
scrofule ᶠ 159
scrofuleux 54
scrotum 163
scrupule. 159
scrupuleux 54 272
scrutateur 170
scrutin 62
sculpteur 170
sculpture 223
scythe. 34 180 375
se. 53 305 309 359
séance 72
séant. 73 230 359
seau 44 277 375
sébacé 177
sébile ᶠ 159
séborrhée ᶠ 235
sébum 163
sec 147 258
sécable. 225
sécant. 73 230
sécateur 170
sécession. 215
sécessionniste 178
séchage 143
sèche 10 375
sèche-cheveux ᵐ 285
sèche-linge ᵐ 285

sèchement 10
sécher 330
sécheresse. 14
séchoir. 170
second. 233
secondaire. 222
seconde 80
secourir 338
secourisme 163
secours. 229
secousse 178
secret 13 263
secrétaire 222
secrétairerie 11
secrétariat. 1 9 230
secrètement 10
sécréter 330
sécréteur. 22
sécrétion. 22
sectaire 222
sectateur 170
secte. 30
secteur. 170
section. 214
sectionnement. 73
sectoriel. 97 260
séculaire 222
séculier 24
secundo 42
sécurité 22
sédatif 22 265
sédentaire. 222
sédentarité 22
sédiment 73
sédimentaire. 222
sédimentation 214
séditieux 210 272
sédition 214
séducteur 264
séduction. 214
sefar(ad)di ⁽ᵖˡ : sefar(ad)dim⁾ . 118
segment. 131
segmentation 214
ségrégation. 131
ségrégationniste 214
ségréger. 328 330
ségréguer 330

seiche ^f	12 375	
séide ^m	22	
seigle ^m	12	
seigneur	12 375	
seigneurie	53	
sein	65 359	
seine ^f	12 359	
seing	65 359	
séisme	22	
seize	186	
séjour	142	
sel	359	
sélect	115 230	
sélectif	125 265	
sélection	214	
sélectionneur	214	
sélénium	163	
self ^f	125	
self ^m	125	
self-control ^{m sg}	285	
self-made-man ^m	285	
selle	14 359	
sellerie ^f	14 359	
sellette	14	
sellier	14 359	
selon	80	
sém(é)iotique	97	
semailles	98	
semaine	11	
semainier	11	
sémantique ^f	148	
sémaphore ^m	126	
semblable	72	
semblant	73 230	
semelle	14	
semence	179	
semer	329	
semestre	225	
semestriel	260	
semeur	170	
semi-automatique(s)	285	
semi-conducteur(s) ^m		
	285	
semi-remorque(s) ^{m ou f}		
	285	
semi-auxiliaire(s)	285	
semi-public(s) ^m	257 298	

semi-publique(s) ^f	259 298	
semi-voyelle(s) ^f	87 285	
sémillant	98 230	
séminaire ^m	221	
séminal	22 289	
séminariste	22	
semis ^m	35	
sémite	22	
sémitique	148	
semoir	170	
semonce ^f	179	
semoncer	327	
semoule	159	
sempiternel	72 260	
sénat	1 9	
sénatorial	97 289	
séné	22	
sénéchal	22 289	
sénescence	180	
sénevé ^m	22	
sénile	22	
senior	140	
senne ^f	166 359	
sens	177 359	
sensation	214	
sensationnel	166 260	
sensé	177 359	
sensément	73	
sensibilité	22	
sensiblement	73	
sensiblerie	220	
sensitif	177 265	
sensori-moteur(s) ^m	254 298	
sensori-motrice(s) ^f	259 298	
sensoriel	177 260	
sensorimoteur	177 264	
sensualité	177	
sensuel	177 260	
sente	72	
sentence	72	
sentencieux	209 272	
senteur	170	
sentier	24	
sentiment	73	
sentinelle	14	
sentir	337	
sépale ^m	159	

séparation	214	
séparatisme	22	
séparément	73	
sépia ^f	97	
sept	15 291	
septante	72	
septembre	72	
septennal	166 289	
septennat	166 230	
septentrion	97	
septentrional	97 289	
septicémie	220	
septique	148 375	
septuagénaire	222	
septuor	15	
sépulcral	147 289	
sépulcre ^m	225	
sépulture	223	
séquelle	148	
séquence ^f	148	
séquencer	327	
séquentiel	199 260	
séquestration	148	
séquestre ^m	225	
sequin	148	
séquoia ^m	97	
sérac	147	
sérail	98 279	
séraphin	126	
serbo-croate(s)	285	
serein	65 375	
sereinement	12	
sérénade	10	
sérénité	22	
séreux	54	
serf	125 359	
serge ^f	143	
sergent	73 230	
sergent(s)-chef(s) ^m	285	
sergent(s)-major(s) ^m	285	
sériciculture	177	
série	220	
sériel	97 260	
sérieux	54 272	
sérigraphie	126	
serin	62 375	
seringue	132	

simple 62
simplement............ 62
simplet............ 62 263
simplexe ᵐ............ 182
simplicité............. 62
simplification......... 214
simulacre ᵐ............ 225
simulation............. 214
simultané 22
simultanéité........... 22
simultanément........ 73
sinanthrope 117
sinapisme 177
sincère................ 10
sincèrement.......... 177
sincérité.............. 22
sine qua non.......... 252
sinécure ᶠ............. 221
singe.................. 143
singer................. 328
singerie 220
single ᵐ................ 62
singleton 62
singularité............ 22
singulier............. 22 262
sinisant 187 230
sinistré................ 22
sinistre ᵐ............. 225
sinistrement........... 73
sinistrose............. 187
sinologie 220
sinon 80
sinueux 54 272
sinuosité 22
sinus ᵐ............... 177
sinusite 187
sinusoïde ᶠ............ 237
sioniste 115
sioux ⁱⁿᵛ 233
siphon 126
siphonné 126
sire 221 359
sirène................. 10
siroc(c)o 149
sirop.................. 47
sirupeux.......... 54 272
sis 35 359

sisal ᵐ................ 187
sismique 148
sismographe ᵐ........ 126
sistre ᵐ........... 225 359
site 115 375
sitôt 45 230 375
sittelle ᶠ............... 14
situation 214
six 182 291 359
sixième 188
skaï ᵐ 237
skateboard 49
sketch ⁽ᵖˡ : sketches⁾ 104
ski 150
skieur 97 256
skif(f) 125
skipper............... 60
slalom 163
slalomeur 170
slang................. 72
slave 1
sleeping ⁽ˢˡⁱᵖⁱⁿ⁾ 36
slicer................. 327
slip 30
slogan................ 72
sloop ⁽ˢˡᵘᵖ⁾ 51
slovaque 148
slovène 10
slow 233
smala(h) ᶠ............. 233
smart 115 230
smash ᵐ 105
smicard 233
smocks ᵐ 150
smog................. 131
smoking.............. 150
snack 150
snob 41
sobrement............. 73
sobriété 22
sobriquet.......... 13 230
soc 147 375
sociabilité 177
social 177 289
social(aux)-démocrate(s) ..
.... 285
socialement 177

socialisme........... 177
sociétaire............ 222
société.............. 22
socio-professionnel(le)(s) ..
.... 260 298
sociodrame........... 177
sociogramme 177
sociologie 220
socle................. 225
socque ᵐ 152 375
socquette............. 148
socratique............ 148
soda 1
sodium.............. 163
sodomie............. 220
sœur................. 54
sofa................. 1
software ᵐ........... 221
soi.................. 85 375
soi-disant ⁽ˢᵒⁱ ⁼ ˢᵉ⁾ 298
soie 220 375
soierie 220
soif 125
soiffard.............. 125
soigneux 54 272
soin.................. 85
soir 170
soirée................ 27
soit 86 375
soixantaine 182
soixante.............. 182
soja ᵐ 142
sol.................. 375
sol-air............... 285
sol-sol............... 285
solaire 222
solarium 163
soldat............... 1 9
soldatesque.......... 148
solde ᶠ............... 118
solde ᵐ 118
soldes............... 275
sole ᶠ............ 41 375
solécisme 177
soleil............... 98
solennel......... 166 260
solennellement 166

solennité 166
solénoïde ᵐ 237
solfatare ᶠ 221
solfège ᵐ 10
solidaire 222
solidarité 22
solide 118
solidité 22
soliloque ᵐ 148
solipsisme 177
soliste 177
solitaire 222
solitude 115
solive 42
soliveau 44 277
sollicitation 214
solliciteur 170
sollicitude 160
solo 42
solstice ᵐ 179
solubilité 22
soluble 225
soluté 22
solution 214
solvabilité 22
solvant 73 230
somatique 148
sombre 81
sombrero 81
sommaire 164
sommairement 164
sommation 164 375
somme ᶠ 164
somme ᵐ 164
sommeil 98
sommelier 24
sommet 13 230
sommier 11
sommité 22
somnambule 72
somnifère ᵐ 10
somnolence 72
somnolent 73 230
somptuaire 222
somptueux 54 272
somptuosité 22
son 80 324

sonagramme 164
sonagraphe 126
sonar ᵐ 170
sonate ᶠ 115
sonatine 165
sondage 143
sonde 80
sondeur 170
songe-creux ᵐ 285
songer 328
songerie 220
songeur 170
sonnaille 98
sonnerie 220
sonnet 13 230
sonnette 14
sonneur 170
sonomètre 10
sonore 221
sonorisation 170
sonorité 22
sonothèque 117
sophisme ᵐ 126
sophistiqué 126
sophrologie 126
soporifique 148
soprano 42
sorbet 13 230
sorbetière 10
sorbier 24
sorbonnard 233
sorcellerie 14
sorcier 24 256
sordide 118
sorgho ᵐ 131
sornette 14
sort 230 375
sorte 115
sortie 220
sortilège 10
sortir 337
sosie ᵐ 221
sot 46 269 375
sottement 116
sottise 116
sotto voce 252
sou 177 281 375

soubassement 177
soubattre 352
soubresaut 230
soubrette 14
souche 104
soucheter 332
souchever 329
souci 177
soucieux 54 272
soucoupe 147
soudain 64
soudainement 10
soudaineté 10
soudard 233
soude 118
soudoyer 87 334
soudure 223
soue ᶠ 220 375
soufflage 125
souffle 125
soufflerie 125
soufflet 13 230
souffleter 332
souffleur 264
souffrance 125
souffre-douleur ᵐ 285
souffreteux 54 272
soufisme 177
soufrage 143
soufre ᵐ 221
soufrière 10
souhait 230 235
souille 98
souillon 98
souillure 98
souk ᵐ 150
soûl 233
soulagement 73
soulager 328
soûlerie 220
soulèvement 10
soulever 329
soulier 24
soumettre 352
soumission 215
soumissionnaire 178
soupape 107

soupçon............. 179
soupçonneux 179 272
soupe 107
soupente 72
souper 24
soupeser 329
soupière.............. 10
soupir............... 170
soupirail.......... 98 279
souplesse............. 14
source 179
sourcier 24
sourcil 159
sourcilleux........ 98 272
sourd 233
sourd(s)-muet(s) ᵐ 285
sourdement 73
sourdine 165
souriceau......... 44 277
souricière 10
sourire 221
souris 275
sournois.......... 86 270
sous 375
sous-alimentation ᶠ.... 285
sous-alimenté(e)(s).... 285
sous-commission(s) ᶠ .. 285
sous-développement .. 285
sous-ensemble(s) ᵐ.... 285
sous-estimation(s) ᶠ.... 285
sous-lieutenant(s) ᵐ ... 285
sous-préfecture(s) ᶠ.... 285
sous-bois ᵐ 285
sous-brigadier(s) ᵐ 285
sous-chef(s) ᵐ........ 285
sous-cutané(e)(s) 285
sous-directeur(s) ᵐ 285
sous-emploi(s) ᵐ 285
sous-employer..... 87 334
sous-entendu(s) ᵐ..... 285
sous-fifre(s) ᵐ........ 285
sous-jacent(e)(s) 285
sous-location(s) ᶠ...... 285
sous-main ᵐ 285
sous-marin(e)(s) 285
sous-multiple(s)....... 285
sous-officier(s) ᵐ 285

sous-payer 333
sous-préfet(s) ᵐ 285
sous-produit(s) ᵐ...... 285
sous-prolétariat ᵐ 285
sous-rémunérer....... 330
sous-seing ᵐ 285
sous-sol(s) ᵐ 285
sous-tension(s) ᶠ 285
sous-titrage(s) ᵐ....... 285
sous-traitance ᶠ........ 285
sous-traitant(s) ᵐ...... 285
sous-vêtement(s) ᵐ.... 285
souscripteur 170
souscription 214
soussigné............. 178
soussigné(e)(s)....... 257
soustraction 214
soustraire 339
soutane 165
soute 115
soutenance 179
soutènement 10
souteneur 170
souterrain 64
soutien............ 63 267
soutien(s)-gorge ᵐ..... 285
souvenance........... 179
souvenir.............. 170
souvent 73 230
souverain 64
souverainement....... 11
souveraineté.......... 11
soviet 230
soviétique 148
soya 97
soyeux 97 272
spacieux 54 272
spadassin............. 178
spaghetti ᵐ 14
spahi................ 235
spalter ᵐ............ 170
sparadrap 233
spartakisme 150
sparterie ᶠ 220
spartiate 181
spasme ᵐ............. 177
spatial 181 289

spatialité 181
spatio-temporel(s) 260 298
spatule ᶠ.............. 159
speaker 36
speakerine............ 36
spécial 289
spécialement 73
spécialité.............. 22
spécieux 54 272
spécification.......... 214
spécificité 22
spécifique 148
spécimen............. 163
spectacle 225
spectaculaire 222
spectateur............ 256
spectral 22 289
spectre............... 22
spectroscopie......... 220
spéculateur 256
spéculatif........ 147 265
spéculation.......... 214
spéculum............. 163
speech 36
spéléologie 220
spermatozoïde ᵐ 237
sperme............... 177
sphère ᶠ 126
sphéricité 126
sphérique 126
sphéroïde 126
sphincter 126
sphinx 126 275
spinal 177 289
spinnaker 60
spiral............. 289 375
spirale 375
spire ᶠ 221
spirite............... 115
spiritisme 177
spiritual ᵐ 159
spiritualisme.......... 177
spiritualité........... 22
spirituel 260
spiritueux 54
spiroïdal......... 237 289
spleen............... 36

splendeur 170
splendide. 72
splendidement. 73
spoliation 214
spondée **m** 27
spongieux 54 272
sponsor 177
spontané. 22
spontanéité. 22
spontanément 73
sporadique 148
spore **f** 221 375
sport. 230 375
sportif 125 265
spot. 115 230
spoutnik. 150
sprat **m** 115
spray. 16
springbok **m** 150
sprint 115 230
sprinter 60
spumeux 54
squale **m** 148
square 148
squash 105
squatter. 148
squaw. 148
squelette 148
stabilisateur 264
stabilité 22
stabulation 214
staccato. 149
stade. 177
staff 125
stage. 143
stagflation. 214
stagiaire. 222
stagnation. 214
stakhanovisme. 150
stalactite **f** 147
stalag 131
stalagmite **f** 131
stalinien. 63 267
stalle **f** 160
stance **f** 179
stand **m** 72
standard 233

standardisation 214
standing. 131
staphylococcie. 149
staphylocoque 126
star **f** 10
starlette 14
starter 235
starting-block(s) **m** 285
station 214
station(s)-service 285
stationnaire. 222
stationnement 166
statique 148
statisticien 204 267
statistique 148
stator 170
statoréacteur 170
statu quo 375
statu (quo) 148
statuaire 222
statue. 220 375
statuette 14
stature 223
statut 230 375
statutaire. 222
steak. 150
steamer 36
stéarine **f** 22
steeple. 36
steeple-chase(s) **m** 285
stèle **f** 285
stellaire 222
stencil **m** 177
sténodactylo. 34
sténographie. 126
sténose **f** 187
sténotypiste 34
stentor 170
stéphanois. 86 270
steppe **f** 14
stère **m** 10
stéréophonie 126
stéréoscope 147
stéréotype **m** 34
stérer 330
stérile 159
stérilement. 73

stérilet 13 230
stérilisation. 214
stérilité 22
sterling. 131
sterne **f** 165
sternum **m** 51
stéthoscope **m** 117
steward 89
stick 150
stigmate **m** 131
stimulation 214
stimulus **m** 177
stipulation. 214
stochastique 104
stock. 150
stock-car(s) **m** 285
stoïcien 237 267
stoïque. 237
stomacal 147 289
stomatite **f** 115
stop. 107
stoppage 108
stoppeur 170
store **m** 170
stout **m** 115
strabisme. 177
stradivarius 177
strangulation 214
strapontin 62
strasbourgeois 270
strass **m** 178
stratagème **m** 10
strate **f** 115
stratège **m** 10
stratégie. 220
stratification. 214
strato-cumulus **m** 285
stratosphère 126
stratus **m** 177
streptococcie 182
streptocoque **m** 148
streptomycine **f** 34
stress **m** 14
strict. 115 230
stricto. 285
stridence 179
strident 73 230

strie 220
strip-tease ᵐ ˢᵍ. 285
strip-teaseuse(s) ᶠ 285
stroboscope ᵐ. 147
strombolien 63 267
strontium ᵐ. 181
strophe ᶠ. 126
structural. 289
structuration 214
structure 170
strychnine ᶠ. 151
stuc. 147
studieux. 54 272
studio. 42
stupéfaction 214
stupéfait. 230
stupéfiant 73 230
stupeur 170
stupide. 118
stupidité 22
stupre ᵐ 225
style 34
stylet 34 230
styliste 34
stylisticien. 204 267
stylo 34
stylo(s)-feutre ᵐ 285
stylographe. 126
su 177
suaire ᵐ 221
suave 1
suavité 22
subalterne. 165
subconscient 180 230
subdéléguer 330
subit 35 230 375
subitement 73
subito. 42
subjectif. 15 265
subjectivité 15
subjonctif 142
sublimation. 214
sublime 163
sublunaire 222
submerger. 328
submersion. 215
subordination. 214

suborneur 170
subreptice 179
subrogatoire 222
subroger 328
subséquemment 3
subséquent 148 230
subside ᵐ 109
subsidiaire. 109
subsistance 179
subsonique 109
substance 179
substantiel 199 260
substantiellement 73
substantif 72 265
substantivation 214
substitut 230
substitution. 214
substrat ᵐ 230
subterfuge ᵐ 143
subtil 159
subtilement. 224
subtilité 22
suburbain 64
subvention 214
subversif 177 265
suc 147
succédané. 149
succéder 330
succès 149
successeur. 149
successif 149 265
succession. 215
successivement 182
successoral 182 289
succinct 66 230 375
succinctement 182
succion 182
succulent. 149 230
succursale. 149
sucer. 327
sucette 177
suçon 179
sucre. 147
sucrerie 220
sucrier 24 262
sud 118
sud-américain(e)(s) 257 298

sud-africain(e)(s). . 257 298
sud-est. 230 285
sud-ouest 230 285
sudation. 214
sudiste 115
sudorifique 148
sudoripare. 221
suédois. 86 270
suée 27
sueur 170
suffisamment 3
suffisance 187
suffisant. 73 230
suffixe 182
suffocant 73 230
suffocation 214
suffrage 143
suffragette. 14
suggérer. 330
suggestif 133 265
suggestion. 133
suggestivité 133
suicidaire. 222
suicide 177
suie ᶠ. 220
suif ᵐ. 125
suiffeux 54
suint 230
suisse 178
suite 115
sujet 13 230
sujétion 214
sulfamide ᵐ 118
sulfatage 143
sulfate ᵐ 115
sulfite ᵐ 115
sulfure ᵐ. 170
sulfureux 54 272
sulfurique 148
sulky ᵐ 34
sultan 72
sultanat 1 9
sultane 165
sumérien. 63 267
summum. 51
sunlight ᵐ. 230
sunnite. 166

super 375
superbe 170
supercherie 220
superfétatoire 222
superficie 179
superficiel 200 260
superficiellement 14
superflu 177
supérieur 170
supérieurement 224
supériorité 22
superlatif 125
superman 163
supermarché 22
supernova f 42
superposition 214
supersonique 148
superstitieux 210 272
superstition 214
superstrat 230
superstructure 170
supervision 187
suppléance 179
suppléant 73 230
supplément 73
supplémentaire 222
supplétif 108 265
supplication 214
supplice m 179
supplique f 148
support 230
supposition 214
suppositoire 222
suppôt 45 230
suppression 215
suppuration 214
supputation 214
supra 1
supranational 181 289
supraterrestre 14
suprématie 181
suprême 10
suprêmement 10
sur 375
sûr 375
sur-le-champ 285
sur-moi 285

surabondamment 3
surabondance 72
suraigu 11 266
suralimentation 214
suranné 165
surate f 115
surcharger 328
surchauffe f 125
surchoix 86
surcompensation 214
surcroît 86
surdité 22
surdoué 22
sureau 44 277 375
surélever 329
sûrement 73
surenchère 72
suréquipement 148
suret 13 230
sûreté 115
surexcitation 181
surexposition 181
surf 60
surface 179
surfacer 327
surfaire 347
surfait 11 230 375
surfin 62
surgeler 331
surgeon 144
surglacer 327
surhomme 235
surhumain 235
surin 62
surintendance 72
surjection 214
surjeter 332
surlendemain 64
surmenage 143
surmener (se) 329
surmoi 85
surmulot 46 230
surmultiplication 214
surnager 328
surnaturel 260
surnom 81
surnombre 81

surnuméraire 222
suroît 86
surpayer 333
surpeuplement 53
surplis 35
surplomb 81
surplus 229
surpopulation 214
surprise 187
surproduction 214
surprotéger 328 330
surréalisme 171
surréel 260
surrégénérateur 170
surrénal 289
sursaut 43 230
sursemer 329
surseoir 343
sursis 35
sursitaire 222
surtaxe 182
surtout 230
surveillance 98
survêtement 10
survie 35
survivance 72
survol 159
sus 177
sus-dominante(s) f . . 274 298
sus-tonique(s) f . . . 274 298
susceptibilité 180
susceptible 180
susdit 35 230
susmentionné 177
susnommé 164
suspect 230
suspens 177
suspense m 72
suspensif 72 265
suspension 215
suspicieux 209 272
suspicion 216
sustentation 214
susurrement 177
suture 223
suzerain 186
suzeraineté 11

svastika **m**. 150
svelte 115
sveltesse 14
swahili 235
sweater [switœʀ; swɛtœʀ] 36
sweat-shirt **m**. 274 298
sweepstake 36
swing 131
sybarite **f** 34
sycomore **m** 34
syllabaire **m** 34
syllabe 34
syllabique 148
syllabus 160
syllogisme 143
sylphe **m** 126
sylphide **f** 34
sylvain 64
sylvestre 34
sylvicole. 34
sylviculture. 34
symbiose 66
symbole. 66
symbolique 66
symétrie 34
symétrique 148
sympathie 66
sympathique. 117
symphonie 66
symphonique 148
symphyse **f**. 66
symposium **m** 163
symptomatique 66
symptôme. 66
synagogue **f**. 132
synapse **f** 34
synchrone 66
synchronique 151
synchronisme. 151
synclinal 66 289
syncopal 66 289
syncope. 66
syncrétisme 66
syndic. 66
syndical 66 289
syndicat. 1 9
syndrome **m**. 66

synecdoque **f**. 148
synesthésie 117
synodal 34 289
synode. 34
synonyme 34
synonymie. 34
synopsis **m ou f** 34
synoptique 148
synovie **f**. 34
syntacticien 204 267
syntactique. 66
syntagmatique 66
syntagme **m** 131
syntaxe 66
syntaxique. 148
synthèse 117
synthétique. 148
synthétiseur 66
syphilis. 126
syphilitique. 34
syriaque. 148
syrinx **m ou f**. 62
systématicien. 204 267
systématique 148
systématisation 214
système. 34
systémique 148
systole **f** 34
systolique 148

T

t 230
t(h)éorbe **m** 117
T.V.A. **(taxe à la valeur ajoutée)** . . . . .
. . . . 248
ta 1 376
tabac 233
tabagie. 220
tabatière 221
tabellion 14
tabernacle **m** 225
tablature 223
table 225
tableau. 44 277
tablée 27

tabletier. 24
tablette 14
tabletterie 14
tablier. 24
tabou 110 281
tabouret. 13 230
tabulaire 222
tabulateur 264
tabulatrice. 179
tac. 147
tache 376
tâche 2 5
tâche 376
tâcheron 80 268
tacheter. 332
tacheture 221
tachisme 151
tachycardie **f** 151
tacite 179
taciturne 179
tacle **m** 225
tacot 46 230
tact 115 230
tacticien. 204 267
tactile 159
tactique 148
tænia **m**. 15
taffetas. 229
tafia **m** 1
tagliatelles **f pl** 275
tahitien 205 267
taïaut ! 237
taie 11 220 376
taïga 237
taille 98
taille(s)-douce(s) **f**. 285
taille-crayon(s) **m** 285
tailleur 98
taillis. 98
tain 64
taiseux 54
talc 147
talent 73 230
talentueux. 54 272
talion 97
talisman. 72
talkie(s)-walkie(s) **m**. . . . 285

talmud 131
talmudique 148
taloche 225
talon 80
talonnade 166
talonnette 14
talonneur 170
talus 229
tam(s)-tam(s) ᵐ 285
tamanoir 170
tamarin 62
tamaris 177
tambouille 98
tambour 72
tambour(s)-major(s) ᵐ . 285
tambourin 62
tamis 35
tampon 72
tamponnement 73
tamponnoir 72
tan 72 376
tan(n)in 62
tancer 327
tanche 72
tandem ᵐ 72
tandis 35
tandis que 148
tangage 143
tangence 72
tangentiel 199 260
tangibilité 22
tango 42
tangon 80
tanière 97
tank 150
tanker 170
tannage 166
tannerie 166
tanneur 166
tant 73 230 376
tant mieux 73
tante 72 376
tantième 10
tantinet 13 230
tantôt 230
tao 42
taoïsme 237

taon 1 376
tapage 143
tapager 328
tapageur 170
tape 107
tape-à-l'œil 285
tapecul 233
tapinois 86
tapioca 147
tapir 170
tapis 35 376
tapis-brosse(s) ᵐ 285
tapisserie 178
taque ᶠ 148
taquet 13 230
taquin 62
taquinerie 220
taratata ! 1
taraud 43 376
tard 376
tardif 125 265
taré 22
tare ᶠ 221 376
tarentelle 14
tarentule ᶠ 72
targette 14
targui 132
targum 51
tarière 221
tarif 125
tarifaire 222
tarification 214
tarissement 178
tarot 46 230 376
tarse ᵐ 177
tartan 72
tartare 221
tarte 115
tartelette 14
tartine 165
tartre ᵐ 225
tartreux 54 272
tartuf(f)e 125
tas 1 229 376
tasse 178
tasseau 44 277
tassement 178

taste-vin ᵐ 285
tatar 170
tatillon 98
tâtonnement 166
tâtons 275
tatouage 143
taudis 35
taule 43 376
taupe 43 376
taupinière 97
taureau 44 277
taurillon 98
tauromachie 220
tautologie 220
taux 43 275 376
tavelure 221
taverne 165
tavernier 24
taxation 181
taxe 182
taxi 182
taxidermie 220
taxinomie 220
taxiphone 126
taxonomie 182
tayaut ! 97
taylorisme 16
tchador 104
tchèque 104
te 53
te(c)k 150
té ᵐ 22 376
team 36
technicien 151 267
technicité 151
technicolor 151
technocratie 181
technologie 151
teckel 150
tectonique 148
tee-shirt(s) ⁽ᵒᵘ T-shirt(s)⁾ ᵐ . . . . .
. . . . 285
téflon ᵐ 80
tégument 131
teigne ᶠ 12
teigneux 139 272
teindre 345

teint 65 230 376
teinture 65
teinturier 24 256
tel 376
télé 22
télé-communication ....
.... 214 285
télé-enseignement 285
télécommande 164
téléférique 148
télégramme 164
télégraphe 126
téléguidage 132
téléinformatique f 382
télématique 148
télémètre 225
télémétrer 330
téléobjectif 15
télépathie 117
téléphérique 126
téléphone 126
téléphonique 148
télescope 107
télescopique 148
téléscripteur 170
télésiège 143
téléspectateur 256
téléviseur 170
télévisuel 187 260
télex 182 275
tell 14 376
tellement 14
tellurique 148
téméraire 222
témérité 22
témoignage 139
témoin 93
tempe 72
tempera f 72
tempérament 73
tempérance 72
température 72
tempérer 330
tempête 72
tempétueux 54 272
temple 72
tempo 72

temporaire 72
temporal 72 289
temporalité 72
temporel 72 260
temporisation 214
temps 72 376
tenable 225
tenace 179
ténacité 22
tenaille f 98
tenancier 24 256
tendance 72
tendanciel 200 260
tendancieux 209 272
tender 60
tendeur 58
tendinite 72
tendon 72
tendre 225
tendresse 14
tendron 80
ténèbres f 275
ténébreux 54 272
teneur 58
ténia m 140
tennis 166
tennisman 166
tenon 80
ténor 170
tension 215
tensoriel 97 260
tentaculaire 11
tentacule m 72
tentateur 72 264
tentation 214
tentative 72
tente 72 376
tenture 72
ténu 22
tenue 233
ter 376
tératogène 10
tercet 13 230
térébenthine f 117
tergal 131 289
tergiversation 214
terme 163 376

terminaison 187
terminal 289
terminologie 220
terminus 177
termite m 115 376
termitière 10
ternaire 11
terne 165
ternissure 178
terrain 14
terrasse 14
terrassement 14
terre 14 376
terre(-)à(-)terre 285
terre-neuvas m 285
terre-plein(s) m 285
terreau 44 277
terrestre 14
terreur 14
terreux 54 272
terri(l) 14
terrible 14
terrien 63 267
terrine 14
territoire 222
territorial 14 289
territorialité 14
terroir 170
terrorisme 14
tertiaire 195
tertio 181
tertre 225
tes pl 25
tessiture f 178
tesson 178
test 115 230
testament 73
testamentaire 222
testateur 58
testicule m 147
testimonial 15 289
testostérone f 274
têt 10 230 376
tétanos 177
têtard 233
tête 10
tête-à-queue m 285

tête-à-tête ^m 285
tête-bêche 285
tétée 27
téter 330
tétine 165
téton 80
tétraèdre ^m 225
tétras 22
tette ^f 14
têtu 10
teuton 53
teutonique 53
texte 115
textile 115
textuel 260
texture 115
thaï 237
thalamus 117
thalassothérapie 117
thaler ^m 117
thalidomide ^f 117
thalle ^m 117 376
thanatologie 117
thaumaturge 43
thé 22 376
théâtral 117 289
théâtre 117
thébaïde 237
théier 24
théière 117
théiste 117
thématique 148
thème 117
théocratie 181
théodicée ^f 117
théodolite ^m 117
théogonie 117
théologal 117 289
théologien 63 267
théorème 117
théorétique 148
théoricien 63 267
théorie 117
théorique 148
théosophe 126
thérapeute 53
thérapeutique 53

thérapie 117
thermal 117 289
thermes ^m 117 376
thermie 117
thermique 148
thermodynamique 117
thermomètre 117
thermonucléaire 117
thermos ^{m ou f} 117
thermostat 1 9
thésaurisation ^f 43
thesaurus 43
thèse 117
thêta 117
thibaude ^f 43
thon 117 376
thonier 117
thora ^{(ou torah) f} 117
thorax 182 275
thrène ^m 117
thriller 60
thrombose ^f 117
thuriféraire 117
thuya ^m 97
thym 66 376
thymus ^m 117
thyroïde 237
tiare ^f 170
tibia ^m 97
tic 147 376
ticket 150 230
tiède 10
tiédeur 170
tien 63
tiercé 179
tierce ^f 179
tiercer 327
tiers ^(f : tierce) 273
tiers-temps ^{m sg} 285
tige 143
tignasse 139
tigre 225
tigresse 14
tilbury 34
tilde ^m 115
tilleul 98
tilt ^m 115

timbale 62
timbre 62
timbre(s)-amende(s) ^m . 285
timbre(s)-poste ^m 285
timide 115
timidité 22
timon 80
timonerie 220
timoré 22
tinette 14
tintamarre 62
tintement 73
tintouin 62
tique ^f 148 376
tir 376
tirade 115
tirage 143
tiraillement 98
tirailleur 98
tire ^f 221 376
tire-au-flanc ^m 285
tire-bouchon(s) ^m 285
tire-d'aile ^(a) 285
tire-fesse(s) ^m 285
tire-fond ^m 285
tire-lait ^m 285
tire-veille ^m 285
tirelire ^f 221
tiret 10 230
tirette 14
tireur 58 256
tiroir 170
tiroir(s)-caisse(s) ^m 285
tisane 187
tison 187
tisonnier 24
tissage 178
tisserand 74
tissu 178
titan 72
titane ^m 163
titanesque 148
titre 225
titulaire 222
toast ^m 49
toboggan 72
toc 147 376

tocard............... 233
toccata **f**.............. 182
tocsin................ 62
toge **f**................ 143
tohu-bohu **m sg**........ 285
toi................ 85 376
toile 85
toilettage.............. 14
toilette................ 14
toise **f**................ 187
toison................ 187
toit 86 376
toiture 223
tôle **f**.............. 45 376
tolérance.............. 72
tolérer 330
tôlerie................ 220
tôlier.................. 24
tollé 22
toluène **m**............ 10
tom(m)ette............ 14
tomahawk............ 235
tomate............... 115
tombal........... 81 289
tombe................ 81
tombeau 44 277
tombée 81
tombereau........ 44 277
tombola **f**.............. 81
tome **m**......... 41 376
tomme **f**.......... 164 376
tommy **m (pl : tommies)** 34
tomographie.......... 126
ton 80 376
tonal................ 159
tonalité 22
tondeur 264
tonicité 22
tonique 148
tonne 166
tonneau.......... 44 277
tonnelet.......... 13 230
tonnelle 14
tonnellerie............. 14
tonnerre 14
tonsure............... 177
tonte................. 80

tonus 177
top 107 376
topaze **f** 186
tope!............ 107 376
topinambour **m**........ 72
topique.............. 148
topo **m**................ 42
topographie 126
topologie............. 220
toponyme 34
toponymie............ 34
toquade 148
toquante 148
toquard 148
toque 148 376
torah **f**............... 233
torche............... 221
torchère.............. 10
torchis 35
torchon 80
tord-boyaux **m**..... 87 285
tore **m** 376
toréador 170
torero................ 42
torgnole............. 139
toril **m** 159
tornade 41
toron................ 80
torpédo 41
torpeur.............. 170
torpille 98
torpilleur 98
torréfaction.......... 214
torrent 73 230
torrentiel........ 199 260
torride 376
tors 376
torsade.............. 177
torse **m** 41
torsion 215
tort 230 376
torticolis 35
tortillard 98
tortionnaire 181
tortue............... 41
tortueux.......... 54 272
torture 223

torve................. 41
tory **(pl : tories)** 34
tôt........... 45 230 376
total 278 289
totalement 73
totalisateur 58
totalitaire............. 11
totalité 22
totem 163
totémique 148
toton................. 80
touareg.............. 131
toubib................ 110
toucan 72
touche 225
touche-à-tout..... 230 285
toue **f** 220
touffe 125
touffu 125
toujours............... 229
toundra **f** 1
toupet 13 230
toupie................ 35
touque **f** 148
tour **f**................. 376
tour **m** 376
tourangeau 44 277
tourbe **f**............... 110
tourbeux 54 272
tourbier 24
tourbillon............. 98
tourbillonnement 98
tourelle 14
touret 13 230
tourie **f** 220
tourillon.............. 98
tourisme 187
touristique 148
tourmaline **f** 163
tourment............. 73
tourmente............ 72
tourmentin 62
tourne-disque(s) **m**..... 285
tournebroche **m** 225
tournedos **m** 229
tournée 27
tournemain........... 64

tournesol 177
tourneur 170
tournevis 177
tourniquet 148 230
tournis ^m 177
tournoi 85 376
tournoiement 224
tournoyer 87 334
tournure 223
tourte 115
tourteau 44 277
tourtereau 44 277
tourterelle 14
tourtière 97
tous ^m ^pl 177 325
toussotement 178
tout 230 325
tout à coup 115
tout à fait 230
tout à l'heure 115
tout de suite 115
tout-à-l'égout ^m 285
tout-fou(s) 298
tout-petit(s) 285
tout-puissant(s) 298
tout-venant ^m ^sg 285
toute-puissance ^f 285
toutefois 86
toutes ^f ^pl 115
toutou 115 281
toux 275
toxicomane 182
toxine ^f 182
toxique 182
trac 147 376
traçage 179
tracas 1 8
tracasserie 178
trace 179
tracer 327
traceur 179
trachée 27
trachée(s)-artère(s) ^f . . . 285
trachéite ^f 151
trachome 151
traçoir 179
tract 115 230

tractation 214
tracteur 170
traction 214
tradition 214
traditionaliste 181
traditionnel 181 260
traditionnellement 73
traducteur 256
traduction 214
traduisible 187
trafic 147
tragédie 35
tragédien 63 267
tragi-comédie(s) ^f 285
tragi-comique(s) 285
tragiquement 148
trahison 235
train 64 376
train-train 285
traînard 233
traîne 11
traîne-misère 285
traîne-savates 285
traîneau 11 277
traînée 27
traîneur 170
training 131
traire 339
trait 11 230 376
traite 11
traité 22
traitement 11
traiteur 170
traître 11
traîtresse 14
traîtreusement 53
traîtrise 187
trajectoire ^f 222
trajet 13 230
tralala ^m 1
tram ^m 163 376
trame ^f 163 376
tramontane ^f 80
tramway 16
tranche 72
tranchée ^f 27
tranchet ^m 11

tranchoir 170
tranquille 160
tranquillement 148
tranquillité 160
transaction 214
transactionnel 187 260
transafricain 64
transalpin 62
transat ^f 115
transat ^m 115
transatlantique 148
transbordeur 170
transcendance 180
transcendantal 180 289
transcontinental . . 147 289
transcripteur 170
transcription 214
transe ^f 72
transept ^m 115
transférer 330
transfert ^m 230
transfiguration 214
transformateur 170
transformation 214
transformationnel 260
transfuge 143
transfusion 187
transgression 215
transhumance 235
transi 72
transiger 328
transistor 72
transit 115 230
transitaire 222
transitif 72 265
transition 214
transitoire 222
translatif 72 265
translation 214
translit(t)ération 214
translittérer 330
translucide 177
translucidité 22
transmetteur 14
transmettre 352
transmissibilité 178
transmission 215

transocéanique 148
transparaître 348
transparence 72
transparent 73 230
transpercer 327
transpiration 214
transplant 73 230
transplantation 214
transport 230
transporteur 170
transposition 214
transsaharien 235 267
transsibérien 63 267
transsubstantiation 181
transvasement 187
transversal 177 289
transversalement 73
trapèze ᵐ 186
trapéziste 186
trapézoïdal 289
trappe 108
trappeur 170
trappiste 108
trapu 107
traque ᶠ 148 376
traquenard 148
traqueur 148
trattoria ᶠ 97
traumatisme ᵐ 43
traumatologie 43
travail 98 279
travailleur 98 264
travailliste 98
travée ᶠ 27
travel(l)ing ᵐ 224
travers ᵐ 229
traverse 177
traversée 27
traversier 24
traversin 62
travestissement 73
traviole 42
trayeur 97
trébuchet 13 230
tréfilage 143
tréfilerie 220
trèfle ᵐ 10

tréfonds ᵐ 229
treillage 98
treillager 328
treille 98
treillis 98
treize 186
treizième 12
treizièmement 186
trekking 150
tréma ᵐ 22
tremble ᵐ 72
tremblement 73
tremblote 72
tremblotement 73
trémie ᶠ 35
trémolo 22
trémoussement 178
trempage 72
trempe ᶠ 72 376
trempette 14
tremplin 72
trench-coat(s) ᵐ 285
trentaine 11
trente 72
trente et un ⁽ˢᵘʳ ˢᵒⁿ⁾ 115
trente-et-quarante ᵐ ... 285
trépan 72 376
trépanation 214
trépas 1 8
trépidation 214
trépied 25
trépignement 139
très 10 376
trésor 170
trésorerie 35
trésorier 24 256
tressage 14
tressaillement 98
tresse 14
tréteau 44 277
treuil ᵐ 98
trêve 10
tri 30
triade 97
triage 97
trial ᵐ 97
triangle 97

triangulaire 222
triangulation 214
triathlon 117
triatomique 148
tribal 376
tribalisme 163
tribord 233
tribu ᶠ 110 376
tribulation .... -214
tribun 67
tribunal 278
tribune 165
tribut ᵐ 376
tributaire 222
tricentenaire 179
tricéphale 126
triceps ᵐ 177
triche ᶠ 225
tricherie 35
tricheur 170
trichromie 151
trick ᵐ 150 376
tricolore 221
tricorne 165
tricot 46 230
tricoteur 256
tricycle ᵐ 34
trident ᵐ 73
tridimensionnel ... 215 260
trièdre ᶠ 225
triennal 166 289
trière 10
trieur 170
triforium 163
trigonométrie 35
trilatéral 289
trilingue 132
trille ᵐ 98
trillion 98
trilogie 35
trimaran 72
trimardeur 170
trimbal(l)age 62
trimestriel 260
trimmer 60
trimoteur 170
tringle 62

trinitaire	222	
trinité	22	
trinitrotoluène	10	
trinôme	45	
trinquet	148 230	
trio	42	
triomphal	81 289	
triomphalement	126	
triomphateur	81 264	
triomphe ᵐ	81	
trip ᵐ	107	
tripaille	98	
tripartite	115	
tripartition	214	
tripatouillage	98	
tripatouilleur	98	
tripe	107	
triperie	220	
tripette	14	
triphasé	126	
tripier	24	
triplace	179	
triple	225	
triplement	73	
triplés	275	
triplette	14	
triplex	15	
tripode	41	
triporteur	170	
tripot	46 230	
tripotage	143	
triptyque ᵐ	34	
trique ᶠ	148 376	
trirème ᶠ	10	
trisaïeul (pl en -ieuls ou -ieux)		
	237 282	
trisannuel	166 260	
triste	115	
tristesse	14	
triton	80	
trituration	214	
triumvirat	230	
trivalent	73 230	
trivial	289	
trivialement	73	
trivialité	22	
troc	147 376	

trocart	230	
troène ᵐ	10	
troglodyte ᵐ	34	
troglodytique	34	
trogne ᶠ	139	
trognon	139	
troïka ᶠ	237	
trois	86 291	
trois-mâts ᵐ	285	
trois-quarts ᵐ	285	
troisième	10	
troisièmement	73	
troll ᵐ	376	
trolley	16	
trolleybus	16	
trombe ᶠ	81	
trombine	81 376	
tromblon	81	
trombone ᵐ	81	
trompe	81	
trompe-l'œil ᵐ	285	
trompe-la-mort	230 285	
tromperie	35	
trompeter	332	
trompette ᶠ	14	
trompette ᵐ	14	
trompettiste	81	
trompeur	264	
trompeusement	53	
tronc	82	
tronçon	179	
tronçonnage	179	
tronçonneuse	53	
trône	45	
trop	47 376	
trop-perçu(s) ᵐ	285	
trop-plein(s) ᵐ	285	
trope ᵐ	41	
trophée ᵐ	126	
tropical	147 289	
tropique ᵐ	148	
tropisme ᵐ	163	
troquet	13 230	
trot	46 230 376	
trotskiste	150	
trotte	116	
trotteur	170	

trottinette	14	
trottoir	170	
trou	115 281	
troubadour	170	
trouble	225	
trouble-fête	285	
trouée	27	
troufion	80	
trouille	98	
troupe	107	
troupeau	44 277	
troupier	24	
troussage	178	
trousse	178	
trousseau	44 277	
trouvaille	98	
trouvère ᵐ	221	
troyen	97	
truand	74	
truanderie	35	
trublion	80	
truc	147 376	
trucage	147	
truck	150 376	
truculence	72	
truculent	73 230	
truelle	14	
truffe	125	
truffier	24 262	
truie	220	
truisme ᵐ	163	
truite	115	
trumeau	44 277	
truquage	148	
truqueur	148 264	
trusquin	148	
trust [trœst]	60	
trusteur	60	
tsar	170	
tsarine	165	
tsigane	165	
tu	115	
tub	60	
tuba ᵐ	1	
tube	110	
tubercule ᵐ	147	
tuberculeux	54 272	

tuberculine [f] 147
tuberculose 187
tubulaire 222
tubuleux 54
tubulure 223
tudesque 15
tue-mouche(s) [m] 285
tue-tête [(a)] 285
tuerie 220
tueur 264
tuf 125
tuile 159
tuilerie 35
tulipe 107
tulle [m] 160
tuméfaction 214
tumescence 180
tumescent 180 230
tumeur 170
tumoral 289
tumulaire 222
tumulte 115
tumultueux 54 272
tumulus 177
tuner [m] 15
tungstène [m] 67
tunique 148
tunisien 63 267
tunnel 159
turban 72
turbin 62
turbine 165
turbo 42 376
turbocompresseur 14
turbopropulseur 170
turboréacteur 170
turbot 46 230 376
turbotière 221
turbulence 72
turbulent 73 230
turc 147
turf 60
turfiste 60
turgescent 180 230
turlututu! 115
turne [f] 165
turpitude 30

turquerie 148
turquoise 148
tussor(e) [m] 178
tutélaire 222
tutelle 14
tuteur 264
tutoiement 224
tutoyer 87 334
tutti quanti 30
tutti [inv] 116
tutu 115
tuyau 97 276
tuyautage 97
tuyauterie 97
tuyère 97
tweed [m] 36
tweeter 36
twist 36 230
tympan 66
tympanon 66
type 34
typhoïde 237
typhon 126
typhus 126
typique 34
typiquement 34
typographe 34
typologie 34
tyran 34 376
tyranneau 44 277
tyrannicide 30
tyrannie 30
tyrannique 148
tyrolien 72 267
tzar 72
tzigane 72

U

ubac [m] 147
ubiquité 148
ubuesque 148
ukase [m] 150
ulcération [f] 214
ulcère [m] 10
ulcérer 330

ulcéreux 54 272
ultérieur 170
ultimatum 163
ultime 163
ultra 1
ultra-chic(s) 286 298
ultra-court(s) 286 298
ultramoderne 42
ultrason 177
ultraviolet 13 263
ululement 73
un 67
unanime 163
unanimement 73
unanimité 22
underground
[œndœrɡraud; œ̃dɛrɡr(a)und] ... 60
une 165 364
uni 30
unicellulaire 14
unicité 22
unidirectionnel 214 260
unification 214
uniformément 73
uniformité 22
unilatéralement 73
unilingue 132
uniment 73
union 140
unionisme 140
unipare 221
unique 148
uniquement 148
unisson 178
unitaire 222
unité 22
univers 229
universalité 22
universaux 231
universel 260
universitaire 222
université 22
univocité 179
univoque 148
uppercut [m] 115
upsilon [m] 80
uranifère 10

uranium 163
urbain 64
urbanisme 163
urbanité 22
urbi et orbi 252
urée ^f 27
uretère ^m 221
urètre ^m 225
urgence 72
urger 328
urinaire 222
urinoir 170
urique 148
urne ^f 165
urologie 220
urticaire ^f 11
uruguayen 97
us ^m 177
usage 187
usinage 187
usité 22
ustensile 177
usuel 187 260
usufruit 230
usuraire 222
usurpateur 264
usurpation 214
ut 115 230 364
utéro-vaginal ^(pl en -aux) . . 298
utérus ^m 177
utilement 73
utilisateur 264
utilité 22
utopie 220
uvulaire 222
uvule ^f 159

v(')lan ! 72
va-et-vient ^(m inv) 285
va-nu-pieds 285
va-t-en-guerre ^m 285
va-tout ^m 285
va-vite ^(à la) 285
vacance 72

vacancier 24 262
vacant 73 230
vacarme 147
vacataire 222
vacation 214
vaccin 182
vaccination 181
vache 221
vacher 24
vacherin 62
vachette 14
vacillement 98
vacuité 22
vadrouille 98
vagabond 82
vagabondage 143
vagin 62
vaginal 289
vague 132
vague à l'âme ^m 285
vaguelette 132
vaguemestre 132
vahiné ^f 235
vaillamment 3
vaillance 98
vaillant 98 230
vaille que vaille 148
vain 64 377
vaincre 344
vainement 11
vainqueur 148
vair 11 377
vairon 11
vaisseau 44 277
vaisselier 24
vaisselle 14
val ^(pl vals et vaux) 278
valablement 73
valence ^f 72
valériane ^f 97
valet 13 230 377
valeter 332
valétudinaire 222
valeur 170
valeureux 54 272
valide 159
valise 187

vallée 27 377
vallon 80
vallonné 166
vallonnement 166
valorisation 214
valse 177
valve 159
vamp ^f 72
vampire ^m 72
van 72 377
vanadium 53
vandale 72
vanille 98
vanilline 98
vanité 115
vaniteux 54 272
vannage 143
vanne 166
vanneau 44 277
vannerie 35
vantail ^m 72 377
vantard 233
vapeur 170
vaporeux 54 272
vaporisation 214
var 170
varan 72 377
varappe ^f 108
varech 151
vareuse 53
variance 72
variante 72
variation 214
varice 179
varicelle 14
variété 22
variole 41
variqueux 148 272
varlope ^f 41
vasculaire 147
vase 187
vasectomie 35
vaseline 187
vaseux 54 272
vasistas ^m 54
vasoconstricteur(s) ^m . . 285
vasodilatateur(s) ^m 285

vasodilatation(s) **f** 285
vasque **f** 148
vassal 178 278
vassalité.............. 22
vaste 177
vaticination.......... 214
vau-l'eau **(a)** 43 285 377
vaudeville **m**........... 98
vaudevillesque 98
vaudou 43 281
vaurien............... 63
vautour 43
veau 44 277 377
vecteur............... 15
vectoriel.......... 15 260
vedettariat 14 230
vedette............... 14
védique 148
végétal 278
végétarien......... 63 267
végétatif........ 125 265
végéter............. 330
véhémence 235
veille................. 98
veillée............... 98
veilleur........... 98 256
veilleuse............. 98
veinard.............. 12
veine............. 12 377
veineux 12 272
veinule.............. 12
vêlage............... 10
vélaire 222
veld(t) **m**............. 115
vélin................ 62
velléitaire............ 22
velléité.............. 22
vélo................. 42
véloce............... 41
vélocité 22
vélodrome............ 42
velours............. 229
velouté............. 22
velu................. 53
velum.............. 163
venaison 11
vénal............... 289

vénalité 22
vendanger........... 328
vendangeur.......... 256
vendetta **f**............. 14
vendeur............. 170
venelle **f**.............. 14
vénéneux.......... 54 272
vénérer 330
vénérien 63 267
veneur 170
vénézuélien....... 186 267
vengeance........... 144
venger 328
vengeur 170
véniel 140 260
venimeux.......... 54 272
venin 62
vénitien 205 267
vent 73 230 377
vente 72
venteux 54 272
ventilateur........... 170
ventilation........... 214
ventouse 187
ventral 72 289
ventre............... 221
ventricule **m**.......... 147
ventriloque 148
ventripotent 73 230
venue 220 377
vêpres **f**.............. 275
ver................. 377
véracité 22
véranda 72
verbal.............. 289
verbeux 54 272
verbiage 143
verbiager 328
verdâtre............ 225
verdeur 170
verdict 115 230
verdoyer 87 334
verdure 223
véreux 54 272
vergé............. 22 377
verge **f**.............. 143
verger............ 24 377

vergeture **f**........... 143
verglacé............. 131
verglacer 327
verglas 1 8
vergogne **f**............. 41
véridique............ 148
vérificateur 170
vérification 214
vérin................ 62
vérisme 53
véritable 225
vérité 22
verlan............... 72
vermeil........... 98 261
vermicelle **m** 14
vermifuge 143
vermillon............ 98
vermine 163
vermisseau 44 277
vermoulu............ 170
vermout(h) 117
vernaculaire 222
verni............. 30 377
vernis 35 377
vernissage 178
vérole 41
verrat 14 230
verre............. 14 377
verrière 14
verroterie 14
verrou 14 281
verrouillage........... 98
verrue 220
vers................ 377
versant........... 73 230
versatile............. 177
versatilité 22
versement........... 73
verset 13 230
versificateur 170
version............. 215
verso................ 42
vert.......... 230 294 377
vert-de-gris **m** 285
vertébré............. 22
vertèbre **f**........... 225
vertical.......... 147 289

verticalement 73
verticalité 22
vertigineux 54 272
vertu 115
vertueux 54 272
verve **f** 221
verveine 12
vésicule **f** 187
vespa 177
vespéral 177 289
vesse(s)-de-loup **f** 285
vesse **f** 14
vessie 14
vestale **f** 177
vestiaire **m** 221
vestibule **m** 177
vestige **m** 143
vestimentaire 222
vêtement 73
vétéran 72
vétérinaire 222
vétille **f** 98
vêtir 337
veto 42
vétuste 177
vétusté 22
veuf 53 265
veule 58
veulerie 58
veuvage 53
vexation 15
vexatoire 15
viabilité 22
viable 225
viaduc 147
viager 24
viande 72
viatique **m** 148
vibraphone 126
vibration 214
vibrato 42
vibrion 97
vibrisse **f** 178
vicaire **m** 221
vicariat 97 230
vice 179 377
vice versa 177 179

vice-amiral(aux) **m** 285
vice-présidence(s) **f** 285
vice-président(s) **m** 285
vicieux 54 272
vicinal 179 289
vicissitude 178
vicomte 81
victime 163
victoire 222
victorieux 54 272
victuailles **f** 98
vidange 72
vidanger 328
vide 118
vide-ordures **m** 285
vide-poches **m** 285
vidéo 42
vidéocassette 14
videur 264
vie 35
vieil 98 261
vieillard 98
vieillesse 98
vieillissement 98
vieillot 98 269
vielle 14
vierge 143
vieux 54 273
vif 125 265
vif-argent **m sg** 285
vigie 35
vigilance 72
vigile 143
vigne 139
vigneron 139
vignette 139
vignoble 139
vigogne **f** 131
vigoureux 54 272
vigueur 132
viking 150
vil 377
vilain 64
vilebrequin 148
vilenie 35
villa 160
villageois 86 270

ville 377
ville(s)-dortoir(s) **f** 285
villégiature 143
vin 62 377
vinaigrette 14
vindicatif 62 265
vindicte **f** 62
vineux 54 272
vingt 62 230 377
vingtaine 221
vinicole 147
vinylique 34
viol **m** 41 377
violacé 42
violacer 327
violation 214
viole **f** 41 377
violemment 3
violence 72
violent 73 230
violet 13 263
violeter 332
violette 14
violon 80
violoncelle 14
vipère 10
virage 143
virago **f** 131
viral 289
virée 27
virginal 289
virginité 22
virgule 131
viril 159
virilement 73
virilité 22
virole **f** 41
virologie 35
virtualité 22
virtuel 260
virtuellement 14
virtuosité 22
virulence 72
virus 177
vis 177 377
vis-à-vis 285
visa 187

visage 143
viscéral 180 289
viscère ᵐ 180
viscosité 22
visée 27 377
viseur 170
visibilité 22
visière 10
vision 80
visionnaire 222
visite 187
visiteur 264
vison 187
visqueux 148 272
visserie 178
visuel 187 260
vitalité 22
vitamine ᶠ 30
vite 30
vitesse 14
viticole 98
vitrail 98 279
vitreux 54
vitrification 214
vitrine 30
vitriol 97
vitupération 214
vitupérer 330
vivace 179
vivacité 22
vivarium 51
vivement 73
viveur 170
vivipare 221
vivisection 214
vivoir 170
vivres ᵐ 275
vivrier 24
vizir 186
vocable 225
vocabulaire 222
vocal 147 289
vocalique 148
vocalisateur 170
vocatif 147
vocation 214
vocifération 214

vociférer 330
vocodeur 170
vodka ᶠ 150
vœu 59
vogue 132
voici 179
voie 86 377
voilà 2
voile 85
voilette 14
voilier 24
voilure 223
voire 222
voirie 35
voisinage 187
voiture 223
voiture(s)-restaurant(s) ᶠ . . .
. . . . 285
voiture(s)-bar(s) ᶠ 285
voix 86 275 377
vol 41 377
volage 143
volaille 98
volant 73 230
volatil 42 377
volatile ᵐ 377
volcan 72
volcanique 148
volcanologue 132
volée ᶠ 27
volet ᵐ 11
voleter 332
voleur 170
volière 221
voliger 328
volition 214
volley 16
volley-ball 285
volleyer 335
volleyeur 97 264
volontaire 222
volontariat 1 9 230
volonté 22
volontiers 229
volt ᵐ 115 377
voltaïque 237
voltamètre 225

voltampère 72
volte ᶠ 41 377
volte-face ᶠ 285
voltige ᶠ 143
voltiger 328
volubile 30
volubilité 22
volume 42
volupté 22
voluptueux 54 272
volute ᶠ 42
vomitif 42 265
voracement 73
voracité 22
vos ᵖˡ 42 377
vosgien 267
vote 41
votif 42 265
votre 41 377
vôtre 45 377
vous 229
vousoyer 87 334
voussoyer 87 334
voussure 178
voûte 115
voûté 22
vouvoiement 224
vouvoyer 87 334
vox populi ᶠ 285
voyage 97
voyager 87 328
voyageur 97 264
voyance 97
voyelle 97
voyeur 97 264
voyou 97 281
vrac 147
vrai 11
vraiment 11
vraisemblance 72
vrille 98
vrombissant 81 230
vu que 148
vue 377
vulcanisation 214
vulgaire 131
vulgarisation 214

vulgarité. 22
vulnérabilité 22
vulnérable 225
vulnéraire 222
vulve f. 159
vumètre 225

wagnérien 63 267
wagon(s)-citerne(s) m. . 285
wagon(s)-restaurant(s) m . . .
. . . . 285
wagon(s)-bar(s) m 285
wagon(s)-lit(s) m. 285
wagonnet. 13 230
walkman m. 89
wallon 80
wapiti m 30
wassingue f 132
water-closet(s) (W.-C.) m. . 285
water-polo m. 285
watergang 74
wateringue f 132
waters 89
watt m. 89
wattman (pl : wattmen) 89
welter. 15
western m. 15
westphalien 126 267
whisky (pl : whiskies) 89
whist. 30 230
white spirit(s) m 285
wigwam m 163
windsurf 60
wisigoth. 117
wolfram m 1

xénon 188
xénophobie. 126
xérès. 188
xérographie. 126
xérophtalmie 126

xi 182
xylographe m 126
xylophage m. 126
xylophone m 126

y 34 364
ya(c)k. 97
yacht. 97 230
yang m. 97
yankee 97
yaourt. 97 230
yard m. 97
yearling 36
yéménite 97
yen 97 364
yéti m 97
yeux pl. 54
yiddis(c)h 105
yin m 97
yod 97
yog(h)ourt. 97 230
yoga 97
yogi. 97
yole f. 97
yougoslave 97
youyou. 97 281
ypérite f 34

zazou 186 281
zèbre 10
zébrer. 330
zébrure 22
zébu 186
zélateur 170
zélé. 22
zèle. 10
zélote 186
zen 186
zénith. 117
zéphyr 34
zeppelin. 186

zéro. 186
zeste m 115
zêta. 10
zézaiement 224
zézayer. 333
zibeline 186
zigzag 186
zinc. 62
zincifère. 179
zingage. 143
zingueur. 132
zinnia m 166
zinzin 62
zizanie 35
zloty m 34
zodiacal 147 289
zodiaque m. 148
zombi(e) m. 81
zona m 186
zonage 186
zonard 233
zone 186
zonure 223
zoo 42
zoolâtre 42
zoologie. 42
zoom [zum] m 186
zoomorphe 42
zoophilie 42
zoophobie 42
zouave m 186
zut ! 186
zygomatique. 34
zygote m. 34

Suivi éditorial : Juliette Einhorn

Conception graphique intérieur : Marie-Astrid Bailly-Maître
Conception graphique de couverture : Laurent Batard

Mise en page : Nicolas Taffin avec Sandrine Albanel

Cet ouvrage est composé principalement en *Cicéro* et en *Présence*.
Ces deux caractères ont été créés par Thierry Puyfoulhoux.

Achevé d'imprimer par : Grafica Editoriale Printing srl, Bologna - Italie
Dépôt légal : N°72245 - Juillet 2007